Frauke Geyken

Freya von Moltke
Ein Jahrhundertleben

Freya von Moltke
Bronzebüste von Marie-Luise Bauerschmidt, 2001

Frauke Geyken

Freya von Moltke

Ein Jahrhundertleben

1911–2010

Verlag C.H.Beck

Mit 71 Abbildungen und 3 Stammtafeln

Satz: Janß GmbH, Pfungstadt
Druck und Bindung: CPI – Ebner & Spiegel, Ulm
Gedruckt auf säurefreiem, alterungsbeständigem Papier
(hergestellt aus chlorfrei gebleichtem Zellstoff)
Printed in Germany
ISBN 978 3 406 61383 8

www.beck.de

Inhalt

Vorwort 9

1
Eleganz und verfeinerte Lebensgewohnheiten
1911–1929
Kindheit am Rhein 11
Das Bankhaus Deichmann 13
Kölner Verwandtschaften 16
Georgsplatz 16 18
Vorbilder 23
Wirtschaftliche Frauenschule Löbichau 24

2
Eine große Liebe – erster Teil
1929–1931
Fraudoktor Eugenie Schwarzwald 31
«Ich sah ihn und mein Herz stand still» 35
«Ich küsse Dich so sehr ich kann» 39
«Was macht Ihr Abitur?» 41

3
Eine große Liebe – zweiter Teil
1931–1935
Keine Brautjungfern, keine Musik! 48
Von der Stadt aufs Land 50
Mami Moltke in Kreisau 52
Papi Moltke in Berlin 57
Doktorin der Rechte 61
Eine Reise nach Südafrika 66

4
Die Gutsherrin
1935–1944
«Du Biest»: Freya in Kreisau, Helmuth in Berlin 73
Die Kinderfrage 77
Leben auf dem Gut 79
«Ich war der Widerhall aus Kreisau» 91

5
Im Widerstand
1940–1945
Der Weg in die Opposition 93
Die Löwenberger Arbeitslager 95
Die Kreisauer 97
Ein konspiratives Leben 99
Die drei Kreisauer Treffen 100
Vorstellungen und Ziele für die Zeit danach 102
Zuhören, na und? Die Rolle der Frauen im Widerstand 104
«Helmuth ist verreist»: Entdeckung und Ende 107
«Die kostbaren Tegeler Wochen» 109

6
Afrika
1945–1956
Die letzten Monate in Kreisau 121
Ein neues Leben anbahnen 129
In Südafrika, 1947–1956 141
Eine Vortragsreise in die USA, 1949 151
Südafrika-müde 155

7
In Adenauers Deutschland
1956–1960
«Hier wohnen Verräters» 160
Schwieriges Gedenken 163

Arbeit an der Legende 165
Die vergessenen Frauen des Widerstands 169
Ein faszinierender Mann 173
«Hätte ich nicht selbst ein wildes Herz» 180

8
Amerika
1960–2010
«Zwölf wunderbare Jahre mit diesem alten Freund» 187
Das Erbe zweier «querliegender» Männer 189
«Soll ich die Historiker heranlassen?» 191
Eine engagierte Amerikanerin 195
«Sie gehören zu den Blühenden» 202

9
Das Neue Kreisau, ein Lebensgeschenk
1989–2010
Abschied vom alten Kreisau 207
Krzyżowa 211
Deutsche und Polen 212
Die Anfänge des Neuen Kreisau 214
«Erst, wenn die Polen uns einladen»: Die Stiftung Kreisau 220
«Was wollen wir schaffen?» 222
Der Kreis schließt sich 225

Epilog: «Find me upstairs» 229

Dank 231

Zeittafel 233
Stammtafeln 238
Anmerkungen 243
Bildnachweis 273
Quellen und Literatur 275
Personenregister 283

Vorwort

Berlin, im September 1960: Freya von Moltke ist neunundvierzig Jahre alt. Sie packt ihre Sachen, um zu dem dreiundzwanzig Jahre älteren Philosophen Eugen Rosenstock-Huessy in den US-Bundesstaat Vermont zu ziehen, mit dem sie in großer Liebe verbunden ist. Hinter ihr liegen eine behütete Kindheit am Rhein, das Leben als Gutsherrin im schlesischen Kreisau an der Seite ihres 1945 hingerichteten Mannes Helmuth James von Moltke, der gemeinsame Widerstand gegen den Nationalsozialismus, ruhige Jahre in Kapstadt, die von der Rassentrennung überschattet werden. Vor ihr liegen weitere neunundvierzig Jahre, in denen sie zur Amerikanerin wird. Sie appelliert an die demokratischen Traditionen Amerikas und setzt sich zugleich in Europa für die deutsch-polnische Verständigung ein. Sie lebt im Zeichen ihrer beiden «großen Männer», Helmuth James von Moltke und Eugen Rosenstock-Huessy, aber sie tut es so selbstbewusst, dass das Erbe des zivilen Widerstands des Kreisauer Kreises durch sie bis heute lebendig ist. Freya von Moltke ist die Brücke vom Kreisauer Widerstandskreis zum Neuen Kreisau.

Die Biographie der Weltbürgerin Freya von Moltke ist bisher nicht geschrieben worden. Mein Interesse am Widerstand gegen den Nationalsozialismus führte mich auf ihre Spur. Auf einer Feier der Kreisau-Initiative in Berlin anlässlich ihres neunzigsten Geburtstags begegnete ich Freya von Moltke zum ersten Mal. Erstaunlich beweglich sprang die weißhaarige Dame auf die Bühne und bedankte sich für die Lobreden. Erst Jahre später fasste ich den Mut, sie um ihre Zustimmung und Unterstützung für eine Biographie zu bitten, doch sie lehnte ab. «Erst wenn ich tot bin, wird sich zeigen, ob es wünschenswert ist, sich noch mit meinem Leben zu beschäftigen», schrieb sie mir. Aber die Idee war in der Welt, und insbesondere ihrem Sohn Helmuth Caspar von Moltke muss der Gedanke, dass nun endlich auch einmal seine Mutter um ihrer selbst willen gewürdigt würde, gefallen haben. Schließlich konnte Freya von Moltke überzeugt werden.

Wir verabredeten uns für den 4. Februar 2010 in Montreal bei Helmuth Caspar und Keri von Moltke. Ich wollte einige Tage lang Gespräche mit ihr führen und hoffte, dass sie mir Zugang zu ihrem Archiv gewähren würde. Flüge und Unterkünfte wurden gebucht. Doch wenige Wochen zuvor, im Alter von fast neunundneunzig Jahren, starb Freya von Moltke am 1. Januar 2010. Ihr Sohn erlaubte mir dann trotzdem, nach Montreal zu kommen. Ich lernte in vielen Gesprächen Freya von Moltke näher kennen. Auch die Familie von Eugen Rosenstock-Huessy stand dem Projekt sehr aufgeschlossen gegenüber, und ich durfte in der winterlichen Einsamkeit von Vermont lange von Eugen und Freya hören und lesen. Schließlich traf ich in Norwich in Freyas Haus «Four Wells» wieder auf Helmuth Caspar und Keri von Moltke. Hier durfte ich ungehindert in Freyas reichhaltigem Archiv arbeiten und die Briefe von Rosenstock-Huessys Frau Margrit lesen, die öffentlich bisher immer nur als die stumme Korrespondenzpartnerin Franz Rosenzweigs in Erscheinung getreten war. Auszüge aus diesen Briefen dürfen – wie viele andere private Dokumente – in diesem Buch erstmals publiziert werden. Abschließend gewährte mir Freyas Schwägerin Veronica Jochum von Moltke Einsicht in ihr umfangreiches Archiv in Boston. Zurück in Deutschland, erschloss mir die Familie Deichmann zahlreiche Unterlagen zu Freyas Kindheit und Jugend. Ein Teil des Nachlasses ihres Bruders Hans ist allerdings dem Einsturz des Kölner Stadtarchivs zum Opfer gefallen.

Es ist immer wieder von den «Männern des Widerstands» die Rede. Die Frauen werden allenfalls als ihre Witwen erwähnt. Dieses Buch will mit einer «Frau des Widerstands» bekannt machen, die – vom Deutschen Kaiserreich bis zum Fall des Eisernen Vorhangs – ein Jahrhundertleben auf drei Kontinenten geführt hat.

1
Eleganz und verfeinerte Lebensgewohnheiten

1911–1929

Kindheit am Rhein

Im Mai 1932 wurde der Besitz des Kölner Bankiers Carl Theodor Deichmann im Kunsthaus Lempertz versteigert. Der Auktionskatalog hatte den Umfang eines kleinen Buches und umfasste die Kategorien Meißner Porzellan der Frühzeit, europäisches Porzellan verschiedener Manufakturen, Gold, Silber, Bronze, Zinn, Email, Kristall, Orientteppiche, Möbel, Bücher, Graphik und Gemälde.[1]

Carl Theodor Deichmann (1866–1931) war der Vater von Freya Deichmann, die am 29. März 1911 in Köln geboren wurde. Ihr Geburtshaus, in dem auch ihre beiden älteren Brüder Carl (geboren 1906) und Hans (geboren 1907) auf die Welt gekommen waren, lag in der Trankgasse 7a direkt gegenüber dem Dom: ein großes, von den Kindern als düster erinnertes Palais, das 1868 im Stil des Historismus erbaut worden war. Hier lebten zwei Deichmann-Vettern, die in dritter Generation gemeinsam ein Bankhaus leiteten. Auf der dem Dom zugewandten Seite wohnte Carl Theodor Deichmann mit seiner Frau Ada und den drei Kindern. 1913 entschloss man sich, das Wohnhaus mit der Neorenaissance-Fassade abzureißen, um ein zweckmäßiges Geschäftsgebäude zu errichten. Heute beherbergt der Bau zwar keine Bank mehr, ist aber immer noch unter dem Namen Deichmann-Haus in Köln bekannt. Die Familie Carl Theodors zog um an den Georgsplatz 16, in das Haus einer Urgroßmutter, das elegant renoviert und mit den später versteigerten Luxusgegenständen reichhaltig ausgestattet wurde. Es sollte bis zum Untergang des Bankhauses Ende 1931 das Familiendomizil bleiben, in dem Freya, trotz Krieg und Inflation, eine behütete und – glaubt man den Memoiren ihres Bruders Hans – fröhliche Kindheit verlebte.

Die Sommer verbrachte man in dem 1908 erbauten Landsitz «Haus

Freya mit ihren beiden Brüdern Hans und Carl während des Ersten Weltkriegs

Hombusch» bei Mechernich in der Eifel, fünfzig Kilometer südlich von Köln. Während des Ersten Weltkriegs, bei dessen Ausbruch Freya drei Jahre alt war, konnte die Familie hier besser versorgt werden als in der Stadt.

«Ich habe wunderschöne Kindheits-Sommerwochen auf dem Hombusch erlebt. Diese, mit ihren wunderbaren Gerüchen von Kiefern im Sonnenlicht und Phlox in Blumenbeeten, von Äpfeln und Brombeeren und von mir selbst auf einer der Steinkugeln am Einfahrtstor sitzend und singend, werden mir unvergesslich sein», schrieb Freya viele Jahrzehnte später an den heutigen Besitzer von Haus Hombusch.[2] Das Landhaus musste bereits 1928 im Zuge des Niedergangs der Bank verkauft werden.

Auch die Großeltern Schnitzler hatten ein großes Gut in der Eifel. Freya war oft zu Gast auf dem Giersberg, denn die Beziehungen zu ihren Verwandten mütterlicherseits waren gut und eng.

Haus Hombusch, der Sommersitz der Deichmanns in der Eifel

Das Bankhaus Deichmann

Die Deichmanns waren eine der reichsten Familien Kölns. Sie gehörten zur kleinen protestantischen Minderheit der Stadt, die lange unbedeutend gewesen war. Von den rund 40 000 Menschen, die 1794 hier lebten, waren lediglich 400 Protestanten.[3] Erst 1797 erhielten sie das volle Bürgerrecht in Köln, und damit begann der Aufstieg einiger evangelischer Familien, die sich im Verlauf des neunzehnten Jahrhunderts Ansehen, Macht und großen Reichtum erwarben. Viele von ihnen begannen als Handelshäuser und entwickelten sich zu Privatbanken. Die Firma Stein etwa war an einer Gerberei beteiligt, handelte später mit Getreide und war zeitweise im Weinhandel tätig. Mitglieder der Familien Joest, Herstatt und vom Rath importierten Zucker und betrieben bald eigene Zuckerraffinerien. Das erwirtschaftete Geld wurde zunehmend im Kreditwesen eingesetzt, und die genannten Fa-

Freya Deichmann um 1920

milien etablierten sich in Köln als Bankiers neben dem bereits bestehenden Bankhaus Schaaffhausen. Freyas Urgroßvater, Wilhelm Ludwig Deichmann (1798–1876) aus Rodenberg am Deister, war dort 1818 als Lehrling eingetreten. Seine Heirat mit Elisabeth Schaaffhausen (1811–1888), der Tochter des Hauses, genannt Lilla, war für ihn ein wichtiger Karriereschritt. Er übernahm im selben Jahr, 1830, die Leitung der Bank und behielt sie, bis er 1858 zusammen mit Adolph vom Rath sein eigenes Bankhaus gründete. Deichmann & Co entwickelte sich zu einem der wichtigsten Finanziers der aufstrebenden Firma Krupp. Betrugen die eigenen Mittel des Hauses Deichmann im Jahr der Gründung noch 500 000 Taler, so war man 1871 in der Lage,

Krupp drei Millionen Taler zu leihen, eine enorme Summe.[4] Deichmann, von Stein, Herstatt und Sal. Oppenheim jr. gehörten zu den Bankhäusern, die maßgeblich die rheinisch-westfälische Schwerindustrie finanzierten. Sie reihten sich ein in die Gruppe der familiengeführten Privatbanken im Deutschen Kaiserreich, die in der Frühphase der deutschen Industrialisierung eine führende, nahezu konkurrenzlose Rolle beim Aufbau wichtiger Industriebranchen spielten.[5]

Als sich am Ende des neunzehnten Jahrhunderts moderne Kapitalgesellschaften entwickelten, konnten die Privatbanken im Konkurrenzkampf gegen Großbanken, Sparkassen und Kreditgenossenschaften jedoch immer weniger bestehen. Ihr Aktionsradius war durch das private Vermögen der Inhaber beschränkt, und dies reichte irgendwann nicht mehr aus, um den Geldbedarf industrieller Großbetriebe zu decken. Aber die Privatbankiers verschwanden damit keineswegs ganz von der wirtschaftlichen Bühne. Sie saßen weiterhin in den Aufsichtsräten bedeutender deutscher Kapitalgesellschaften. Spitzenreiter im Untersuchungsjahr 1927 war Louis Hagen vom Bankhaus Oppenheim. Er hatte achtundfünfzig Aufsichtsratsmandate inne, während Carl Theodor Deichmann, Freyas Vater, sich mit immerhin sechsundzwanzig Mandaten im oberen Mittelfeld bewegte.[6] Natürlich hatten sie die wirtschaftliche Kompetenz für diese Aufgabe, aber von mindestens ebenso großer Bedeutung waren die vielfältigen verwandtschaftlichen Verbindungen unter den Bankiers.

Die Deichmanns waren insbesondere mit den Familien Herstatt, von Stein und Schnitzler in einem engen Heiratsgeflecht verwoben. Von 1821 bis 1907 kam es zu elf direkten Eheschließungen zwischen den Familien. Hinzu kam eine Vielzahl von Verschwägerungen und entfernteren Verbindungen, die die familiäre Verflechtung nahezu undurchdringlich erscheinen lassen.[7] Interessanterweise blieben die christlichen und die jüdischen Heiratskreise streng getrennt. Interkonfessionelle Vorbehalte scheint es indessen nicht gegeben zu haben. Der Gründer des Bankhauses Deichmann, Wilhelm Ludwig, konnte als Protestant 1830 die katholische Lilla Schaaffhausen heiraten und sich damit die Leitung des Schaaffhausen'schen Bankvereins sichern. Zwar war dies eine der ersten, aber bei weitem nicht die letzte Mischehe in dem genannten Kölner Heiratszirkel. Die vier Söhne des Paares wurden evangelisch, die sieben Töchter katholisch erzogen.

Verwandtschaftliche Beziehungen sicherten auch die Geschäftskontakte ins Ausland. Der Bruder des Gründers, Adolf Deichmann (1811–1882), eröffnete eine Bank in Amsterdam. Die Heirat der Enkelin des Gründers, Emma Deichmann (1870–1944), mit Bruno von Schröder (1867–1940) im Jahr 1894 begründete gute geschäftliche Beziehungen nach London und New York. Die Schröders waren eine weltweit verzweigte Kaufmannsfamilie mit Ursprung in Quakenbrück, deren Aufstieg um die Mitte des achtzehnten Jahrhunderts begann. 1804 gründete Johann Heinrich Schröder das Bankhaus «J. Henry & Co.». Sein Sohn gleichen Namens (1825–1910) holte seinen Hamburger Neffen Bruno ins Geschäft, der 1904 in den preußischen Freiherrenstand erhoben wurde. Baron Bruno war in London ein höchst erfolgreicher Handelsbankier mit einem untadeligen Ruf, der sich sehr für die dortige deutsche Gemeinde engagierte. Er wurde bei Ausbruch des Ersten Weltkriegs auf Anordnung des Innenministers quasi über Nacht naturalisiert, denn sonst wäre sein Vermögen als Feindvermögen eingezogen worden. Das hätte die Schließung der Schröder-Bank bedeutet, was als eine ernsthafte Bedrohung für den britischen und internationalen Finanzmarkt angesehen wurde.[8] Bruno von Schröder unterstützte die Kölner Deichmanns in den schwierigen Jahren nach der Liquidation der Bank. Und Freya sollte in den vierziger Jahren von Tante Emma in ihrem Testament bedacht werden. Helmuth James und Freya von Moltke waren bei ihren Besuchen in England oft zu Gast in Dell Park, dem Anwesen der Schröders in der Nähe von Windsor.

Kölner Verwandtschaften

Freyas Mutter Ada Deichmann (1886–1975) war eine geborene Schnitzler. Ihr Vater Paul von Schnitzler (1856–1932) war ein preußischer Landgerichtsrat und Gutsbesitzer. Der Kaiser erhob ihn 1913 in den Adelsstand. Paul von Schnitzler heiratete 1883 Fanny Emilie Joest (1861–1948). Die beiden Familien Joest und von Schnitzler lebten in Köln, eng bei- und miteinander. Als Fannys Mutter 1919 starb, verfasste Ada einen Lebenslauf ihrer Großmutter Joest, in dem es heißt: «Grossmama blieb nicht lange im Elternhaus, mit 21 Jahren heiratete sie am 20. Januar 1856 August Joest, den jüngsten der fünf Söhne des alten Carl Joest, die damals zu den wenigen Menschen in Köln gehörten, die durch Beziehungen nach London und Paris Gefühl und Verständnis für Eleganz und verfeinerte Lebensgewohnheiten hatten.»[9] Offensichtlich war die Verfasserin froh, dass die «Eleganz» ihren Weg nach Köln gefunden hatte; und «verfeinerte Lebensgewohnheiten» bestimmten zweifellos auch Freyas Kindheit und Jugend.

Die Deichmanns gehörten nicht nur in Köln, sondern im ganzen Deutschen Reich zu den Spitzen der Gesellschaft. Dies belegen auch ihre guten Beziehungen zum Kaiserhaus: Nicht nur war Paul von Schnitzler ein Freund Kaiser Wilhelms II., schon in der Generation davor hatte Lilla Deichmann gute Beziehungen zur Prinzessin Augusta von Sachsen-Weimar-Eisenach, die später die Frau Kaiser Wilhelms I. wurde. Beide hatten zur gleichen Zeit ein Mädchenpensionat in Weimar besucht, und das Kronprinzenpaar war oft zu Gast im Hause Deichmann. Zwei Generationen später waren Ella von Guilleaume (1875–1972), ebenfalls eine geborene Deichmann, und ihr Mann Arnold mit den Söhnen Kaiser Wilhelms II. befreundet, die in Bonn studiert hatten.

Ada, Lilla, Ella und andere Angehörige der genannten Familien engagierten sich in Kirche, Kultur und im vielfältigen Vereinswesen der Stadt. Ella und ihr Mann gründeten den Förderverein des Ostasiatischen Museums, dem auch der Cousin Carl Theodor Deichmann angehörte. Und Ella überliefert uns, im Ton ganz wie Ada, dass ihr Ehemann den ersten Tennisclub gegründet habe, «als in Köln sonst noch niemand wußte, was für ein Spiel das überhaupt war».[10] Aus der Familie von Adas Mutter ging das Rautenstrauch-Joest-Museum hervor, das auf der umfangreichen völkerkundlichen Sammlung von Carl Joest basierte. Lilla Deichmanns Interesse galt der Musik. Sie führte einen Salon, in dem Robert Schumann und Clara Wieck, Franz Liszt und Johannes Brahms verkehrten.

Die berühmteste Salonière ihrer Zeit im Rheinland war eine Halbschwester von Lilla Deichmann, Sibylle Mertens-Schaaffhausen (1797–1857).[11] Annette von Droste-Hülshoff zählte ebenso zu ihren Gästen wie Johanna und Adele Schopenhauer. Sibylle war aber vor allen Dingen eine anerkannte Archäologin, deren ausgedehnte Sammlungen von Münzen, Gemmen und Antiken berühmt waren. Nach ihrem Tod wurden sie in demselben Auktionshaus versteigert wie gut siebzig

Jahre später der Besitz ihres Großneffen Carl Theodor Deichmann.[12] Von den Zeitgenossen als «Rheingräfin» tituliert, war Sibylle als Mäzenin aktiv. Sie förderte die Musik und unterstützte zum Beispiel die Errichtung des Bonner Beethovendenkmals. Außerdem war sie eine Mitbegründerin des Kölner Dombauvereins und förderte die Wiederbelebung des Karnevals in Köln. Ihre Urgroßnichte Freya dagegen war keine Anhängerin des Karnevals und hat ihn später an den verschiedenen Stationen ihres Lebens fern von Köln nicht vermisst.

Georgsplatz 16

Hans Deichmann, das mittlere der drei Deichmann-Kinder, beschreibt in seinen Memoiren Szenen aus dem Leben am Georgsplatz.[13] Nach dem Umbau des Deichmann-Hauses am Dom zu einem reinen Geschäftshaus lebte man seit 1913 am Georgsplatz in einem dreistöckigen «palastartigen Haus», das sich mit «wohlüberlegt bescheidener Vornehmheit» präsentierte und den vor ihm liegenden Altstadtplatz «unaufdringlich dominierte».

Im Erdgeschoss des Hauses lagen neben der Eingangshalle mit ihrer imponierenden Freitreppe auch das Esszimmer sowie ein Tanzsaal, «reich verziert mit Fresken und Spiegeln an Wänden und Decke, mit goldenen Stühlen und tiefen rosaseidenen Sofas». Im ersten Stock, in der Belétage, befanden sich die Wohnräume der Familie, während das zweite Stockwerk fast ausschließlich den Kindern vorbehalten war. Jedes der Kinder hatte ein eigenes Zimmer. Es war ein großes Spielzimmer eingerichtet worden, und auch die Kindermädchen hatten hier ihre Kammer.

Ein Kapitel seiner Erinnerungen widmete Hans Deichmann der Schilderung der großen Diners, die bis in die zwanziger Jahre im Hause Deichmann stattfanden. Die Kinder versteckten sich dann hinter einem großen Vorhang in der Halle und sahen die vornehmen Gäste zur Tafel schreiten. Diese war mit dem Wedgwood-Geschirr gedeckt, das die Initialen des Hausherrn trug: CTD für Carl Theodor Deichmann. Mit den goldenen Gabeln der Urgroßmutter speiste man das Dessert. Raffinierte Küche war natürlich «ebenso wichtig für den nie ausbleibenden Erfolg» wie die «absichtsvolle Tischordnung – hier-

Georgsplatz 16: Im Zentrum von Köln, nur wenige Minuten vom Rhein entfernt, verbrachte Freya ihre Kindheit und Jugend.

archisch, politisch und erotisch musste alles stimmen». Nicht umsonst sprach Hans Deichmann noch gut achtzig Jahre später von den «Empfänge[n] bei Hof», wenn er diese Festessen beschrieb, und sah die «königliche Mutter», die ihre Rolle als eine wichtige Gastgeberin in Köln formvollendet ausfüllte. Hans selbst setzte diese Begriffe in Anführungszeichen, aber bei aller Ironie schwingt auch Stolz mit auf sein «erfolgreiches» Elternhaus.

Im Jahrbuch der Millionäre in der Rheinprovinz, in dem sich auch ein Großteil seiner Verwandtschaft wiederfindet, belegte Carl Theodor Deichmann 1913 einen der Plätze oberhalb des Durchschnitts. Zwar hatte er mit 13–14 Millionen Mark Vermögen nicht so viel wie der Mann seiner Kusine Ella (Arnold von Guilleaume mit 34 Millionen Mark), aber er lag weit vor den zahlreichen rheinischen Millionären, die «nur» 3–4 Millionen Mark vorweisen konnten.[14] Der gesamte Besitz des Vaters ging allerdings beim Zusammenbruch der Bank 1931 verloren. Freya kokettierte mit diesem Umstand, wenn sie sagte: «Ich heiratete als armes Mädchen.»[15]

Freya (links) mit ihrer Kusine Lilo von Schnitzler, 1917

Aber sie war als sehr reiches Mädchen aufgewachsen! Sie hatte eine von materiellen Sorgen freie, unbeschwerte Kindheit und musste wohl auch während des Ersten Weltkriegs und in den schwierigen Jahren danach nicht oder kaum hungern. Als junges Mädchen lernte Freya früh, sich in der Gesellschaft zu bewegen. Sie war in Europa zu Hause, wenn sie Tante Emma in London besuchte oder immer wieder Verwandte im nicht allzu fernen Paris, wo sie jeweils fließend Englisch oder Französisch parlierte. Ihre Herkunft vermittelte ihr eine Selbstsicherheit im Auftreten, die von ihrem Selbstbewusstsein als Person ergänzt wurde. Und dies gepaart mit der Gewissheit, in ihrer Familie gut aufgehoben und fest verankert zu sein. Freya war und blieb zeit ihres Lebens eingebettet in das Geflecht der engeren und weiteren Familie, und dies war ihr als Privileg bewusst: «Mein ganzes Leben war mir das immer klar, dass ich unter sehr günstigen Umständen lebte.»[16]

In Interviews erzählte sie, dass sie von ihren beiden Brüdern als kleine Schwester reichlich gepiesackt worden sei. Mit zunehmendem Alter wurde das Verhältnis der Geschwister jedoch immer besser, und

Carl Theodor Deichmann, Freyas Vater

es waren Carl und Hans, die Freya unterstützten, als sie 1945 als mittelloser Flüchtling aus Schlesien im Westen ankam. Freilich hatte sie später ihr Auskommen, aber sie hat für den Rest ihres Lebens nie wieder mit «goldenen Gabeln» gegessen. Darüber hat sie sich nie beklagt. Sie pflegte sogar einen betont schlichten Lebensstil. Einen bemerkenswerten Gegensatz dazu stellt die Kusine ihres Vaters, Ella von Guilleaume dar, die sich in ihren Memoiren sehr bewusst als Angehörige der Kölner High Society präsentierte. Das Buch, das ausgerechnet 1968 erschien, wirkt völlig aus der Zeit gefallen. Er beschreibt eine Lebenswelt von Chippendale und Steinway über das Luxuskaufhaus Liberty in London bis hin zu Unmengen von Personal, zum eleganten Morgenausritt und zum Diplomaten, der «dégoutiert von den ‹KZ› und den furchtbaren Greueltaten, die dort verübt wurden», erzählte.[17] Ella war immer ein Geschöpf des neunzehnten Jahrhunderts geblieben. Auch Freya war noch im Kaiserreich geboren worden, doch hatten

Freyas Mutter Ada Deichmann

Kindheit und Jugend eine auffällig geringe Bedeutung für sie. Ihre Mutter und ihre Brüder haben sie ihr Leben lang begleitet; sie waren ihr lebendiger Anknüpfungspunkt an diese Zeit. Der Verlust ihres Elternhauses aber wurde von ihr kaum je thematisiert, was nicht nur an ihrer Geringschätzung materieller Besitztümer lag. Es war Ausdruck ihrer Haltung, dass ihr eigentliches Leben begann, als sie Helmuth James von Moltke kennenlernte.

Der Vater spielte für Freya eine seltsam unbedeutende Rolle. Er war ein Außenseiter in der eigenen Familie. Später wird sie sogar Mitleid mit ihm äußern und vermuten, er sei einsam gewesen.[18] Carl Theodor Deichmann war zwanzig Jahre älter als Ada Schnitzler, die er 1905, fast vierzigjährig, heiratete. Es erwies sich bald, dass das Paar mehr trennte als verband. Carl Theodor soll schweigsam und verschlossen gewesen sein. «He was definitely not a man who was good at communication», berichtete Freya später ihrem Enkel James. Ihre Mutter hingegen sei sehr offen gewesen, «she was very open-minded».[19] Ihr Vater war Monarchist und blieb es auch in der Zeit der Weimarer Republik. Ada war bekennende Republikanerin und hatte die Kinder in ihrem Sinne erzogen. Hans erinnert sich, dass der Vater 1921 anlässlich des Todes der Kaiserin Auguste Viktoria im niederländischen Exil kaiserliches

Schwarz-Weiß-Rot halbmast flaggen ließ – gegen den Protest der restlichen Familie. Er starb 1931, drei Tage nach Freyas Hochzeit, im Alter von fünfundsechzig Jahren.

Nach Freyas Ansicht war ihre Mutter «sehr viel stärker»[20] als ihr Vater. Wohl auch aus diesem Grund war die Ehe der Eltern nicht glücklich, weil sich die junge Frau von Anfang an als eine sehr selbständige Person zeigte. Zwar erfüllte sie die Erwartungen, die an sie gestellt wurden, war Mutter und repräsentative Gattin. Sie füllte die ihr in der Kölner Gesellschaft zugewiesene Rolle bravourös aus. Sie stellte diese Rolle auch nicht grundsätzlich in Frage. Und doch ging sie ihre eigenen Wege, indem sie sich vielfältige karitative und kulturelle Aufgaben in der Stadt suchte. Ada war die bestimmende Figur in der Familie. Die Kinder liebten und bewunderten sie sehr. «Sie war sehr unabhängig und machte uns unabhängig», sagte Freya im Rückblick auf ihre Kindheit.[21] Ada Deichmann lebte nach dem Tod ihres Mannes für einige Zeit in Paris. Später zog sie nach Bad Godesberg, wo sie ein Haus geerbt hatte. Sie verbrachte aber immer wieder längere Zeit im Haushalt ihrer Tochter in Südafrika und in den USA.

Vorbilder

Die unabhängige Mutter Ada, die musikalische Mäzenin Lilla und die archäologisch interessierte «Rheingräfin» Sibylle mögen für Freya Vorbilder gewesen sein. Ihre Schwiegermutter Dorothy von Moltke, die sie 1930 kennenlernen wird, muss dieser Aufzählung hinzugefügt werden. Sie alle waren starke und eigenständige Frauen. Hat Freya überhaupt Vorbilder gesucht? Brauchte sie welche? Sie selbst scheint über diese Frage gar nicht nachgedacht zu haben. Als sie im Jahre 2004 in einer amerikanischen Highschool als Zeitzeugin auftrat, stellte einer der Schüler die folgende Frage, die er mit dem bemerkenswerten Satz einleitete: «Wir wissen, dass Sie eine starke Frau sind. Wer war die einflussreichste Frau in Ihrem Leben und warum?» In der Aufzeichnung des Gesprächs sehen wir Freya überrascht: «Darüber habe ich noch nie nachgedacht.» Sie ließ sich Zeit mit der Antwort und sagte dann: «Ich denke, es war meine Mutter. Sie war ein sehr starker Mensch. Meine

Mutter übte in beiderlei Richtung Einfluss auf mich aus, in positiver und in negativer Richtung. Ich hatte über viele Jahre eine sehr gute Beziehung zu ihr. Dann war ich sehr kritisch. Und dann war es ausgeglichen.»[22]

Die Mutter, die Brüder und das sichere Fundament einer sorglosen Kindheit sind ebenso gemeint wie die gemeinsame Zeit mit Helmuth James von Moltke, wenn Freya sich an das Jahr 1945 erinnert: «Ich hatte unendlich» – sie wiederholte und betonte bewusst – «unendlich viel im Rücken, um mit dem Leben neu anzufangen.»[23]

Wirtschaftliche Frauenschule Löbichau

«Ich hatte die Schule schon mit 16, eigentlich aus Faulheit, verlassen. Ich dachte: Ach, so lange in die Schule gehen! Was soll ich damit anfangen?» Freya beendete die Schule 1927 mit der Mittleren Reife, ohne zu wissen, was sie eigentlich tun sollte. «So sehr zielbewußt, karrierebewußt bin ich nie gewesen. Heute darf man das gar nicht laut sagen mit all den Frauen, die das so vorzüglich machen», sagte sie 1992 rückblickend in einem Fernsehinterview.[24] «Es kam mir überhaupt nicht in den Sinn, zu überlegen, was ich mit meinem Leben anfangen könnte.»[25] Auch ihre Mutter scheint keine besonderen Pläne für die Ausbildung ihrer Tochter gehabt zu haben.

Ada Deichmann selbst hatte nie eine öffentliche Schule besucht, war nur von Privatlehrern erzogen worden und hatte mit zwanzig geheiratet. Freya betonte verschiedentlich, dass ihre Mutter sicher in einem Beruf erfolgreich gewesen wäre, wenn sie eine gute Ausbildung bekommen hätte. Doch die sei ihr nicht zuteil geworden, «wegen ihrer Eltern, die diese sehr intelligente Tochter hatten und sie nicht gefördert haben» – «[they] did not push her on». Freya indessen scheint es ihren Eltern nicht übelgenommen zu haben, dass sie sie nicht «angetrieben» haben. Obwohl die erwachsene Freya von ihrer Mutter sagte, diese hätte sich selbst um eine Berufsausbildung kümmern müssen,[26] machte es das Mädchen Freya nicht anders als ihre Mutter: «I spent a whole year doing odd things», bekannte sie 1987 gegenüber ihrem Enkel James. In einem Fernsehinterview von 1992 formulierte sie etwas neutraler: «Ich hab kurz verschiedene Sachen gemacht.» Was

Schloss Löbichau in Thüringen: Das um 1800 gebaute Rittergut beherbergte seit 1908 eine landwirtschaftliche Frauenschule.

genau? Sie habe ihrer Mutter geholfen, sagte sie. Möglicherweise hat sie diese bei ihren karitativen und kulturellen Aktivitäten unterstützt. «Dann hatte meine Mutter mir zugeredet, eine landwirtschaftliche Frauenschule zu besuchen.»[27]

Ab April 1928 besuchte Freya für ein Jahr die Wirtschaftliche Frauenschule Löbichau, die zwischen Gera und Altenburg liegt. Löbichau wurde 1908 gegründet und war dem Reifensteiner Verband angeschlossen. Dies war eine Vereinigung von Schulen, die auf Ida von Kortzfleisch (1850–1915) zurückging. Ida von Kortzfleisch war die Tochter eines preußischen Offiziers. Sie wuchs wohlbehütet und standesgemäß auf, den Vorstellungen ihrer Umgebung entsprechend, sollte die Ehe das Ziel ihres Daseins sein. Diesem Lebensweg widersetzte sie sich: «Da ein unbezähmbarer Bildungstrieb und bedeutende körperliche und geistige Kräfte mir innewohnten, denen nicht im mindesten die entsprechende Arbeit geboten wurde, so fühlte ich mich grenzenlos unglücklich. [...] Ich wußte nur, wie grausam die liebevollsten Eltern mein Recht an Bildung und Arbeit kürzten, indem sie mich daheim sitzen ließen, bis etwas käme und mich mitnähme.»[28] Im März 1894 veröffentlichte Ida in der *Täglichen Rundschau*, einer Zeitung für die *Gebildeten aller Stände*, den Artikel: «Die allgemeine Dienstpflicht in der wirtschaftlichen Frauen-Hochschule», in dem sie die Frage stellte: «Wo sollen besorgte Eltern der höheren und Mittelstände ihre erwachsene Tochter zur weiblichen Berufsausbildung hinschicken?»[29] Denn im Grunde war Berufstätigkeit für höhere Töchter nicht vorgesehen, Mädchen konnten zu diesem Zeitpunkt kein Abitur machen, Frauen wurden in Preußen erst 1908 zum Studium zugelassen. Der Artikel löste eine ungeheure Resonanz aus, positive wie negative. Tatsächlich erfuhr Ida von Kortzfleisch so große Unterstützung von Gleichgesinnten, dass sie in den Stand versetzt wurde, 1897 bei Marburg eine erste wirtschaftliche Frauenschule nach ihren Vorstellungen zu gründen. 1900 folgte die Gründung der Schule in Reifenstein im Eichsfeld, die den später insgesamt zweiundfünfzig Einrichtungen ihren Namen gab. Die «Reifensteiner Schule» entwickelte sich zu einem Markennamen. Auch Freya benutzte in einem Interview diese Wendung, um zu erklären, was sie 1928 gemacht habe: Sie war in «Löwichau [sic], eine Reifensteiner Schule».[30] Damit war alles gesagt.

Töchter aus adligen Familien und aus der gehobenen bürgerlichen Schicht besuchten diese Internatsschulen, um dort zu lernen, zu arbeiten und gemeinsam zu leben. Es gab nur wenige Dienstmädchen für die gröbsten Arbeiten. Alles andere musste von den jungen Damen getan werden, die bisher in ihrem Leben weder gekocht, geputzt noch Feuer gemacht hatten, geschweige denn, es gewohnt waren, im Garten oder im Stall zu arbeiten. Denn die meisten von ihnen, in Löbichau waren es sechsunddreißig «Maiden», kamen aus der Stadt. Nun lernten sie kochen und backen, einmachen, schlachten, waschen, bügeln, handarbeiten, schneidern und saubermachen. Das Programm reichte vom Karpfenschlachten bis zur Tortenherstellung, erinnerte sich eine Schülerin des Jahrgangs 1928.[31] Es gab Schulfächer wie Obst- und Gemüseanbau, Geflügelzucht, wahlweise Schweinehaltung, Imkerei oder Molkerei. Die Schulen sollten sich zugleich auf diese Weise selbst versorgen. Ausgangspunkt dieses Konzepts war die Erfahrung Ida von Kortzfleischs, die sie zu Hause und bei Verwandten auf Gütern in Ostpreußen gemacht hatte: Es wurde von den Frauen erwartet, dass sie

Freya in Löbichau

sich selbst beibrachten, einen großen Haushalt mit allem, was dazu gehört, zu führen – ohne dass es einen «geordneten Lehrbetrieb» für diese Frauen gegeben hätte.[32]

Ida von Kortzfleisch wollte die Frauen aber nicht nur auf eine professionellere Haushaltsführung festlegen. Ihr ging es auch darum, neue Berufe für Frauen zu erschließen. Viele Absolventinnen wurden Lehrerinnen an oder gar Leiterinnen von Reifensteiner Schulen. Sie konnten auch Gutssekretärin, Haushalts- oder Landpflegerin werden, einen Geflügelzucht- oder einen Gartenbaubetrieb leiten. Die Hausbeamtin – der Beruf wurde in den zwanziger Jahren staatlich anerkannt – sollte im Falle der Krankheit der Hausfrau deren Position im Haushalt einnehmen. Außerdem war vorgesehen, dass Reifensteinerinnen ländliche Sozialarbeit leisteten. Ida von Kortzfleisch legte Wert darauf, dass ihre Schülerinnen Kontakt zur bäuerlichen Umgebung herstellten. Sie sollten die Bauernfamilien aufsuchen und ihnen gegebenenfalls helfen.

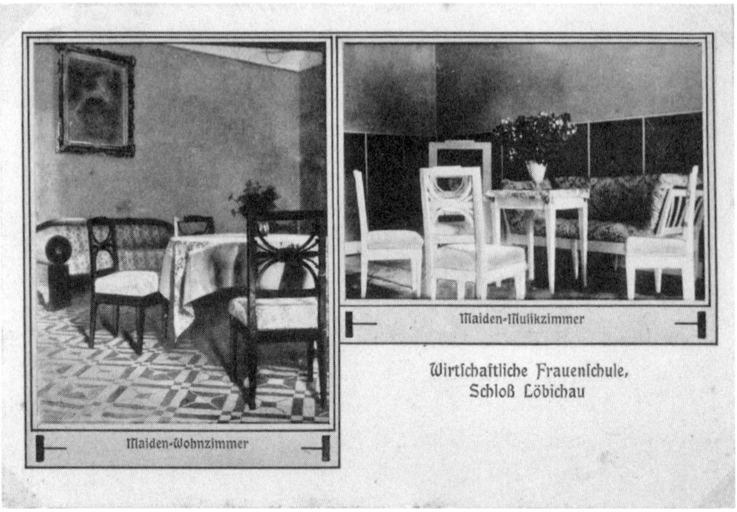

Moderne Einrichtung, häusliches Ambiente: Eine Postkarte aus den zwanziger Jahren wirbt für die Wirtschaftliche Frauenschule Löbichau.

Ausbildungsberufe in Löbichau waren daher auch Kindergärtnerin oder Sozialbeamtin.

Die Reifensteiner Schulen hatten den Anspruch, ihre Schülerinnen wissenschaftlich auszubilden. Neueste Erkenntnisse, die in der Molkerei, auf der Geflügelfarm, im Schweine- oder Ziegenstall, bei der Bienenzucht, beim Obst- und Gemüseanbau oder in der Küche von Bedeutung waren, fanden Eingang in den theoretischen Unterricht. Ernährungslehre war ebenso Bestandteil des Unterrichts wie Bürgerkunde oder einfache hauswirtschaftliche Buchführung. Wenn man sich ansieht, wie Kortzfleisch die Zielgruppe ihrer Schulen definiert, dann wird klar, warum sich Freya – oder wahrscheinlich eher ihre Mutter Ada – für eine Reifensteiner Schule entschieden hatte: «Die wirtschaftlichen Frauenschulen sollen vielen Mädchen, die nicht wissen ihre Zeit und ihre Kräfte zu verwerten, Gelegenheit geben, sich körperlich und wirtschaftlich auszubilden und durch Stärkung ihrer Willenskraft, Zuverlässigkeit und Pflichttreue zur Uebernahme eines Vertrauenspostens vorzubereiten.»[33]

Es war eine nützliche Ausbildung, die zugleich das Heiraten nicht behinderte. Warum Freya ausgerechnet in das weit entfernte Thüringen ging, kann heute nicht mehr geklärt werden.[34] Einiges spricht dafür, dass sie sich mit Freundinnen für dieses Schuljahr zusammengetan hat, denn auch eine Ruth Deichmann und ein Fräulein vom Rath finden sich im Löbichauer Jahrgang von 1928.[35] Freya erinnerte sich an die Schule in der für sie typischen lapidaren Art: «Da habe ich allerlei gelernt. Aber dort merkte ich eigentlich erst, wie leicht ich lernte. Da habe ich mir gedacht: Das hat doch keinen Sinn. Ich muß ein bißchen mehr lernen.»[36]

2
Eine große Liebe – erster Teil

1929–1931

Fraudoktor Eugenie Schwarzwald

Eine besondere Bedeutung in Freyas Leben sollte Dr. Eugenie – Genia – Schwarzwald erlangen. Die österreichische Reformpädagogin wurde von allen ihren Schülern und Schülerinnen fast ausschließlich «Fraudoktor» genannt. Denn sie war eine promovierte Germanistin, und eine Frau mit Doktortitel war zu dieser Zeit eine Ausnahme. 1873 in Galizien als Eugenie Nußbaum geboren, hatte sie in Zürich Germanistik, Anglistik, Philosophie und Pädagogik studiert. Die Schweiz war das erste Land in Europa, in dem Frauen studieren durften.

1901, mit nur siebenundzwanzig Jahren, übernahm sie ein bereits bestehendes Mädchen-Lyceum in Wien. Da ihr Doktortitel in Österreich nicht anerkannt wurde und sie keine österreichische Lehramtsprüfung abgelegt hatte, musste sie immer eine Mitarbeiterin oder einen Mitarbeiter nominell an die Spitze der Schule setzen, die sie de facto leitete. Auch sonst waren die fortschrittlichen Ideen der Frau Dr. Schwarzwald den Behörden im kaiserlichen Wien nicht ganz geheuer. Ihre Lieblingsidee, die Koedukation von Mädchen und Jungen, ließ sich erst in der österreichischen Republik vollständig verwirklichen. Unter den Nazis wurde das Lebenswerk der Jüdin zerstört, die Schule geschlossen, ihr Besitz konfisziert. Helmuth James von Moltke sollte ihr Anwalt werden, konnte allerdings auf juristischem Wege kaum noch etwas für sie tun. Sie starb 1940 in Zürich.

Eugenie Schwarzwalds Credo war, dass «Langeweile ein Gift ist, welches Kindern nicht einmal in kleinsten Dosen gereicht werden darf».[1] Sie selbst hatte keine guten Erinnerungen an ihre Schulzeit. Die zeitgenössische Literatur ist voll von Beschreibungen einer nicht nur phantasielosen, geisttötenden, sondern auch qualvollen Schulzeit, denken wir an Hermann Hesses *Unterm Rad* oder Robert Musils *Ver-*

Freya und Helmuth James mit Eugenie Schwarzwald am Grundlsee, 1930

wirrungen des Zöglings Törleß. Stefan Zweig schrieb über seine Wiener Schulzeit: «Schule war für uns Zwang, Öde, Langeweile.»[2] Über die Lehrer äußerte er: «Sie liebten uns nicht, sie haßten uns nicht, und warum auch, denn sie wußten von uns nichts; noch nach ein paar Jahren kannten sie die wenigsten von uns mit Namen, nichts anderes hatte im Sinn der damaligen Lehrmethode sie zu bekümmern als festzustellen, wie viele Fehler ‹der Schüler› in der letzten Aufgabe gemacht hatte. Sie saßen oben auf dem Katheder und wir unten, [...] zwischen Katheder und Schulbank, dem sichtbaren Oben und sichtbaren Unten stand die unsichtbare Barriere der ‹Autorität›, die jeden Kontakt verhinderte.»[3] Ganz anders Eugenie Schwarzwald: «Die Reform in dieser neuen Schule – nennen wir sie kurzweg die fröhliche Schule – beginnt beim Lehrer.»[4] Das Verhältnis von Lehrern und Schülern sollte von Vertrauen und gegenseitiger Anerkennung getragen sein. Die Erziehung war gewaltfrei – was noch bis weit in die zweite Hälfte des zwanzigsten Jahrhunderts keine Selbstverständlichkeit an deutschen und österreichischen Schulen war. Die freie Entfaltung eines jeden Kindes sollte gewährleistet werden. Die Förderung der Phantasie war dabei ebenso wichtig wie der Turnunterricht auf dem Dachgarten der Schule mitten in der Großstadt Wien.

Während die Knaben bis zum achtzehnten Lebensjahr aufs Gymnasium gingen, um dann sofort mit dem Studium zu beginnen, endete die Lyceumsausbildung für Mädchen mit sechzehn. Daher bot das Schwarzwald-Institut zusätzlich zweijährige wissenschaftliche Fortbildungskurse an. Diese sollten den «jungen Mädchen nicht äußerlichen Gedächtnisstoff bieten, sondern vornehmlich zu selbständigem Denken, Arbeiten, und Lesen anregen».[5] Dies sei das «allerinteressanteste Schuljahr»[6] gewesen, erinnerte sich die ehemalige Schülerin Alice Herdan-Zuckmayer.

Eugenie Schwarzwald setzte mit der Auswahl ihres Lehrpersonals deutliche Zeichen. Adolf Loos unterrichtete Architektur. Ihm wird der Ausspruch «Ornament ist Verbrechen» zugeschrieben, was vor der Kulisse zeitgenössischer Gründerzeitzimmer ein revolutionärer Satz war. Er hatte nicht nur das Büro von Genia Schwarzwald gestaltet, sondern auch den Festsaal der Schule entworfen. Arnold Schönberg, Erfinder der Zwölftonmusik, gab Musikunterricht. Oskar Kokoschka, dessen Bilder von den Nazis später als «entartet» diffamiert wurden, war Kunstlehrer im Schwarzwald-Institut. Im Deutschunterricht las man Henrik Ibsen und August Strindberg, deren Theaterstücke das moderne Drama begründeten.

Ähnlich wie Ida von Kortzfleisch hatte Fraudoktor erbitterte Feinde und begeisterte Anhänger. Wohlhabende Eltern unterstützten sie mit Geld oder finanzierten Stipendien für Schüler und Schülerinnen aus ärmeren Familien, was dem philanthropischen Geist der Schule entsprach. Genia Schwarzwald gelang es tatsächlich, vielen ihrer Schülerinnen und Schülern eine vertraute Freundin zu werden. Nicht nur mit der oben zitierten Frau von Carl Zuckmayer verband sie enge Freundschaft, sondern auch mit der Schriftstellerin Hilde Spiel, der dänischen Autorin Karin Michaelis oder der Schauspielerin und Regisseurin Helene Weigel blieb sie zeitlebens in Kontakt.

Zahlreiche lebenslange Freundschaften entstanden auch im «Haus

Joachim Wolfgang von Moltke, Eugenie Schwarzwald, Helmuth James von Moltke (oben, von links), Jackie Vlielander-Hein, Daisy Freyberg und Dickie Vlielander-Hein (unten, von links) am Grundlsee

Seeblick» am Grundlsee. 1920 kaufte das Ehepaar Schwarzwald dies alte Hotel im Salzkammergut, um hier ein Ferienheim zu eröffnen. Hermann Schwarzwald war ein vermögendes Mitglied der österreichischen Finanzbürokratie und unterstützte die Ideen und zahlreichen Pläne seiner Frau. Im «Seeblick» konnten Schüler, Freunde und Gäste zum Selbstkostenpreis den Sommer verbringen. Es entstand ein internationaler Kreis, zu dem bald auch die Deichmanns und die Moltkes gehörten. Helmuth James von Moltke traf hier die einflussreiche amerikanische Journalistin Dorothy Thompson, die ihm eine enge Freundin wurde. Freya traf sie später in Vermont wieder, wo auch andere Schwarzwald-Freunde Zuflucht gefunden hatten, darunter der Pianist Rudolf Serkin. Noch Freyas Sohn Helmuth Caspar von Moltke wurde gleichsam Teil des Schwarzwald-Kreises, als er sich auf dem von Serkin gegründeten Marlboro Music Festival in Vermont ein Taschengeld verdiente.

Neben ihrer schulischen Arbeit betrieb Eugenie Schwarzwald ein Wohlfahrtswerk.[7] Sie schickte mitten im Ersten Weltkrieg «Wiener

Kinder aufs Land», richtete Kinder- und Ferienheime ein und betrieb Gemeinschaftsküchen – eine davon von 1923 bis 1927 auch in Berlin. Hier traf sie 1926 den jungen Studenten Moltke und lud ihn ein, den Sommer bei ihr am Grundlsee zu verbringen. Moltke kam und war so begeistert, dass er vom Oktober 1926 an für zwei Semester in Wien studierte, um vom Schwarzwald-Kreis profitieren zu können.

In der Berliner Suppenküche lernte Helmuth James auch den späteren Maler Rolf Brandt kennen. Er wie sein Bruder, der als Bill Brandt ein bekannter Fotograf werden sollte, wurden ebenfalls enthusiastische Anhänger der Schwarzwalds. Beide Brandt-Brüder waren wiederum mit den Deichmann-Jungen in die Schule gegangen. Carl Deichmann und Helmuth James von Moltke hatten 1922 gemeinsam ein unglückliches Schuljahr in einem Internat in Schondorf am Ammersee verbracht. Kurzum, man kannte sich und traf sich von nun an regelmäßig bei Fraudoktor.

«Ich sah ihn und mein Herz stand still»

Freyas Bruder, Hans Deichmann, studierte in der zweiten Hälfte der zwanziger Jahre ebenfalls in Wien. Das Verhältnis der Geschwister untereinander war mittlerweile ein enges und gutes geworden, und Hans wollte seiner Schwester zeigen, wovon er so angetan war: die Persönlichkeit von Genia Schwarzwald, ihren internationalen Kreis, die offene Atmosphäre, das heitere Miteinander am Grundlsee. Hans Deichmann und seine spätere Frau Senta, genannt Dickie, die sich ebenfalls über Fraudoktor kennengelernt hatten, waren beide begeisterte Schwarzwald-Anhänger.

Der Besuch im Sommer 1929 versprach also für Freya eine angenehme Abwechslung zum täglichen Lernen für das Abitur. Die Begegnung mit interessanten Menschen konnte für sie zugleich nützlich und anregend sein, denn Freya wusste immer noch nicht genau, was sie nach dem Abitur tun sollte: «Ich hatte kein Ziel im Leben»,[8] erklärte sie Jahrzehnte später ihrem Enkel James. Es gab eine Reihe von Dingen, die sie hätte tun wollen: studieren, die Welt sehen – ihr fehlte jedoch die Richtung, sie hatte keine rechte Orientierung. Ihre Mutter stimmte der Reise an den Grundlsee zu. Aber sie legte Wert darauf,

Hans Deichmann und seine Frau Senta, genannt Dickie, in Paris, 1934

dass ihre unverheiratete Tochter nicht ohne Anstandsdame fuhr – und fuhr mit.

Vergeblich, wie sich bald herausstellen sollte. Freya sah Helmuth – und wich fortan nicht mehr von seiner Seite: «Ich sah ihn und mein Herz stand still.»[9] Noch mit neunzig Jahren würde sie rot werden wie ein junges Mädchen, als sie Freunden Helmuths ersten Liebesbrief zeigte und mit Emphase und großer Bestimmtheit erklärte, «sofort, sofort, sofort» habe sie gewusst: den Mann oder keinen.[10]

Sie war allerdings nicht die einzige, die von dem großen, gutaussehenden jungen Mann beeindruckt war. Daisy Freiin von Freyberg zu Eisenberg, zwei Jahre jünger als Freya, fand ebenfalls Gefallen an Helmuth, und so war man überwiegend zu dritt unterwegs. Helmuth seinerseits war der hübschen Daisy, die als Daisy d'Ora ein Stummfilmsternchen war und 1931 eine der ersten «Miss Germany» werden sollte, durchaus zugetan. In seinem ersten Brief an Freya im September 1929 von Berlin nach Köln bekannte er: «Seit einem halben Jahr war ich

Helmuth James von Moltke als Student in Wien, um 1928

geradezu krank nach Daisy. [...] Ich weiss jetzt, wie unglückliche Ehen zustande kommen; der eine Teil sagt sich ‹wenn man jemanden so liebt wie ich, so muss man ihn sich ziehen können›; und das ist falsch. [...] Ich weiss nicht, ob mir das klar geworden wäre, wenn Sie nicht dagewesen wären. Ich glaube, dass ich das ohne Ihre Wärme, Liebe, Zärtlichkeit nicht so stark bemerkt hätte.» Wann genau sich Helmuth Freya zuwandte, ist nicht überliefert. Er fährt fort: «Seit ich Sie auf dem Bahnhof Aussee aus den Augen verlor, habe ich mich auf diesen Brief gefreut», und gesteht ihr, «dass dieser Sommer ein unerhörter Höhepunkt meiner Existenz gewesen ist; ein Höhepunkt nur im Verhältnis zur Vergangenheit; so ein Höhepunkt, bei dem man sich atemlos vor Staunen umdreht, um festzustellen, was einem bisher alles gefehlt hat: – um dann weiterzusteigen.» Den Mut, einen solchen Brief zu schreiben, habe er «nur aus der Überzeugung, dass Sie alles, was ich Ihnen sagen könnte, schon wissen und daher verstehen».[11]

Und so liest sich das, was Freya im November 1944 an Helmuth ins

Gefängnis schrieb, fast wie eine Replik auf diesen ersten Brief: «Mein Jäm, ich liebe Dich sehr. Schon lange liebe ich Dich mit großer Inbrunst. Ich verstehe noch immer meine Tränen, die Mami und Asta nicht verstanden, wenn ich mich vor unserer Hochzeit von Dir trennen musste. Mir erschien alles Leben sinnlos, was nicht neben Dir war. Inzwischen habe ich gelernt, dass es auf die physische Nähe nicht so sehr ankommt – es kommt auf sie auch an, weil wir eben so schwache Kreaturen sind, aber nicht nur auf sie –, aber mein Leben erscheint mir immer noch sinnlos, wenn es nicht mit dem Deinen verbunden ist. Ich habe mich schon in Grundlsee als für Dich da seiend empfunden, sofort.»[12] Ihrem Enkel James sagte Freya 1987: «Ich kam in Helmuths Leben gerade in dem Moment, als er mich brauchte.»[13] Moltke hatte 1925 sein Studium der Rechtswissenschaften aufgenommen und war 1929 im Begriff, sein erstes juristisches Examen zu machen, als sein Vater ihn nach Kreisau zurückrief. Der Gutsverwalter Mau war gestorben, und es zeigte sich, dass dieser den Betrieb in einem desolaten Zustand hinterlassen hatte. Der Vater sah sich überfordert und beauftragte kurzerhand seinen noch in der Ausbildung befindlichen zweiundzwanzigjährigen Sohn, einen Ausweg aus der existenzbedrohenden Katastrophe zu finden. Helmuth James, der sehr an Kreisau hing, sah keine andere Möglichkeit, als der Aufforderung seines Vaters zu folgen. Er berichtete Freya regelmäßig über den Fortgang der Verhandlungen mit den Banken und den Gläubigern: «Aber wenn dann jede Unterredung damit anfängt, dass mir gesagt wird: Ihr Vorschlag ist lächerlich und unannehmbar, so kostet es unsinnige Nerven, die Pose des Uninteressierten beizubehalten, während man weiss, was auf dem Spiele steht, nicht nur für uns, sondern für eine Menge abhängiger Existenzen. Und gestern war ich gelegentlich ganz verzweifelt; denn ich bin doch vollkommen allein; jeder sagt mir: ich kann Ihnen gar nicht helfen, Sie machen es ja viel besser. Und wenn das auch sehr schmeichelhaft ist, so verzehnfacht, verhundertfacht es doch die Verantwortung. […] Liebe Freya, wenn ich die Sache erfolgreich überstehen sollte, so haben Sie daran den gleichen Anteil wie ich.»[14]

Trotz dieser schwierigen Lage und der großen Verantwortung, die auf seinen Schultern lastete, tritt uns Helmuth James in den Briefen aus dem ersten Jahr meistens heiter entgegen. Er plaudert aus seinem Alltag, schreibt auf, was es zum Mittagessen gab, und fasst dann zusammen: «Ich bin entzückt von dem, was ich bisher geschrieben habe. Ich finde es natürlich nicht etwa gut, sondern eher töricht, aber ich fühle mich so ausserordentlich wohl dabei.»[15] Ein paar Monate später schreibt er ganz verliebt: «Liebe Freya, ich habe Sie ganz ungeheuer lieb und ich wünschte mir, ich könnte Ihnen das immerzu sagen.»[16] Da Freyas Briefe ganz überwiegend nicht erhalten sind, können wir ihre Haltung nur in Helmuths Antworten erkennen: «Es ist der fröhlichste Brief, den ich je von Ihnen bekam; nicht so fröhlich, dass Sie sich über etwas gefreut hätten, sondern so, dass man das Gefühl hat, Sie sind froh, angefüllt, durchleuchtet. Und das hat mich ungeheuer gefreut.»[17]

«Ich küsse Dich so sehr ich kann»[18]

Helmuth und Freya wohnten sehr weit voneinander entfernt. Helmuth seufzte: «Liebe Freya, wenn Du Deine Entfernung doch wenigstens auf 5–6 Bahnstunden reduzieren könntest.»[19] Die Entfernung von Köln nach Kreisau beträgt fast 900 Kilometer. Fünfzehn Stunden dauerte die Zugfahrt (heute sind es immerhin noch etwa zwölf Stunden bis Krzyżowa). Man konnte schon damals mit dem Zug direkt bis nach Kreisau gelangen (auch heute noch hat Krzyżowa diesen Bahnhof). Helmuth war mittlerweile Referendar in Schweidnitz und nicht so leicht abkömmlich, zumal die Konsolidierungsprozesse in Kreisau immer noch von ihm begleitet wurden. Zwar hatten sich die beiden im Oktober 1929 in Berlin getroffen, als Freyas Vater eine Geschäftsreise dorthin machte. Doch das nächste Wiedersehen konnte erst im April 1930 stattfinden, in Wien bei Fraudoktor: «Diese eine Woche in Wien ist so sehr ein Teil von mir geworden, dass diese Zeit für mich garkeine Erinnerung, keine Vergangenheit bedeutet»,[20] schrieb Helmuth an Freya. Noch im selben Monat war Freyas erster Besuch in Kreisau geplant. Diesmal schickte Mutter Deichmann Hans als Anstandsbegleiter mit, was Freya mit «Da hat sie aber den Bock zum Gärtner gemacht!»[21] kommentierte. «Du kannst Dir nicht vorstellen, wie schön es dort war!», berichtete sie später ihrem Enkel James. «Ich liebte alles dort. Sie hatten kein Geld, aber das habe ich gar nicht bemerkt»,[22] ließ sich Freya noch im Rückblick von ihrer eigenen Begeisterung anstecken.

Das Kreisauer Berghaus heute

Die Familie von Moltke lebte auf dem Gut Kreisau in Schlesien, das der Urgroßonkel von Helmuth James, der Feldmarschall Helmuth von Moltke (1800–1891), gekauft hatte. Der General war derjenige, der durch seine militärischen Siege die faktischen Voraussetzungen für die Gründung des Deutschen Kaiserreichs geschaffen hatte. Mit der finanziellen Anerkennung, die er dafür vom Kaiser erhielt, kaufte der aus Mecklenburg stammende Moltke das Gut Kreisau. Er lebte hier in einem «Schloss» genannten Herrenhaus mit seiner englischstämmigen Frau Marie Burt (1826–1868).[23] Die Moltkes der dreißiger Jahre wohnten jedoch, als Freya sie besuchte, seit etwa einem Jahr im Berghaus, weil sie die Unterhaltskosten für das Schloss nicht länger aufbringen konnten.

Das Berghaus war ein einzeln stehendes, geräumiges Einfamilienhaus etwas abseits auf einem Hügel, oberhalb des Schlosses und der Gutsanlage. Der Feldmarschall hatte es für eine seiner Schwestern erbaut.

Als Freya im April 1930 zum ersten Mal nach Schlesien kam, waren auch die Großeltern aus Südafrika da, James und Jessie Rose Innes, die Eltern von Helmuths Mutter Dorothy, sodass Freya die gesamte Familie kennenlernte. Außer einem kurzen «We played Bridge»[24] ist aus jenem Jahr über diesen Besuch nichts weiter überliefert. Aber die Beschreibungen, die Dorothy über die Jahre aus Kreisau an ihre Eltern schickte, geben uns eine Vorstellung davon, wie er ausgesehen haben könnte. Gemeinsame Spaziergänge gehörten zum Tagesprogramm. Auch Granny, die südafrikanische Großmutter, die nie anders genannt wurde, liebte *«exercise»* ebenso wie Besuche bei Nachbarn oder Verwandten. Abgesehen von Konzert- oder Theaterbesuchen im nahe gelegenen Schweidnitz vertrieb man sich die Zeit an den Abenden mit Spielen, Lesen oder Vorlesen.

Nach dem Besuch bedankte sich Helmuth höflich bei Ada Deichmann und schrieb nach Köln: «Freya war reizend, froh, frei, voller Wärme, voller Schwung, voll liebenswürdigsten Interesses für alles, was geschah und vieles Andere noch.»[25] Wieder vergingen drei Monate, bevor sich das Paar erneut treffen konnte. Im August 1930 verbrachten sie drei Wochen gemeinsam am Grundlsee.

«Was macht Ihr Abitur?»

Freya bereitete sich unterdessen zu Hause auf die Abiturprüfung vor. Eine Lehrerin hatte ihr empfohlen, sie solle Privatstunden nehmen, anstatt wieder auf eine staatliche Schule zurückzukehren. Auf diese Weise könne sie viel Zeit sparen, ein Plan, der von den Eltern gebilligt wurde. So kamen etwa vom April 1929 bis zum September 1930 Lehrer für Deutsch, Geschichte und Mathematik für «ein paar Stunden die Woche»[26] ins Haus am Georgsplatz. Für die Sprachen wurde niemand zusätzlich engagiert, denn Englisch und Französisch hatte Freya schon früh zu Hause gelernt. Vermutlich hatte sie französische Gouvernanten, denn Freya erinnerte sich insbesondere daran, dass diese ihr vorgelesen haben, wenn sie krank war. Sie litt schon als Kind oft unter Kopfschmerzen. Eine junge Schottin, die die Musikhochschule in Köln besuchte, wohnte im Hause Deichmann und stand als Konversationspartnerin zur Verfügung.

Freya (sitzend, links) mit ihren Eltern in Italien

«Was macht Ihr Abitur?»,[27] fragte Helmuth James von Moltke in einem Brief an Freya im Oktober 1929. «Machen Sie sich nicht zuviele Programme, die hält man bekanntlich nie ein, weil man immer zuviel von sich verlangt,»[28] riet er ihr und fügte hinzu: «Viel wichtiger als alles Pauken ist – auch vom Standpunkt des Examens aus – dass Sie gut schlafen und tüchtig essen.»[29] Solche Ratschläge gab er ihr gern; noch fünf Jahre später, zur Fertigstellung ihrer Doktorarbeit, schrieb er an Freya: «Werte Gattin, mein kleinstes Pützchen, mein Bienchen, mein Hasenpfötchen, Du sollst kein Kopf- und Heimweh haben, denn beides ist so lästig. Du sollst Deine Arbeit gut, schnell und mit Vergnügen machen, Dich nicht in Einzelheiten verlieren, immer an Dein Thema denken, nicht zu viel und nicht zu wenig darum herumlesen. Du hast so ein liebes, klares Köpfchen, dass Du die Arbeit sehr gut machen kannst, wenn Du Dich nicht selbst verwirrst, zu viel an andere Sachen denkst und zu viel für andere Menschen tust. Wenn Du nur 6 Stunden arbeitest, dann musst Du während der 6 Stunden auch dabei bleiben. Wenn es Dir am Anfang zu viel ist, dann arbeite nur 5 oder 4 Stunden; nur höre auf, sobald Du nicht mehr klar denken kannst.»[30]

Am 10. Oktober 1930 schrieb Dorothy von Moltke an ihre Eltern in Südafrika: «Freya Deichmann hat in der letzten Woche ihr Abitur bestanden und bekam ein ‹gut› in allen fünf Fächern. Wenn man bedenkt, dass sie die Schule schon vor einer Weile verlassen hat, dann ist das wirklich ein sehr gutes Ergebnis.»[31] Es folgte ein kurzer Urlaub mit ihren Eltern in Italien, dann begann sie im Wintersemester 1930/31 in Köln Geschichte und Germanistik zu studieren, offensichtlich eine Verlegenheitslösung.[32]

Fest stand mittlerweile wohl nur, dass sie ihr Leben an der Seite von Helmuth James von Moltke verbringen wollte. Aber alles andere war weiterhin offen. Ihrem Enkel erzählte sie später, zwar habe sie zur Universität gehen wollen, deshalb habe sie eine Wahl treffen müssen, aber «ich wußte nicht, was ich wählen sollte (und Helmuth hat es mir auch nicht gesagt)». Schließlich war es Hans, der ihr empfahl, «wenn Du nicht weißt, was Du studieren sollst, dann ist Jura das Fach, das man studieren kann».[33]

Ob nun Helmuth oder Hans und Carl, ihre Mutter Ada oder nach dem Krieg die überlebenden Kreisauer Freunde – Freya sollte zeit ihres Lebens großen Wert auf gute Ratgeber legen. Ganz anders als Helmuth, der immer Pläne schmiedete, für sich, für Kreisau, schließlich sogar für Deutschland, ließ Freya die Dinge auf sich zukommen. Sie entschied in der Situation, wenn die Zeit gekommen war. Die eine, die wichtigste Entscheidung für ihr Leben war gefallen, ein Leben mit Helmuth. Wie dieses Leben aussehen sollte, war beiden anfangs nicht klar, nur heiraten wollte er zunächst nicht. «Na ja, und? Ich dachte auch nicht ans Heiraten. Ich habe gedacht: Ich studiere, dann kommen interessante Sachen; es wird sich alles finden.»[34]

3

Eine große Liebe – zweiter Teil

1931–1935

Im Juni 1931 besuchte Helmuth mit Freya die Großeltern Schnitzler auf deren Sommersitz im Rheinland, dem Giersberg. Das junge Paar sprach über die Zukunft, und Helmuth bestätigte, dass er nie heiraten werde, «denn er wolle für menschliches Leben auf der Erde nicht verantwortlich sein».[1] Doch dann kam es zu einem überraschenden Wandel. Im Anschluss fuhr er an den Grundlsee, zu Eugenie Schwarzwald, der Freundin, mit der er seine Situation vertrauensvoll besprach. Sie seien sich so einig gewesen wie noch nie, schrieb er Freya am 9. Juli 1931 und gestand: «In den Tagen, die ich vom Giersberg fort war, habe ich versucht festzustellen, was ich denn eigentlich will, und dabei bin ich zu dem endgültigen Ergebnis gekommen, dass zwischen uns nichts mehr zu klären ist, dass ich Dich unbedingt heiraten will. Das habe ich Frau Doktor nun auch gesagt. Und von dem Augenblick an, in dem ich das laut gesagt hatte, von dem Augenblick an erscheint es mir unfasslich, wie ich je etwas Anderes habe wollen können und seither kann ich es mir garnicht vorstellen, wie ich es bis August ohne Deine Gegenwart aushalten soll.»[2]

Helmuth James spürte nach seiner Abreise aus dem Rheinland vor allem, wie sehr Freya ihm fehlte. Seine Briefe sind die eines höchst verliebten jungen Mannes, sehnsüchtig: «In einer halben Stunde kommt der Zug vorbei, mit dem Ihr in einer Woche kommen werdet.»[3] Und fröhlich: «Grundsätzlich arbeite ich, aber dazwischen denke ich ungemein komische Sachen. Heute beunruhigte mich der Gedanke, ob Du wohl erlauben wirst, dass ich abends im Bett lese, oder ob ich wohl in Zukunft alles Lesen sitzend erledigen muss. Derartige Probleme wälzte ich zwischendurch mehrere.»[4]

Was wäre auf Dauer die Alternative zu einer Heirat gewesen? Hätte ein aufstrebender Jurist, der am Anfang seiner Karriere stand, im Deutschland der dreißiger Jahre wirklich in wilder Ehe leben können?

Freya Ende der dreißiger Jahre

Und hätte die zwanzigjährige Freya als Studentin allein in Berlin leben wollen, dürfen, können, um Helmuth nahe zu sein? Sie war 1931 nach geltendem Recht noch nicht einmal volljährig.[5] Wäre sie am Rhein geblieben, hätten die zwei weiterhin mühsam nach Möglichkeiten suchen müssen, um die 900 Kilometer zwischen ihnen zu überwinden. Zumal sowohl Dorothy von Moltke, die in der Familie nur Mami genannt wurde, als auch «Mütterchen Deichmann», wie Helmuth James Ada in seinen Briefen liebevoll-spöttisch nannte, zwar in vielerlei Hinsicht aufgeschlossen waren, aber durchaus im Rahmen geltender Normen. «Meine Mutter war streng, was Konventionen anbelangt»,[6] erinnerte sich Freya. Unkonventionelle Experimente hätten die Mütter wohl kaum geduldet, und Freya und Helmuth hätten sie wohl auch nicht unternommen. Die Eheschließung hatte aber auch praktische Aspekte. Mami Moltke plante für das erste Halbjahr 1932 eine Reise nach

Dorothy und Helmuth von Moltke, Freyas Schwiegereltern, in Südafrika

Südafrika, um ihre Eltern zu besuchen. «Du könntest meine Mutter im Berghaus vertreten», hatte Helmuth am Ende seines Heiratsbriefes Freya vorgeschlagen. Die beiden jüngsten Moltke-Kinder, Asta und Carl Bernhard, waren noch zu Hause und gingen in Schweidnitz in die Schule. Im Rückblick konzentrierte sich Freya auf diese Begründung und zitierte Helmuth mit den Worten: «Meine Mutter geht jetzt weg. Niemand ist da, der auf meine jüngeren Geschwister aufpaßt. Wir müssen heiraten!»[7]

Dorothy von Moltke fuhr in regelmäßigen Abständen zu ihren Eltern nach Südafrika. Das Problem war also nicht neu und zuvor bereits anders gelöst worden. Helmuth war sicher nicht der Ansicht, er müsse deswegen heiraten. Aber vielleicht war die bevorstehende Abreise seiner Mutter mit ein Auslöser gewesen sein, seine bis dato vertretene Ansicht, nicht heiraten zu wollen, ins Wanken zu bringen. Und für Freya galt, «da ich genau wusste, daß das Wichtigste für mich war, in der Nähe dieses Menschen zu leben, daß ich mir nichts anderes mehr wünschte, so habe ich natürlich keinen Moment gezögert».[8]

Freya kam im August 1931 nach Kreisau und war dort schon ganz zu Hause: Helmuth James berichtete seinen Großeltern nach Südafrika: «Freya ist in Kreisau. Sie ist mit ihrer Mutter gekommen, die vor vier Tagen wieder abgereist ist. Sie ist schon eine richtige Tochter des Hauses und Erna stellt ganz selbstverständlich den Teetopf an ihre Seite, so dass sie den Tee ausschenken muss; Mamsell tätschelt ihr den Rücken, so wie sie das mit uns macht und ist stolz, wenn sie etwas gut gemacht hat, ‹der alte Herr› ruft nach ihr, damit sie seine Mathematik Hausaufgaben macht, sie muss Asta ins Bett bringen, sie hilft mir bei meiner Arbeit, schreibt für mich etc. Sie ist also inzwischen ein richtiges Mitglied der Familie geworden.»[9] Die nötigen Vorbereitungen für die Hochzeit wurden besprochen, und Helmuth James vermittelte Freya dabei ein bisschen den Eindruck, als ob er diese Hochzeit absolvieren müsse: «Was das Heiraten betrifft: am 29. [September 1931] kommt Papi und dann werden wir sofort einen Termin bestimmen. Alles Andere ist mir gleichgültig, wenn nur keine Leute kommen.»[10] Nachdem sie den gesellschaftlichen Vorgaben dadurch entgegengekommen waren, dass sie überhaupt heirateten, wollten sie auf keinen Fall ein großes Fest feiern, wie es für die Hochzeit eines Gutserben mit einer Bankierstochter hätte erwartet werden können. Solche Einfachheit entsprach nicht nur den Neigungen des Brautpaars, sie war zudem erforderlich, denn die finanzielle Situation war in beiden Familien mittlerweile sehr angespannt. Zur Hochzeit würden daher die Eltern Moltke nur mit einem ihrer Söhne, Willo, anreisen. Trotzdem schrieb Helmuth ein paar Tage vor dem Ereignis voller Vorfreude: «Ich bin so froh, wie ich es nie gewesen bin.»[11]

Keine Brautjungfern, keine Musik!

Am 18. Oktober 1931 heirateten Marie Helene Ada Freya Deichmann und Helmuth James Ludwig Wilhelm Eugen Heinrich von Moltke in Köln. Ursprünglich lag der Hochzeitstermin im Dezember, damit Freya offiziell in Kreisau etabliert wäre, kurz bevor Dorothy im Januar 1932 zu ihren Eltern nach Südafrika fahren sollte. Aber Vater Helmuth von Moltke hatte die Idee, dass es schön wäre, wenn das Paar den gleichen Tag wählte, an dem er und Dorothy geheiratet hatten. Dies war

Hochzeit in Köln im Oktober 1931: Freya und Helmuth James mit ihren Müttern Dorothy von Moltke (Mitte) und Ada Deichmann (rechts)

noch dazu der Hochzeitstag von Dorothys Eltern, James und Jessie Rose Innes, die gerade im Jahr 1931 ihre Goldene Hochzeit feierten. «Wir hatten eine ruhige, aber sehr schöne Hochzeit», teilte Helmuth James den Großeltern mit und sparte sich jede weitere Ausführung: «Ich vermute, Mami hat geschrieben und wird Euch alles darüber erzählt haben.»[12] Und Dorothy hatte geschrieben: «Am Sonnabend dinierten wir mit Herrn und Frau von Schnitzler, Freyas Großeltern, etwa in Eurem Alter – nur zu sechzehnt, ganz informell. Am Sonntag war um 1.30 ein ganz kurzer und einfacher Gottesdienst im Haus, und danach gab es ein köstliches Diner für 14 Leute. Dann verließen uns die zwei Lieben ein oder zwei Stunden später [...]. Es war alles so natürlich, fröhlich und einfach. Ich weiss, Ihr hättet es sehr genossen.

Carl Deichmann, der ältere Bruder von Freya, ‹sprach ein paar Worte› über die drei Hochzeitspaare. [...] Freya hatte keine Brautjungfern, keine Musik, und wir trugen weder Hüte noch Handschuhe, die Männer dunkle Anzüge, alles so einfach wie möglich, was so richtig war.»[13]

Das Brautpaar machte sich auf den Weg nach Zürich, um dort Eugenie Schwarzwald zu treffen, wurde allerdings schon nach wenigen Tagen zurückgerufen, denn am 21. Oktober 1931 starb Freyas Vater. Er hatte schon an der Hochzeit nicht teilnehmen können, weil er an einer Lungenentzündung erkrankt war. Nach der Beerdigung fuhr das junge Ehepaar von Moltke nach Kreisau.

Von der Stadt aufs Land

«Ich sehe, Du bist schon vollständig zu Hause dort», soll Mutter Deichmann zu Freya gesagt haben, nachdem sie Ende 1931 in Kreisau gewesen war.[14] Sie wird es mit einer gewissen Verwunderung gesagt haben, denn sie konnte zunächst «Freyas Drang nach dem ihr unbekannten und unheimlichen deutschen Osten» nicht so recht nachvollziehen. So beschrieb es Freyas Bruder Carl in einem privaten, autobiographischen Manuskript.[15] Die Familie Deichmann war geschäftlich und privat ganz gen Westen orientiert. Ehen wurden bisher in ihrem Lebensbereich innerhalb eines engen Netzwerks arrangiert, dessen Zweige sich nach Paris und London erstreckten, nicht aber nach Berlin oder Breslau. Somit war der Osten terra incognita, und ihm haftete der Ruf der Rückständigkeit an.

Aber Freya ging nicht nur aus dem äußersten Westen des Reiches weit in den Osten, sie ging auch von der Stadt aufs Land, von der Großstadt aufs Dorf, aus einer Stadtvilla auf einen Gutshof. 1940 erinnerte sie sich daran, «dass ich 1937 noch Angst vor einem Winter in Kreisau hatte, weil mir jetzt der Winter auf dem Land schon besser gefällt, als in der Stadt».[16] Der klimatische Unterschied zwischen Köln und Kreisau ist beträchtlich, wie die kleine Geschichte zeigt, die Helmuth James belustigt den Großeltern nach Südafrika berichtete: Als es am vergangenen Weihnachtsfest stark geschneit hatte, habe Freya in einer Schneepause vorgeschlagen: «Lasst uns rausgehen und einen Schneemann bauen.» Da hätten alle gelacht, denn jedes Kind

Freya auf der Veranda des Berghauses in Kreisau

wisse doch (so der Unterton), dass man einen Schneemann nur bauen könne, wenn der Schnee leicht geschmolzen sei. Aber in ihrer Kindheit am Rhein habe Freya es nicht erlebt, dass große Schneemassen liegen blieben.[17]

Die Unterschiede zwischen Ost und West, zwischen Stadt und Land waren 1931 wesentlich größer, als sie es heute sind. Der Wechsel aus dem Deichmann'schen Stadtpalais in das sehr viel schlichtere Kreisau muss eine spürbare Veränderung bedeutet haben. Freya sah indessen, zumindest aus zeitlichem Abstand, alles durch die rosarote Brille. Sie sei in der großen Moltke-Familie sehr herzlich aufgenommen worden, berichtete sie ihrem Enkel James Jahrzehnte später. Die Atmosphäre sei so ansprechend gewesen. Die Familie pflegte – notgedrungen – einen Stil, den Freya «preußische Einfachheit» nannte. Aber Helmuth James war sich bewusst, dass seine Schwiegermutter nicht der gleichen Verzauberung erlegen war wie seine Frau. Noch im Jahr 1938, sieben Jahre nach der Hochzeit, freute er sich in einem Brief an die Großeltern in Südafrika, dass Kreisau sich anlässlich eines Besuchs von Mutter und Großmutter Deichmann von seiner besten Seite gezeigt habe: «Ich bin froh zu wissen, dass ihnen ihr Aufenthalt gefallen hat. Sie hatten perfektes Wetter die ganze Zeit, ihnen gefiel die Landschaft, sie waren entzückt von der freundlichen Atmosphäre der Gegend insgesamt, den schönen Dörfern und den ansprechenden Städten. Sie hatten unter dem allgemeinen Vorurteil der ‹Westerners› gelitten, dass östlich der Elbe die Wildnis beginnt. Freyas Familie hat immer ein bisschen das Gefühl, daß sie sie vollständig an die Moltkes verloren haben und dass sie hier wirklich verschwendet ist, ein Gefühl, das Ihr, wie ich annehme, sehr leicht nachvollziehen könnt.»[18] So schrieb Helmuth mit Blick auf seine Mutter, deren Eltern ihr einziges Kind in Deutschland auch als ein bisschen «verschwendet» angesehen haben mögen.

«Bist Du mehr Moltke geworden?», fragte 1987 Freyas Enkel James. Sie antwortete, sie sei nicht diejenige, die diese Frage beantworten könne. 1952 aber hatte sie ihrem Schwager Willo aus Südafrika geschrieben: «Ich gehöre nun einmal zu den Moltkes und bin meiner Familie gegenüber viel fremder [geworden].»[19] 1987 charakterisierte sie die Situation von 1931 so: «I was absorbed completely.» Kreisau hatte sie aufgesogen.

Mami Moltke in Kreisau

Noch ein weiterer Gegensatz bestand zwischen Freya Deichmann und Helmuth James von Moltke: Sie war bürgerlich, er war Teil einer traditionsreichen adligen Familie. Dieser Umstand wurde jedoch von seiner Familie nicht beanstandet, weder von ihren Schwiegereltern noch von den Geschwistern, schon gar nicht vom Ehemann selbst. Freya bescheinigte ihnen allen «diese wunderbare Offenheit»:«Nicht nur Mami Moltke war so. Ich lernte bald, dass sie seit langem unorthodox waren, nicht sehr preußisch. Sie waren bereit Dinge zu tun, die man nicht von ihnen erwartete. Sie waren flexibel und warmherzig und so wurde ich auch von ihnen aufgenommen.»[20] Aber in der weiteren Verwandtschaft oder in der adligen Nachbarschaft mag die Heirat Anstoß erregt haben, wie schon die eines Moltke mit einer angelsächsisch geprägten Südafrikanerin eine Generation zuvor. Es kann nicht ganz leicht für Dorothy gewesen sein, 1906 als liberale Ausländerin in eine Familie einzuheiraten, deren Angehörige sie, Dorothy, selbst folgendermaßen beschrieb: «Wie Euch Dietrich Trotha [ihr Schwager] amüsieren würde! So gütig, solch gute Manieren, so ein Gentleman, aber mit Meinungen aus dem Mittelalter. Man kann nicht einmal mit ihm argumentieren. Für mich ist es immer etwas traurig, daß Ete [eine Schwester ihres Mannes] seine Frau ist, denn bei so einem Lebensgefährten muß doch viel von ihr schlafen. [...] es hat etwas Tragisches, wenn man sieht, wie sie, wie so viele *Adlige*, halbblind in einer Welt herumtappt, mit deren Veränderungen sie nicht fertigzuwerden weiß, halb zornig, halb verwirrt und gänzlich ahnungslos.»[21]

Aber Dorothys freundliche und offene Art, die von allen, die sich später an sie erinnerten, hervorgehoben wurde, half ihr, sich in Kreisau zurechtzufinden und die Menschen für sich einzunehmen. In den Briefen an ihre Eltern berichtete sie regelmäßig über Besuche und Einladungen auf den benachbarten Gütern, und damit hat sie auch für Freya den Boden bereitet, im Umfeld von Kreisau leichter angenommen zu werden.[22] Dies muss überdies als eine besondere Leistung anerkannt werden, weil auch Dorothys Mann Helmuth kein «typischer» Ostelbier war: «Er [Helmuth] hat hier in jeder Hinsicht eine isolierte und schwierige Position, denn er ist in vielen Dingen so anders als seine Standesgenossen, [...] Und der Y. T. [Young Teuton] entwickelt sehr liberale Ansichten, die ihm den Ruf eines ziemlichen Narren und Parias einbringen! Selbstverständlich macht es uns nicht viel aus, denn wir wissen, daß es eine Menge intelligente und gute Leute gibt, denen solche Ansichten das Natürlichste von der Welt sind und die sie nicht, wie hierzulande, als hochverräterisch ansehen. Und jemand muß die Mauer der Traditionen und Vorurteile einreißen und die Luft der Freiheit hereinlassen, so daß sich *Individualitäten* (etwas, was beim *«Adel»* in Deutschland sehr fehlt) entwickeln können.»[23]

Helmuth senior und Dorothy hatten sich kennengelernt, als sie und ihre Mutter 1902 als Pensionsgäste nach Creisau (das bis 1930 mit C geschrieben wurde) kamen. Die Mutter unternahm mit ihrer Tochter ausgedehnte Reisen, damit diese Europa kennenlernen konnte. 1905 befanden sie sich gerade in London, als Helmuth von Moltke das Erbe seines Vaters antrat und nun, mit neunundzwanzig Jahren, als Gutsherr ein Einkommen aufzuweisen hatte. Er bewarb sich um die Hand der einundzwanzigjährigen Dorothy. Helmuth und Dorothy heirateten in Pretoria, der Heimat der Braut.

Dorothy stammte aus der Familie Rose Innes, deren Vorfahren im neunzehnten Jahrhundert von Schottland nach Südafrika gegangen waren. Ihr Vater, James Rose Innes, einflussreicher Jurist, war von 1914 bis 1927 Oberster Richter der Südafrikanischen Union. Er galt als liberal und integer und bekämpfte die Rassendiskriminierung. Seine Frau Jessie, eine geborene Pringle, setzte sich für Frauenrechte ein. Dorothy hatte ein sehr gutes und enges Verhältnis zu ihren Eltern, insbesondere zu ihrem Vater, mit dem sie brieflich politische und gesellschaftliche Entwicklungen im Empire ebenso wie im Deutschen Reich diskutierte. Sie war sehr stolz auf ihn und seine herausgehobene Stellung in der südafrikanischen Gesellschaft und sah ihren ältesten Sohn Helmuth als seinen geistigen Erben. «The boy», wie sie ihn in den Briefen nannte, war in ihren Augen dazu berufen, eine ganz große Karriere zu machen. Als sie 1923 in einem Brief nach Südafrika einen Arbeitskampf beschrieb, resümierte sie: «Später einmal, wenn Deutschland wieder auf seinen Füßen steht, wird ein weiser Staatsmann – vielleicht der Junge – eine Einigung herbeiführen müssen.»[24]

Die Verbindung zwischen Südafrika und Deutschland wurde nicht nur per Post aufrechterhalten, man versuchte, sich auch so häufig wie möglich zu sehen. Die Tochter reiste immer wieder in ihre Heimat, und die Großeltern waren im Laufe der Jahre häufig zu Besuch in Schlesien. Daher kannten sie das Gut, das Dorf und seine Bewohner, und Dorothy konnte in ihren wöchentlichen Briefen ausführlich über ihr tägliches Leben berichten. Die Eltern wussten ja, wovon und von wem sie sprach: «Schwester hat gerade eine Stunde bei mir gesessen. Sie ist wirklich verlässlich und eine so angenehme Gesellschaft. Ich nenne sie den ‹Creisau Chronicle›. Sie bringt uns alle Neuigkeiten.»[25] Schwester Ida Hübner war Diakonisse, Krankenschwester und Kindergärtnerin von Kreisau zugleich. Sie betrieb seit 1909[26] die Spielschule

«This is my new home»: Die erste Postkarte aus Kreisau, die Dorothy von Moltke an ihre Eltern in Südafrika schrieb.

im Dorf, die auf die Zeiten des Feldmarschalls zurückging. «Schwester» blieb der Familie bis zuletzt sehr verbunden; sie floh 1945 in den Westen, wo Freya sie später besuchte.

Dorothy hatte nicht nur ihre wachsende Kinderschar – neben Helmuth James (geboren 1907) waren dies Joachim Wolfgang (geboren 1909), Wilhelm Viggo (geboren 1911), Carl Bernhard (geboren 1913) und Asta Maria (geboren 1915) –, von der sie berichten konnte. Es gab auch immer viele Gäste in Kreisau, darunter Angehörige der Familie von Moltke, die im Schloss Wohnrecht hatten. Dazu gehörten die Schwestern ihres Mannes, Ete [Margarete] von Trotha und Leno [Leonore] von Hülsen, die oft den Sommer in Kreisau verbrachten und 1944 ganz dort hinzogen. Jeden Sommer kam aber auch Julian Frisby, ein vermögender Engländer, der wie einst Dorothy als Pensionsgast nach Kreisau gekommen war. Er wurde ein Freund der Familie, der «Kreisau als seine zweite Heimat» ansah.[27] Um ihn musste man sich nicht kümmern, denn sein Steckenpferd war der Garten. Als Dorothy zur Hochzeit nach Köln fuhr, verließ sie ihn «beim Graben und Pflanzen, und als ich zurückkehrte, fand ich ihn bei genau derselben Beschäftigung vor».[28] Julian Frisby wird nach dem Krieg zusammen mit

Auf der Veranda des Berghauses, um 1932: «Papi» Helmuth von Moltke (links), Wilhelm Viggo, genannt Willo (Mitte) und die Freundin der Familie Ulla Oldenbourg (zweite von rechts)

Freya und einem weiteren englischen Freund, Michael Balfour, die erste Biographie über Helmuth James von Moltke schreiben.

Eine weitere enge Freundin der Familie war Ulla Oldenbourg (1876–1953). Sie war in einer kurzen Ehe mit dem Kunsthistoriker und Rubensforscher Rudolf Oldenbourg verheiratet, der 1921, mit nicht ganz 34 Jahren, starb. Ulla war häufig monatelang Gast in Kreisau und gehörte gewissermaßen zur Familie. «Wir sind ein paar Tage allein (ich rechne Ulla nicht als Besuch)», schrieb Dorothy 1926 an ihre Eltern.[29]

Allein war man allerdings kaum in Kreisau. Helmuth James erinnerte sich, dass selbst in den kargen, schwierigen zwanziger Jahren «selten weniger als vierzehn Personen zu Tisch waren und sehr oft mehr als zwanzig».[30] Schon seine Großmutter väterlicherseits, Ella von Moltke, eine geborene Bethusy-Huc, hatte ein großes und offenes Haus geführt. Aber ihr Enkel attestierte ihr eine gewisse Oberflächlichkeit, seiner Mutter hingegen echte Herzenswärme.[31] Helmuth James hatte ein sehr inniges Verhältnis zu seiner Mutter. Auch das Verhältnis von Dorothy und Freya war gut und eng. Beide verband ihre

Dorothy und Freya von Moltke, um 1931

große Begeisterung für den Sohn und den Ehemann. Aber das Photo, das die beiden Frauen auf der Gartentreppe des Berghauses sitzend zeigt, verrät auch eine große menschliche Nähe. Sie plaudern vertraut wie zwei Freundinnen oder zwei Schwestern, so scheint es, nicht wie Schwiegermutter und Schwiegertochter.

Papi Moltke in Berlin

Es ist auffällig, dass bei all dem vom Vater und Schwiegervater, Helmuth von Moltke, überhaupt nicht die Rede ist. Er war tatsächlich nicht nur nicht da, sondern er spielte auch in der Familie kaum eine Rolle. Er war ein Anhänger der Christian-Science-Bewegung, für die er arbeitete. Deshalb lebte er seit den zwanziger Jahren fast ständig in

Berlin. Dieses Engagement bestimmte sein Leben, es verstärkte den Gegensatz zwischen Vater und Sohn und stellte auch eine Barriere zwischen Papi Moltke und seiner Schwiegertochter Freya dar.

Die Christian-Science-Bewegung[32] wurde 1875 von der Amerikanerin Mary Baker Eddy gegründet. Die Christliche Wissenschaft oder, wie es seit 1998 offiziell heißt, die «Kirche Christi, Wissenschaftler» basierte auf einem persönlichen Heilungserlebnis ihrer Gründerin. Ein zentraler Glaubenssatz der Christian Science lautet daher, «dass die Sünde bzw. das Böse letztendlich nur eine Illusion sei, die durch die Erkenntnis der wahren Natur Gottes und seiner Schöpfung überwunden werden könne. Entsprechend wird in der Christlichen Wissenschaft jede Form von psychischen oder physischen Krankheiten als eine Projektion fehlgeleiteter Gedanken respektive eines falschen Verständnisses der Wirklichkeit angesehen, das in Wahrheit keine Macht über den Menschen haben kann. Der Schlüssel zur geistigen Heilung liegt laut Eddy darin, dass der Mensch sich selbst als perfektes Abbild des allliebenden und allgegenwärtigen Gottes, d. h. als ein rein spirituelles, heiles Wesen, erkennt. Für Christliche Wissenschaftler ist die Heilung von Krankheiten genau wie die Überwindung von Sünde und Schuld auf rein geistigem Wege ein elementares, in den etablierten Kirchen verlorengegangenes Element des Christentums.»[33] Diese Grundhaltung gegenüber jeder Krankheit herrschte auch in Kreisau. Für Freya war dies der Grund dafür, dass sie, bis sie in die USA kam, keinerlei Krankenversicherung hatte.

Auch Dorothy wurde, zum Missfallen ihres strengen Vaters, nach ihrer Heirat eine Anhängerin der Bewegung. Freya vertrat später die Ansicht, die Christian Science sei Dorothy wichtiger gewesen als die Frauenemanzipation, für die sich ihre Mutter Jessie so engagiert hatte. Woher kam dieser starke Glaube? Helmuth von Moltke war 1899 von der Begründerin des deutschen Zweigs der Christlichen Wissenschaft, Bertha Günther-Peterson, von einem schweren Nervenleiden geheilt worden.[34] Die Lehre der Christlichen Wissenschaft wurde in «Klassen» vermittelt, Helmuth von Moltke und seine Frau Dorothy besuchten Klassen bei Frau Günther-Peterson. Später gab Helmuth von Moltke selbst Unterricht in Berlin und behandelte Patienten. Seine Frau kam im Winter zu ihm nach Berlin und gab dort Englisch-Kurse, damit Interessierte in die Lage versetzt würden, Mary Baker Eddys

Schriften zu lesen.[35] 1909 berichtete sie ihren Eltern, dass sie gerade einen Elektromechaniker und seine Frau, einen Polizisten und seine Frau, ein Dienstmädchen und eine Näherin unterrichte.

Eddys Bücher lagen nur in englischer Sprache vor. Moltke wie auch andere Angehörige der Christian Science in Deutschland drängten Eddy jahrelang, ihr Hauptwerk ins Deutsche übersetzen zu lassen, um die Lehre in Deutschland besser bekannt machen zu können. Unter ihnen war Ulla Oldenbourg, die seit 1908 eine der erfolgreichsten Lehrerinnen der Christlichen Wissenschaft in Deutschland war. Die Eltern Moltke verbrachten fast ein Jahr in den USA, um an der schließlich genehmigten Übersetzung mitzuarbeiten.[36] Die Arbeit für die Christian Science war ihnen so wichtig, dass sie, insbesondere Dorothy, es in Kauf nahmen, ihre Kinder lange nicht sehen zu können. In einem Brief an ihren Vater, der sie offensichtlich nach ihrer Zugehörigkeit zur Christlichen Wissenschaft gefragt hatte, vermittelt ihre Antwort den Eindruck einer Frau, die ihren Glauben authentisch vertrat: «Aber in der Christian Science habe ich eine rationale Antwort auf alle meine Fragen gefunden, und ich bin nur eine von vielen Tausenden; ich habe den wundervollsten Frieden gefunden, das Allheilmittel für alle Furcht und den stärksten Beweggrund nicht nur für ein reines und rechtes Leben, sondern auch für reines und rechtes Denken.»[37] Umso erstaunlicher ist es, dass keines der Kinder sich dem Glauben der Eltern anschloss. Im Frühjahr 1922 feierte man sogar Helmuths Konfirmation, in den Augen der Mutter «so eine dumme Veranstaltung». Dennoch waren die Eltern nicht von missionarischem Eifer im eigenen Hause beseelt. Helmuth James wollte als Ältester und «wegen der Tradition»[38] konfirmiert werden, ohne dem christlichen Glauben damals schon so eng verbunden zu sein wie am Ende seines Lebens. Alle Geschwister folgten seinem Beispiel. Freya betrachtete die Konfirmation eher als ein weltliches Ereignis, das im Hause Deichmann stattfand, weil es den gesellschaftlichen Erwartungen entsprach. Ihr Elternhaus war konventionell christlich, protestantisch, ihre Mutter eine Agnostikerin, die aber nach der Ermordung ihres Schwiegersohnes zum Katholizismus übertrat.

Helmuth von Moltke leitete seit Sommer 1928 die Öffentlichkeitsarbeit der Christian Science in Deutschland. Er vertrat die Christian Science auf der Zeitungsschau «Pressa».[39] Aufgrund seiner kritischen

Haltung gegenüber dem Nationalsozialismus wurde er jedoch Mitte Oktober 1933 von seinen Pflichten entbunden, weil die Leitung in Boston meinte, man solle mit den Nazis zusammenarbeiten, um auf diese Weise den Fortbestand der Christlichen Wissenschaft in Deutschland zu sichern.[40] Die Entlassung war besonders schmerzlich für Moltke, weil man ihm bei seinem letzten Aufenthalt in Boston eine Verlängerung seiner Tätigkeit für zehn Jahre zugesagt hatte.

Helmuth von Moltke hatte 1928 sein neues wichtiges Amt bei der Christian Science angetreten, kurz bevor sein Gutsverwalter starb und die desolate Situation Kreisaus zutage trat. Anstatt sich selbst um die Rettung des Gutes zu bemühen – und damit die wirtschaftliche Grundlage für seine Familie zu sichern, denn sein Berliner Einkommen reichte dafür bei weitem nicht aus –, beauftragte er seinen einundzwanzigjährigen Sohn mit der Sanierung – und dies, obwohl der gerade mitten in den Examensvorbereitungen steckte. Helmuth James zögerte denn auch nicht, den Vater in seinen Erinnerungen einen «Egoisten» zu nennen. «Er war […] ein Egoist, dabei weich, gutmütig und voller freundlicher Gedanken. Aber er hatte eben nur dann freundliche Gedanken, wenn es ihm paßte.» Er sei cholerisch gewesen, bisweilen rücksichtslos, schließlich habe er viel Geld gehabt, «ohne es verdient zu haben.»[41] Seine Schwiegertochter Freya verglich ihn mit ihrer Mutter. Er habe, wie diese, keine gute Ausbildung gehabt. Nach dem Abitur habe er in Kreisau nur durch Zugucken gelernt, wie man Landwirtschaft betreibt. Seine gute Herkunft sei zugleich sein Handicap gewesen.[42]

Dass Papi Moltke nach Dorothys Tod schon bald erneut heiratete, missfiel seinen Kinder sehr. Sie konnten sich nicht vorstellen, dass Mami Moltke je zu ersetzen wäre. Die zweite Gräfin Moltke, Anne Marie, geb. Altenberg (1902–1952), war «seine Schülerin, geschieden, lahm, mit einem Sohn von 11 Jahren, ohne Geld und aus Memel»,[43] so beschrieb Helmuth James sie in einem Brief an Freya, als er die Neuigkeit erfuhr. Sie wurde von ihm und seinen Geschwistern die «Rentenannie» genannt. Denn obwohl auf dem Gut längst nicht die stabilen Vorkriegsverhältnisse wiederhergestellt worden waren, forderte der Graf eine hohe Rente für seine neue Frau im Falle seines Todes. Helmuth James argumentierte, er könne nicht einmal seinen Geschwistern Geld auszahlen und daher schon gar nicht so viel Geld an diese – das war dann wohl mitgedacht – fremde Frau geben. Der Vater starb 1939, und die Auseinandersetzungen um die Witwenrente zogen sich hin bis zum Untergang Kreisaus und darüber hinaus.

Anlässlich der Beerdigung ihres Schwiegervaters schrieb Freya an Willo, der zu diesem Zeitpunkt Deutschland schon verlassen hatte: «Viel Rührung war nicht vorhanden, aber wir werden Papi ja nun alle mit seinen netten und erfreulichen Eigenschaften im Gedächtnis halten, denn ein guter und anständiger Mensch war er ja.» Ansonsten war die Beerdigung wie ein Familientreffen. Die Geschwister gingen mittlerweile ihre eigenen Wege, sahen sich nicht mehr so häufig, und daher haben sie «auch sehr viel gelacht und es vergnüglich gehabt».[44]

Bemerkenswert ist die Bedeutungslosigkeit der Väter in beiden Familien. Bei den Deichmanns wie bei den Moltkes waren die Mütter die prägenden Figuren. Freya und Helmuth erinnerten sich gern und ausführlich an ihre Mütter, fanden aber die Väter kaum der Erwähnung wert. Helmuth James fand einen überaus pragmatischen Zugang zum Tode seines Schwiegervaters drei Tage nach der Hochzeit: «Der Tod von Vater Deichmann war nicht so traurig wie man denken könnte, da seine Bank gerade mehr oder weniger bankrott gegangen war und er nie in seinem Leben wieder eine gute Arbeit gefunden hätte; er wäre nicht in der Lage gewesen in seinem alten Haus zu leben, so starb er in seinem Haus und starb ganz beruhigt.»[45]

Doktorin der Rechte

Doch zurück ins Jahr 1932. Während Mami Moltke ihre Eltern in Kapstadt besuchte, war Freya von Januar bis Juni in Kreisau, bis einschließlich April war auch Helmuth da. «Der letzte Monat in Kreisau, nach fast drei Jahren»,[46] wie er den Großeltern schrieb. Am 1. Mai 1932 begann er ein Praktikum in der Berliner Anwaltskanzlei Koch-Weser und Carlebach, wie es zur Vervollständigung seiner juristischen Ausbildung erforderlich war. Im November 1940 wird Freya Helmuth in einem Brief erinnern: «Denke einmal: hier in Kreisau haben wir eigentlich zuletzt im Jahre 31/32 zusammen gelebt.»[47] Tatsächlich sollten sie nie wieder für eine längere Zeit gemeinsam in Kreisau sein, denn Helmuth James von Moltke arbeitete bis zu seiner Verhaftung im Januar 1944 in Berlin.

Das junge Ehepaar machte nach Dorothys Rückkehr aus Südafrika im Juli 1932 zunächst einen kurzen Antrittsbesuch bei verschiedenen Verwandten in Pommern. Von dort aus fuhren sie weiter nach Warschau, wo der Vetter Hans-Adolf deutscher Botschafter war. Im August 1932 waren beide wieder am Grundlsee bei Fraudoktor. Von Österreich aus besuchte Freya ihre Mutter und ihre Großmutter auf dem Gut Giersberg in der Eifel. Im Oktober 1932 bezogen Helmuth und Freya endlich eine gemeinsame Wohnung in Berlin in der Bendlerstraße 42.

Beide Eheleute studierten Jura. Seine Mutter Dorothy hätte Helmuth James wohl am liebsten als Politiker gesehen, und zwar nicht als irgendeinen Politiker, sondern als «weisen Staatsmann».[48] Seine Frau war nach dem Krieg ebenfalls davon überzeugt, dass er eine führende Rolle in der Gestaltung Nachkriegsdeutschlands hätte spielen können.[49] Er selbst trug sich einige Zeit mit dem Gedanken, Journalist zu werden, etwa als Korrespondent für angelsächsische Zeitungen, da er fließend Englisch sprach. 1929 machte er sein Referendarexamen und war sich selbst noch nicht darüber im Klaren, welchen beruflichen Weg er einschlagen würde. Aber seit er Freya an seiner Seite wusste, fühlte er sich gestärkt. Er werde die notwendigen Entscheidungen jetzt treffen können, «denn Du bist ja da».[50] Zunächst setzte er seine juristische Ausbildung weiter fort, die er im Februar 1934 mit dem Assessorexamen abschloss. Doch der Weg, der ihm ursprünglich noch offengestanden hatte – zum Beispiel Richter zu werden wie sein Großvater –, war ihm nach 1933 verschlossen. Er wollte keinem Unrechtsstaat dienen, und die Nazis behinderten den Aufstieg eines Mannes, der nicht einmal in die Partei eintreten wollte. Auch in Kreisau war er nicht frei von den Repressalien der Nazis; ständige Reibereien mit dem Kreisbauernführer, Auseinandersetzungen um das Fideikommiss und das Erbhofgesetz ließen ihm die Idee «eine[r] dauernde[n] Existenz hier» in Kreisau «so absurd» erscheinen, «dass ich mich kaum mehr daran erinnern kann, je daran gedacht zu haben».[51]

Was also blieb ihm zu tun? Im Gespräch mit englischen Freunden kam ihm der Gedanke, den Schwerpunkt seiner Arbeit auf das Völkerrecht zu legen. Dies schien ihm etwas zu sein, «für das es sich zu arbeiten lohnt, und gibt einem das Gefühl etwas wirklich wichtiges für die Welt und insbesondere für Europa zu tun».[52] Etwas wirklich

Wichtiges für die Welt zu tun – das war wohl sein Anliegen. Ein Leben als Landwirt in Kreisau hätte ihm nicht genügen können. Er ließ sich also ab 1935 in Berlin als Anwalt nieder. Zugleich begann er sich aber um eine Ausbildung in England zu kümmern. Deshalb fuhr er regelmäßig dorthin und erhielt schließlich seine Zulassung als englischer Barrister.[53]

Freya, die in Köln ein Semester Jura studiert hatte, bevor sie nach Kreisau gekommen war, hatte sich von Kreisau aus für ein Semester in Breslau immatrikuliert. In Berlin nahm sie im Herbst 1932 ihr Jurastudium wieder auf, und zwar bei Professor Martin Wolff, einem der angesehensten Hochschullehrer der Berliner juristischen Fakultät.[54] Er war seit dem Wintersemester 1921/22 Ordinarius für Handels- und Wirtschaftsrecht sowie Bürgerliches Recht, außerdem Spezialist für Rechtsgeschichte. Auf gute Lehre legte er sehr großen Wert, und so erfreute er sich hoher Beliebtheit unter den Studenten. Allein durch Studiengebühren stieg sein ursprüngliches Gehalt von 15 000 auf 50 000 Reichsmark. Damit lagen Wolffs Einkünfte weit über dem, was seine Kollegen verdienten.[55] Die Professoren bekamen nämlich von der Universität nur ein Grundgehalt, und die Studenten mussten Vorlesungsgebühren an die Professoren zahlen, die in Freyas Fall ihre Mutter übernahm.[56]

Der 1872 geborene Wolff war als Vorkriegsbeamter zunächst nicht durch das sogenannte «Gesetz zur Wiederherstellung des Berufsbeamtentums» von Entlassung bedroht gewesen wie seine jüdischen Kollegen. Allerdings hatten SA und NS-Studentenschaft 1933 massiv versucht, seine Vorlesungen zu stören. Freya könnte Zeugin solcher teilweise gewalttätigen Vorfälle geworden sein. Der damalige Rektor unterband die Störungen. Er sei der einzige gewesen, so erinnerte sich Wolff später, der sich in dieser Situation für ihn eingesetzt habe. 1935 wurde Wolff dann doch von der Universität vertrieben, denn auch er war Jude. Es sei, so begründete es der nationalsozialistisch gesinnte Dekan, «eine schwere Belastung für die deutsche Studentenschaft, wenn zwei wichtige Ordinariate von Nichtariern versehen würden».[57] Es muss bitter für den «entpflichteten»[58] Wolff gewesen sein, dass 1935 keiner seiner Kollegen für ihn Partei ergriff. Er emigrierte 1936, nach einem schikanösen Streit mit den Behörden über seine Ausreise, nach London. Dort lebte seine englische Frau bereits seit 1935. Helmuth

James und Freya sollten die Familie Wolff auf ihren Reisen nach England noch einige Male wiedersehen.

Im Wintersemester 1934/35 war Freya im siebenten Semester, der größte Teil ihres Studiums lag also in der Zeit des Nationalsozialismus. Mit Wolff diskutierte sie über die Möglichkeit, wie sie ihr Studium am besten zu Ende bringen könne. Er riet ihr zur Promotion, denn dies war ein rein universitätsinternes Examen und enthob sie der Notwendigkeit, sich von staatlichen Stellen prüfen zu lassen. Auf die Frage: «Wie soll ich jemals einen Doktorvater finden?», antwortete er ihr: «Warum kommen Sie nicht zu mir?»[59] Während der Arbeit an der Dissertation im Winter 1934 war Freya die meiste Zeit in Berlin. Helmuth verbrachte immer wieder Zeit in Kreisau, um dort nach dem Rechten zu sehen. Durch die dramatischen Ereignisse sowohl in ihrem Leben – Dorothys Tod im Juni 1935 – als auch im Leben ihres Doktorvaters verzögerte sich der Abschluss des Verfahrens bis Anfang 1936. Martin Wolff wurde im Juli 1935 aufgrund der Nürnberger Gesetze entpflichtet, aber erst am 16. Dezember des Jahres offiziell in den Ruhestand versetzt. Er konnte als Emeritus (wider Willen) die Angelegenheit noch vor seiner Emigration zu Ende führen. Freya verteidigte ihre Arbeit am 20. Januar 1936. Diese erschien im selben Jahr unter dem Titel «Beglaubigung und öffentlicher Glaube: zur Auslegung des § 1155 BGB» als Aufsatz in der auch heute noch angesehenen Zeitschrift *Archiv für die civilistische Praxis.*[60] Einen Hinweis auf den Doktorvater sucht man in der ganzen Arbeit vergebens, denn Wolff durfte als Jude in diesem Zusammenhang nicht mehr genannt werden. Es ging ihr zunächst nur darum, das Studium überhaupt zu einem Abschluss zu bringen. Freya war keine Volljuristin, ihr fehlten die staatlichen Examina und das dreijährige Referendariat. Helmuth brachte es später deutlich auf den Punkt: «Als ungelernte Kraft bist Du nicht viel wert.»[61] Benotet hatte Wolff Freyas Dissertation mit einem «rite», der schlechtesten Note, die zu vergeben war. Doch Freya hatte keine Zeit, sich so intensiv in die Materie zu vertiefen, wie es für eine bessere Leistung notwendig gewesen wäre: Sie wurde in Kreisau gebraucht. Aber es fehlte ihr wohl auch an der nötigen Begeisterung für das Jura-Studium, für das Studieren überhaupt. Ihre Stärke war nicht die Theorie, sondern das Leben. Unter anderen politischen und privaten Umständen wäre sie vielleicht Anwältin oder Richterin geworden, denn in der juristischen Praxis kann man sehr wohl dem Leben begegnen. Doch in der Situation, in der Freya sich befand, war davon zunächst nicht die Rede.

Helmuth nahm mögliche berufliche Ambitionen seiner Frau offenbar nicht allzu ernst, wenn er ihr schrieb: «Was also Deine Sorgen angeht so bin ich da folgender Meinung: mir ist es sehr lieb, wenn der Kleine [gemeint ist Freya] etwas Juristerei kann, denn dann kann ich mich so lieb mit ihm über Juristisches unterhalten; was er auch immer darin lernt, wird mich immer sehr erfreuen und ihn auch wie ich hoffe, selbst wenn er durch das Examen durchfällt.»[62] In Helmuths Augen war die Juristerei offenbar eine Art gelehrtes Hobby für Frauen. Was genau schwebte ihm dann vor, wenn er in einem Brief – in dem er Freya nun wiederum «mein großer Freund» nannte – zur Eile gemahnte? «Die Hauptsache ist, dass Du nicht abschweifst; das mag interessant sein, fördert aber die Sache nicht zeitlich. Und das musst Du doch hier ziemlich weit vorne berücksichtigen. Natürlich gibt es Doktorarbeiten, an die man mit Recht Jahre wendet, aber das ist es für Dich nicht wert.»[63] Es kann ihm nicht darum gegangen sein, dass Freya möglichst schnell in die traditionelle Frauenrolle zurückkehrte, um Hausfrau und Mutter zu werden, denn genau das wollte er ja auf keinen Fall. Freya hat stets betont, dass Helmuth Frauen und Männer für gleichberechtigt hielt,[64] eine Auffassung, die sicherlich durch die starke Position seiner Mutter in der Familie gefördert worden war. Seine Mutter Dorothy selbst vertrat allerdings, ähnlich wie Mutter Deichmann, nur begrenzt emanzipatorische Ideen.[65] Zwar hatte Freya eigenes Geld und auch ein eigenes Konto,[66] was für diese Zeit ungewöhnlich war. Dennoch war sie in vielerlei Hinsicht in ihrem eigenen Verständnis durchaus eine traditionelle Ehefrau. Sie war noch sehr jung und besaß bei weitem nicht die Lebenserfahrung, die der ambitionierte junge Moltke inzwischen gesammelt hatte. Freya sah zu ihrem Mann auf. Als Helmuth bei der Wahl des Reichspräsidenten 1932 dem Kommunisten Ernst Thälmann seine Stimme gab, wählte auch Freya kommunistisch. In einem Fernsehinterview von 1992 kommentierte sie im Rückblick: «Aber das ist typisch, daß ich vollkommen sein Urteil annahm.»[67] Dies tat sie jedoch nicht im Bewusstsein eigener Minderwertigkeit, sondern in dem Glauben, der erfahrenere Helmuth habe das bessere Urteilsvermögen. Freya litt nicht an Selbstzweifeln, im Gegenteil, sie besaß Selbstvertrauen und kannte ihre Stärken, die andere waren als die Helmuths. Sie war «menschlich sicher», wie es ihr Schwager Karl Heinz Henssel später formulierte.[68] Helmuth nannte das Freyas «Stabilität, die sie von Hause aus hat».[69] Ihre Ehe war ein komplementäres Verhältnis, über das sich beide im Klaren waren. Helmuth war introvertiert und vernunftbetont. Isa Vermehren, eine Freundin der Moltkes, bezeichnete ihn gar als «scheu», zugleich als ungemein höflich, sehr zuvorkommend, aber immer sehr beherrscht. Freya hingegen war sehr viel emotionaler, den Menschen zugewandt: «Ich bin ja für die Menschen gemacht», erklärte sie selbst, «weil ich so gut lieben kann. [...] Sie brauchen mich.»[70] Helmuth James hat nach Aussagen seiner Geschwister durch die Beziehung zu Freya «ungeheuer gewonnen an Menschlichkeit, Wärme und Aufgeschlossenheit».[71]

Eine Reise nach Südafrika

Zwischen Helmuths Assessorexamen und dem Beginn seiner Arbeit als Anwalt in Berlin lag die erste große Südafrikareise des jungen Ehepaares im Sommer 1934. Die Großeltern hatten ihrem Enkel zum bestandenen Examen die Überfahrt spendiert. Freya kannte die Großeltern bereits, die bei ihrem ersten Besuch in Kreisau gerade dort gewesen waren. Südafrika kannte sie hingegen noch nicht. Helmuth war 1912 mit seinen Eltern und Geschwistern schon einmal bei Daddy und Granny gewesen. «Ein Ereignis, das immer einen Schimmer von Blau und Sonne in mein Leben gelassen hat, ohne dass ich mich an irgend etwas Bestimmtes erinnern könnte»,[72] schrieb Helmuth James in einem Lebenslauf von 1926. James und Jessie Rose Innes lebten in Kapstadt. Helmuth und Freya kauften sich dort ein Auto, fuhren durchs Land und besuchten Verwandte und Freunde der Großeltern. Sie sahen Johannesburg und Pretoria. Mitte August waren sie wieder am Kap, blieben noch zwei Wochen bei den Großeltern, bevor sie im September 1934 die fast vierwöchige Rückreise per Schiff antraten. Das Schiff «Ubena» brachte sie nach England, wo sie noch drei Wochen verbrachten. Versehen mit allerlei südafrikanischen Empfehlungen, lernten sie hier bei ihrem ersten Aufenthalt in Großbritannien viele Leute kennen, die in mancherlei Hinsicht noch große Bedeutung er-

Freya während ihrer ersten Reise nach Südafrika, 1934

langen sollten. Zum einen waren es Kontakte, die Helmuth James nutzen konnte, um seine juristische Ausbildung in England vorzubereiten. Zum anderen waren die hier geknüpften Beziehungen später wertvoll für den Widerstand. Und nach 1945 sollten es die englischen und südafrikanischen Freunde sein, die Freya die schnelle Ausreise aus Deutschland ermöglichten.

Von einer besonderen Begegnung mit einer Mrs. Baillie-Hamilton, die sie zum Tee eingeladen hatte, berichtete Helmuth den Großeltern aus London: «Das verrückte an der Sache ist, dass sie ganz genaue Kenntnisse von Kreisau und von der ganzen Familie hat und dass ich, auch nachdem ich sie jetzt mehrere Tage hintereinander gesehen habe, nicht die leiseste Idee habe, wer sie ist oder wie sie mit Euch verbunden ist. Aber das macht nichts.»[73]

Freya fuhr schon etwas eher zurück auf den Kontinent, um ihre Mutter zu besuchen. Am 1. November 1934 trafen dann beide zusammen wieder in Berlin ein. Mami Moltke, die Geschwister Willo und

Asta sowie eine Freundin von Freya erwarteten sie am Bahnsteig. Dorothy hatte sich sehr über die Einladung der Großeltern für ihren Sohn gefreut. Sie war es auch, die Helmuth nahelegte, über eine Emigration nachzudenken. Sich in England zum Anwalt ausbilden zu lassen, bot ihm die Möglichkeit, sich auch in Südafrika niederzulassen. Die guten Kontakte der Rose Innes hätten ihm dort eine glänzende Zukunft beschert, die ihm in Deutschland verwehrt war. Daher lag es nahe, diese Frage zumindest zu erörtern. Freya wäre sicher bereit gewesen, sich an Helmuths Pläne anzupassen, obwohl sie zu diesem Zeitpunkt, 1934, ihr eigenes Studium noch keineswegs abgeschlossen hatte.

In ihrer Biographie Helmuths betonte Freya, dass sie während ihres Aufenthalts in Südafrika «nie ernstlich» daran gedacht hätten, dort zu bleiben.[74] Beide wollten die Verantwortung übernehmen, die ihrer Meinung nach bei denen lag, die den Nationalsozialismus ablehnten. In der Zeit der «braunen Tyrannei» wollten sie da sein und das Ihrige tun, um sie zu stören, zu unterhöhlen, zu stürzen. Auch «hinterher» mussten die richtigen Leute da sein, um den Wiederaufbau Deutschlands ins Werk zu setzen. «Das deutsche Volk», so Freya, «würde dann schwerlich denjenigen Vertrauen schenken, die eine mehr oder minder privilegierte Position verlassen hatten und von außen zusahen, statt die bösen Tage im Inneren zu teilen.»[75]

Genauso wichtig, vielleicht noch wichtiger waren die privaten Gründe, die gegen eine Emigration sprachen. Für Helmuth James war die Familie ein zentrales Element seines Lebens, sie hatte allergrößte Bedeutung für ihn. «Es gibt eine Gruppe von Menschen, der man sich nie rar machen darf, und das ist die eigene Familie»,[76] hatte er 1931 an Freya geschrieben. Durch die tatsächliche und gefühlte Abwesenheit des Vaters hatte Helmuth James schon sehr früh Verantwortung für die Familie übernommen und sah sich als ihr Oberhaupt – mehr denn je nach dem Tod der Mutter. Er kümmerte sich um den Zusammenhalt in der Familie und nahm Anteil am beruflichen Werdegang seiner Geschwister: Seinem jüngeren Bruder, dem Architekten Willo, empfahl er, Deutschland zu verlassen, was dieser auch tat. Willo ging nach England, dann nach Schweden und emigrierte schließlich in die USA.[77] Seiner Schwester Asta riet Helmuth, während des Krieges aus Berlin nach Kreisau zurückzukehren. Als Treckerfahrerin leistete sie dort ihren Einsatz im kriegswichtigen landwirtschaftlichen Betrieb und konnte so nicht von den Nazis anderweitig behelligt werden.

Helmuth James hatte auch immer im Blick, wann Kränze für den Kapellenberg zu bestellen waren oder wann wer Geburtstag hatte.[78] Nach dem Tod seiner Mutter organisierte er die Korrespondenz an die Großeltern. Er legte großen Wert darauf, dass sowohl die Großmutter als auch der Großvater wöchentlich je einen Brief aus Europa erhielten; er sprach sich mit Freya ab, wer welche Aufgaben zu übernehmen hatte. Auch die Geschwister wurden regelmäßig gebeten, nach Kapstadt zu schreiben. Mit seinen Großeltern verband Helmuth James ein sehr enges Verhältnis, sie waren wichtige Bezugspunkte in seinem Leben. Als er im Juli 1935 seine Schwester Asta und seine Großmutter nach Southampton begleitete, wo sie das Schiff nach Südafrika bestiegen, schrieb er an Freya: «Der Abschied von den beiden war sehr traurig. Mir ist der Gedanke, dass ich Granny und Daddy womöglich nicht wiedersehe zu schrecklich.»[79] In den Briefen an sie ist er gesprächiger und gelöster als sonst, auch offener als Freya gegenüber, die sich manchmal über seine Verschlossenheit beklagte. In einem Brief von 1934 nannte er seine Großmutter «dear Granny, you promoter of our happiest time».[80] Er hatte offensichtlich großes Vertrauen in die Eltern seiner verehrten Mutter, die regen Anteil an seinem Schicksal nahmen und ihm mit Rat und (finanzieller) Tat zur Seite standen. Vielleicht hat auch die große Entfernung eine solche emotionale Öffnung erleichtert.

Das zweite zentrale Element in Helmuths Leben war Kreisau. Es war immer wichtig und wurde immer bedeutsamer, je mehr die Bedrängnis durch den Nationalsozialismus zunahm. Er hätte es für immer aufgeben müssen, wäre er emigriert. Kreisau tauchte fast in jedem seiner Briefe auf, vom ersten Brief an Freya 1929 bis zum letzten 1945. Das landwirtschaftliche Jahr war ebenso wichtig wie die Beobachtung der Jahreszeiten. Er liebte die Natur und kannte jeden Grashalm in Kreisau. 1931, als Freya zum ersten Mal mit ihrer Mutter kommen sollte, schrieb er: «Ich bin außerordentlich besorgt, dass, wenn Ihr im August kommt, nicht mehr alles so schön ist, wie ich es mir für Euch wünsche, und jede Blume, die verblüht, macht mich unglücklich.»[81] Aber ebenso oft, wie er in den fünfzehn Jahren ihres gemeinsamen Lebens über Kreisau schrieb, schrieb er von seiner großen Liebe zu

Freya, wie zum Beispiel im Mai 1935: «Diesen Brief, mL [mein Lieber, gemeint ist Freya], musst Du gegen das Licht halten, dann wird er zeigen, dass von vorn und hinten und von allen Seiten in allen Farben Liebe zum Pützchen schimmert.»[82]

4
Die Gutsherrin

1935–1944

Einen Monat später, am 11. Juni 1935, starb plötzlich, mit nur einundfünfzig Jahren, Helmuths Mutter Dorothy. Die Eltern von Moltke waren zum sechzigsten Geburtstag des Schwagers auf das Gut Balfanz in Pommern gefahren, wohin sich eine Schwester des Vaters verheiratet hatte. Es gab einen Ball am Abend, an dem Dorothy nicht teilnehmen konnte, weil sie sich nicht wohlfühlte und von schlimmen Kopfschmerzen geplagt wurde. Sie starb noch in derselben Nacht und wurde in Kreisau beerdigt. Die Familie vermutete, dass ein Hirntumor diesen völlig überraschenden Tod verursacht haben könnte. In Helmuths Briefen an Freya fand das traurige Ereignis an jedem 11. Juni Erwähnung. Er war sehr darauf bedacht, dass pünktlich Kränze im Namen der Kinder, aber auch im Namen der Großeltern am Grab der Mutter niedergelegt wurden. Es befand sich am Rande des Dorfes Kreisau auf dem Kapellenberg. Auf dem kleinen Hügel stand eine Kapelle, in der der Feldmarschall von Moltke und seine Frau beerdigt worden waren. Unterhalb der Kapelle lagen die Gräber der nachkommenden Generationen. Sie wurden nach dem Zweiten Weltkrieg geplündert und sind seitdem leer. Heute steht hier der Gedenkstein für Helmuth James von Moltke, für seinen 1942 im Krieg vermissten Bruder Carl Bernhard und jetzt auch für Freya von Moltke. Welche Kraft und Bedeutung Helmuth James dem Gedenken an diesem besonderen Ort zuwies, zeigt sich daran, dass er noch im November 1944, zwei Monate vor seinem Tod, Freya anwies, «dass meine Rehabilitierung auf dem Kapellenberg dokumentiert wird».[1]

Freya bezeichnete im Rückblick den Tod ihrer Schwiegermutter als eine «große Katastrophe»[2] – für ihren Mann, für sich und für die ganze Familie. Durch Dorothys Tod wurde die erst vierundzwanzigjährige Freya unerwartet Gutsherrin von Kreisau. Ihre erste Aufgabe war es, der Großmutter Rose Innes, die sich gerade im Schwarzwald

Gedenkstein auf dem Kreisauer Kapellenberg: Helmuth James schrieb im November 1944 an Freya: «Wenn Ihr (Wir) Kreisau behalten, dann muss für Carl Bernd's Andenken etwas geschehen. Ich hatte immer gedacht, an die Ecke des neuen Familienbegräbnisplatzes einen großen Feldstein zu setzen und in den eine Platte einzulassen mit Blick ins Tal, nicht etwa auf den Weg.»

zu einer Kur aufhielt, die Nachricht vom Tod ihrer Tochter, ihres einzigen Kindes, zu überbringen. Mutter Deichmann begleitete sie, und das jüngste der Moltke-Kinder, Freyas Schwägerin Asta, fuhr mit Granny zurück nach Südafrika. Sie blieb dort einige Monate, um die Großeltern in dieser schwierigen Situation zu stützen.

Freya ging 1935 allein von Berlin nach Schlesien, weil sie wusste, wie wichtig Kreisau für Helmuth war. «Irgend jemand musste es tun. Ich habe es nie in Frage gestellt.»[3] Er aber wusste, was er an Freya hatte, und beschrieb ihre wichtige Rolle in einem Brief an die Großeltern. Ihnen gegenüber hatte er die Befürchtung geäußert, dass er sich von seinen Geschwistern entfernen könnte, weil sie nicht nur weit entfernt lebten, sondern sich auch beruflich ganz anders orientiert hätten, «aber bisher ist das Gegenteil der Fall. Es ist das starke Band, das Mami geknüpft hat und das jetzt, wo sie uns verlassen hat, noch wichtiger zu

Der Kreisauer Kapellenberg war Begräbnisplatz für viele: Ende des neunzehnten Jahrhunderts wurde hier ein Mausoleum für den Generalfeldmarschall Helmuth von Moltke und seine Frau errichtet (hinter den Bäumen). Danach entstand hier der Familienfriedhof der Moltkes, zu dem das Kreuz im Vordergrund gehört. Der Gedenkstein für Carl Bernhard, Helmuth James und Freya von Moltke (rechts vorne) wurde in den neunziger Jahren errichtet. Unmittelbar angrenzend lag bis 1946 der Kreisauer Dorffriedhof. Im Zweiten Weltkrieg kamen weitere Gräber hinzu, vermutlich von russischen Kriegsgefangenen.

sein scheint als je zuvor und dass die Verantwortung, die Verbindung aufrechtzuerhalten, einzig an uns liegt. Natürlich weiß ich nicht, wie wir ohne Freya zurechtkommen sollten, also verdanken wir es in gewisser Weise ihr; aber all die anderen haben ihren Teil geleistet, besser als ich das zunächst gedacht hätte.»[4]

«Du Biest»: Freya in Kreisau, Helmuth in Berlin

«Das wurde zwar nachher zur Freude, aber zuerst war es doch für mich eine Last, nach Kreisau zu gehen.»[5] So beschrieb Freya ihre Haltung im Rückblick. Sie hätte in all den Jahren ihres Zusammenseins am liebsten mit Helmuth zusammengewohnt, und bedauerte, dass das nicht gelang. Es wäre letztlich nicht unmöglich gewesen, aber es war wohl in erster Linie Helmuths Wunsch. Auch wenn sich die Äußerung «Aber ich tue, was Du mir sagst»,[6] nur darauf bezieht, dass die «Rentenannie» ihre Weihnachtsgans bekommen soll, so ist sie doch symptomatisch für Freyas Haltung. Ihre eigenen Vorstellungen waren möglicherweise andere. Hatte sie eine Idee, wie ihr Leben aussehen sollte? In ihren erhaltenen Briefen äußerte sie immer wieder den einen Wunsch: «Wäre ich nur immer bei Dir! Aber ich habe Kreisau an sich ja sehr gern und es beschäftigt mich sehr. Wenn ich schon getrennt von Dir leben muß, dann am liebsten in Kr[eisau].»[7]

Dass Kreisau sie sehr beschäftige, ist weniger im ideellen als im wörtlichen Sinn zu lesen, wie ihre Aussage vom Oktober 1940 belegt: «Ich bin auch nicht unglücklich, aber vor allem deshalb, weil ich so viel zu tun habe und mir die Zeit im Fluge vergehen wird.»[8] Freya war in Kreisau so beansprucht, dass sie nicht zum Nachdenken kam. Vielfältige Aufgaben verlangten ein hohes Maß an Flexibilität, Kommunikationsfähigkeit und in Kriegszeiten auch an Improvisationsvermögen. Sie war für alles und alle verantwortlich, sie hatte für alle da zu sein. Ihre Mutter warf ihr vor, sie mache sich mit ihrer «dummen Gutmütigkeit lächerlich». Freya kommentierte: «Es ist was wahres dran.»[9] Ihre Omnipräsenz brachte sie bis an den Rand der Erschöpfung, sie fühlte sich bisweilen «lustlos und stumpf»,[10] «schon ohne irgendeinen wirklichen Grund am Ende meiner Nervenkraft».[11] «Übrigens», schrieb sie im August 1940, «bin ich das volle Haus nun etwas leid.»[12] Und im Oktober: «Ich hätte Sehnsucht nach einem leeren, ordentlichen Haus, aber es ist nicht in Aussicht.»[13] Ärgerlich war sie, wenn es Schwierigkeiten mit dem Personal gab, «denn ich gebe mir wirklich genug Mühe um die Leute».[14] Oder als sie einmal durch ein Missverständnis den Sachverständigen für Schafe verpasste, der dann nur mit Inspektor Zeumer redete: «Dafür sitze ich nun hier in Kreisau.»[15]

Müdigkeit und Alltagsärger mögen mit dazu geführt haben, dass viele Briefe mit sehnsüchtigen Sätzen endeten: «Komm bitte schnell, bitte, bitte, bitte.»[16] Auch Helmuth vergaß nie, Freya zu versichern, wie wohl er sich bei ihr und mit ihr in Kreisau gefühlt habe. Je mehr ihm seine Situation in Berlin missfiel, desto weniger gefiel ihm die Stadt. «Hier ist es unverändert grässlich. Laut und schmutzig. Ausser-

Leben auf dem Gut, 1943: Auf der Treppe zur Veranda des Berghauses sitzen (oben v. l. n. r.) Konrad, Freya, eine Besucherin, Helmuth Caspar sowie darunter Freyas Schwager Jowo mit seiner Frau Inge und ihrem Sohn Henry.

dem ist mir diese Menschheit zuwider. Ich habe diese Woche wieder zu viele schmutzige, unanständige, […], räuberische Geschichten erlebt und komme mir vor wie ein Gully, der infolge zuviel Schlamms verstopft ist. Bald aber ist die Zeit wieder um und ich kann zu meinem Pim [gemeint ist Freya] zurückkehren, bei dem es mir doch so gut gefällt. Sehr gut gefällt es mir bei ihm und er gefällt mir in Kreisau noch besonders gut.»[17] Zwei Jahre später, 1940, war sein Widerwille gewachsen, und er äußerte Freya gegenüber sogar den Wunsch, in Kreisau zu leben.[18] «Wenn Du schreibst, Du hättest Sehnsucht, mit mir friedlich zusammenzuwohnen und zwar in Kr[eisau], so bin ich einfach glücklich […], das ist ja auch mein grösster Wunsch. Du weißt es ja. […] Ich hätte nichts lieber, ich wünsche mir nichts mehr»,[19] schrieb sie begeistert zurück. Freya hingegen wußte auch, dass Helmuth ihr schon lange vorher geschrieben hatte: «ML [Mein Lieber], es hat mir ja so gut bei Ihnen gefallen. Immer gefällt es mir bei Ihnen, wo ich ja zu

Hause bin. Aber es ist gut für meine angeblich unsterbliche Seele, dass sie stets in der Fremde umherirren muss, denn so bleibt sie scharf und wird nicht träge in der liebsten Umgebung. Umso schöner ist es aber wieder in die Umgebung zurück zu kehren.»[20] Freya wusste, dass diese Haltung die maßgebliche war. Helmuth ist nie, wäre nie für immer nach Kreisau zurückgekehrt.

Helmuth ahnte, dass die Situation für Freya weniger zufriedenstellend war als für ihn. In seinen Briefen finden sich daher immer wieder beschwichtigende Sätze wie: «Es ist eben in Kreisau doch viel befriedigender [als in Berlin]».[21] Oder: «Bei dem Pim war es sehr lieb. Er gefällt mir in Kreisau sehr gut und ich meine es geht ihm da auch besser als in Berlin. Findet er das nicht im Grunde auch?»[22] In den wöchentlichen Briefen an die Großeltern versicherte er sowohl ihnen als auch sich selbst, wie gut es Freya in Kreisau gehe.[23] Für Helmuth erfüllte Freya dort eine sehr wichtige Aufgabe, denn Kreisau war das «centerhome», der Mittelpunkt für die Familie,[24] *und* Freya war der Mittelpunkt von Kreisau, wie Helmuth es in einem Brief an Freyas Großmutter Schnitzler formulierte: «Wenn ich bei Euch bin finde ich immer, daß ich Euch Freya zu weit entführt habe und daß Ihr nicht den gebührenden Anteil an Ihr habt. Aber bedenke, daß sie eine grosse Aufgabe würdig und erfolgreich bewältigt, und daß sie so jung sie ist ein Mittelpunkt für eine grosse Familie und einen grossen Freundeskreis geworden ist. Sie hat glaube ich viel davon gehabt und die Zeit wird sie von einigen Aufgaben entlasten, ihr mehr Zeit für ihre eigene Familie geben und ihr dennoch die Stellung erhalten, die sie sich in den Herzen erworben hat.»[25] Freya war sich zwar dessen bewusst, litt aber doch unter der Situation: «Du bist so sehr der Mittelpunkt und die Freude und das Glück meines Lebens und willst es immer nicht wahr haben, Du Biest»,[26] schrieb sie ihm etwas beiläufig inmitten von Alltagsnachrichten, etwas ironisch und doch sehr ernst gemeint im Oktober 1940. Die Situation veränderte sich, als am 2. November 1937 ihr erster Sohn, Helmuth Caspar, geboren wurde. Helmuth schrieb an die Großeltern: «Freya und Caspar geht es sehr gut. Freyas neue Verantwortung hat sie wachsen lassen und ihr Glück und ihre Zufriedenheit geben ihr neue Kräfte, die in dieser Zeit von allgemeinen und persönlichen Schwierigkeiten sehr gebraucht werden.»[27]

Die Kinderfrage

Einen Streitpunkt gab es in der jungen Ehe: Freya wollte Kinder, Helmuth wollte keine. Es kam zu keinem Konsens – Freya setzte sich durch. Ihrem Enkel James erzählte sie später, dass ihre Entscheidung während der zweiten Südafrikareise 1937 gefallen sei. Die Moltkes waren im Frühjahr 1937 noch ein weiteres Mal für einige Monate bei den Großeltern zu Besuch, die um ihre erst zwei Jahre zuvor gestorbene Tochter trauerten und selbst zu alt waren, um die lange Reise nach Europa anzutreten. Granny habe sie, so Freya, nach ihrer Kinderlosigkeit gefragt. Auf ihre Antwort, Helmuth wolle keine Kinder, riet Jessie Rose Innes ihr: «Du musst Dich durchsetzen!» Sie sei in derselben Lage gewesen wie Freya, habe sich aber dem Willen ihres Mannes widersetzt, und schließlich sei das Verhältnis von Vater und Tochter sehr innig gewesen. Gestärkt durch diesen Rat, verzichtete Freya auf die Verhütung, für die sie, wie sie betonte, zuständig war, und musste nicht lange auf Veränderung warten.

Vor der Geburt fuhr sie nach Godesberg zu ihrer Mutter. Zum einen, um fern vom Kreisauer Trubel bei der ersten Niederkunft von der Hilfe und Erfahrung Ada Deichmanns zu profitieren, zum anderen, um die schwierige Situation räumlich zu entzerren. Denn Helmuth James konnte sich bis zur tatsächlichen Ankunft seines Sohnes nicht recht mit dem Gedanken, Vater zu werden, anfreunden. Im November 1937 war er in London. Er habe ein ganz anderes, dienstliches Telegramm erwartet, schrieb er nicht ganz feinfühlig der jungen Mutter einen Tag nach der Geburt. Daher «steckte [ich] es uneröffnet in die Tasche und widmete mich der Berliner Post. Erst kurz vor 11 abends, als ich in die U-Bahn stieg um nach Hause zu fahren, öffnete ich das Telegramm. – Dass der Unglücksknabe es so eilig hat auf die Welt zu kommen ist glücklicherweise ein Zeichen mangelnder Einsicht und Intelligenz und das wäre ja immerhin tröstlich.»[28]

Helmuth Caspar gelang es dann jedoch sehr schnell, seinen Vater zu bezaubern. Vier Jahre später, am 23. September 1941, wurde der zweite Sohn, Konrad, geboren. Der anrührende Abschiedsbrief Helmuths an seine Kinder zeugt von großer Liebe zu seinen Söhnen und der Freude darüber, dass er Freya nicht allein auf dieser Welt zurücklassen müsse.

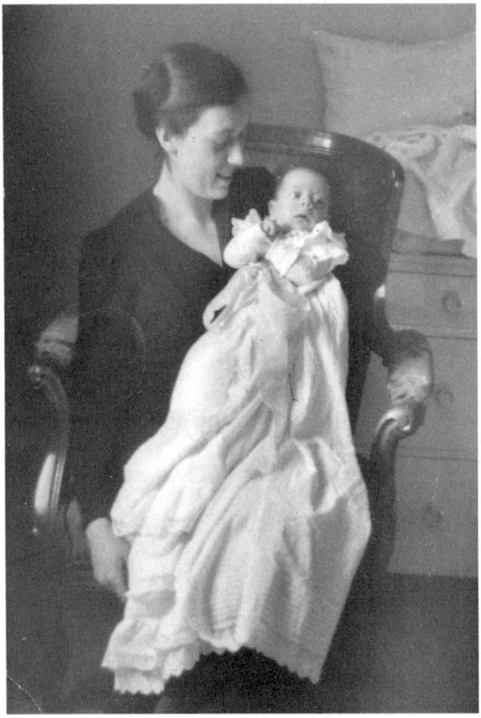

Freya mit Helmuth Caspar am Tag seiner Taufe, 1937. Der Taufspruch lautete «Ich will Dich segnen und Du sollst ein Segen sein.» – Am 1./2. November 1944 schrieb Helmuth James aus der Haft: «Ich traue fest darauf, dass er vor allem, wenn ich Dich verlasse, an Dir seinen Taufspruch wahr machen und zum Segen an Dir werden wird.»

Am 1. November 1944 hatte er ihr aus dem Gefängnis Tegel geschrieben: «Mein Lieber, morgen ist nun C[aspar]chens Geburtstag, und ich will Dir doch zu Deinem ersten, mit Mühen erworbenen Söhnchen gratulieren. Nicht nur hast Du mich ganz überzeugt, nicht nur wäre der jetzige Augenblick viel schwieriger, wenn ich Euch nicht in Eurer gegenseitigen Hut zurücklassen könnte, nein vielmehr: ich kann mir mein, unser Leben ohne die Söhnchen garnicht vorstellen. Die Liebe zu den Söhnchen ist ein Bestandteil von mir geworden, und wenn ich diese Welt verlasse, so nehme ich sie mit. Mein Herz, das hast Du uns errungen mit viel Mühe und Sorgen und ohne irgendeine Unterstützung durch Deinen Wirt. Heut vor 7 Jahren war ich bei Eileen, wohnte dort und bekam am Abend des 2. Dein Telegramm, und am Morgen des 3. telephonierten wir. Aus dem scheußlichen Wurm in Bonn ist nun ein Menschlein geworden mit einem so lieben, zarten Herzen, dass man garnicht dankbar genug sein kann, so etwas um sich zu haben.»[29]

Freya mit ihrem zweiten Sohn Konrad, 1943

Die Mutter und ihre Söhne hatten zeitlebens ein enges und gutes Verhältnis. In ihrem letzten Interview, das Freya dem Filmemacher Hellmut Sitó Schlingensiepen 2008 in ihrem Haus in Vermont gegeben hat, betonte sie diesen Umstand ausdrücklich: «Ich hatte nie Schwierigkeiten mit meinen Söhnen. NIE!»[30]

Leben auf dem Gut

Kreisau war für Helmuth James von Moltke ein sicherer «Hafen», das Berghaus eine «Arche Noah».[31] Für Freya war es Alltag, in dem sie unterschiedlichste Aufgaben zu bewältigen hatte. Als Gutsherrin stand sie an der Spitze der Hierarchie im Kosmos Kreisau, der das Berghaus, das Schloss, das Gut und das Dorf umfasste. Freya lebte im Berghaus. Die Familie war nicht wieder in das Schloss zurückge-

Freya mit der Kreisauer Gemeindeschwester Ida Hübner nach dem Krieg in Westdeutschland

kehrt. Papi Moltke hatte sich dort für seine seltenen Besuche in Kreisau eine kleine Wohnung eingerichtet. Seine beiden Schwestern, Tante Ete und Tante Leno, verbrachten meist den Juli und August im Schloss, und einige Räume waren vermietet. Der Förster Hirsch wohnte mit seiner Tochter in den unteren Räumen, und Fräulein Hirsch zeigte interessierten Besuchern das sogenannte Feldmarschallzimmer. Das Arbeitszimmer des Begründers von Kreisau war seit seinem Tode 1891 unverändert geblieben und zur Besichtigung freigegeben worden. Es kamen immer wieder Enthusiasten, die das Gut und das Grab des Siegers von Königgrätz – und damit des militärischen Begründers des Deutschen Kaiserreichs – besichtigen wollten: «Am Sonnabend Abend um 7 kommt der Major von Massow um am Sonntag die Kapelle zu besuchen. Bitte bestelle, dass alles ordentlich aufgeräumt wird, auch im Feldmarschallzimmer»,[32] bat Helmuth seine Frau im Oktober 1937.

Zwar versorgte man sich im Schloss selbst, aber Freya «war verantwortlich für die Haushalte».[33] Sie besuchte die Tanten im Schloss, sah regelmäßig nach Schwester Ida Hübner, die im Dorf lebte, oder nach «Schönchen», eigentlich Manon Schönberg, die ehemalige Wirtschafterin im Berghaus. Als Ehefrau des Oberhaupts der Familie Moltke musste sie sich auch um die Verwandten in Schweidnitz kümmern, vornehmlich um Tante Frede-Ilse. Das war die Frau des jüngsten Bruders von Helmuths Vater, Carl Viggo. Das Verhältnis zwischen den Familienzweigen war jedoch nicht ganz spannungsfrei, denn die politische «Grundeinstellung» beider Paare war höchst unterschiedlich.[34] Frede-Ilse hielt außerdem auf Etikette, und Freya, die sich selbst einfach «Frau von Moltke» nannte, wurde von ihr angegriffen – «Fredchen schoß mit den stärksten Kanonen» –, dass es «spießig» sei, wenn «die Mädchen am Telefon auf die Frage nach ‹Frau Gräfin› sagten, ‹ja, sie werde Frau von Moltke holen›.» Freya schrieb Helmuth, sie werde sich also entschließen und sich Frau Gräfin nennen lassen müssen, «obwohl es nicht zeitgemäß ist».[35]

Schweidnitz war die nächstgrößere Stadt, in der alle wichtigen Besorgungen gemacht werden konnten. Ein Auto hatten die Moltkes nicht, man fuhr mit dem Zug. Die Verbindungen von Kreisau aus waren gut und regelmäßig, besser als heute. Im Winter kam manchmal der Schlitten zum Einsatz, und manchmal, so berichtete Freya, sei sie zu Fuß gegangen, was anderthalb Stunden gedauert habe.[36] In das sechzig Kilometer entfernte Breslau fuhr man nur selten. Im Mai 1939 besuchten Freya und Helmuth dort eine Landwirtschaftsmesse, kauften einige Landmaschinen und schrieben den Großeltern «we […] enjoyed ourselves very much».[37] Häufiger führte der Weg nach Berlin, obwohl die gemeinsame Wohnung in der Bendlerstraße schon 1935 aufgegeben worden war. Helmuth wohnte zeitweise in der Landgrafenstraße, dann in einer Pension, ab 1939 in einer kleinen Wohnung in der Derfflingerstraße, die seinem Schwager Carl Deichmann gehörte. Freya besuchte Helmuth in Berlin, so oft sie konnte, manchmal nur für ein Wochenende, manchmal auf der Durchreise, wenn sie auf dem Weg zu ihrer Mutter war. Manchmal kam sie aber auch für ein oder zwei Wochen.

Da aber immer sehr viele Verwandte zu Besuch in Kreisau waren, musste Freya im Prinzip dort sein. Sie kamen durchaus auch für länger ins Berghaus. «Du wirst im Winter ein Lager anfälliger Mädchen in Kreisau eröffnen: Dickie und Inge sind die ersten und Edith wird sich dann wohl bald beigesellen und vielleicht auch noch Susi. Das wird ja ein Fest»,[38] schrieb Helmuth im November 1937, kurz nachdem Helmuth Caspar geboren worden war. Dickie, die Frau von Freyas Bruder Hans, war Niederländerin, eine geborene Fayan-Vlielander-Hein; Inge, geborene von Dippe, war die Frau von Joachim Wolfgang, dem zweitältesten Moltke, Edith die Freundin von Freyas Bruder Carl Deichmann. Dickie schickte ihre kränkelnden Kinder einen Winter lang nach Kreisau, damit sie auf dem Lande wieder aufgepäppelt würden.[39] Im Sommer 1939 war dann ein Sohn des Pariser Buchhändlers Fischbacher zu Besuch, nachdem Carl Bernd, der jüngste Moltke-Bruder, bei Fischbachers in Frankreich gewesen war. Auch der fünfjährige Adrian Steengracht, der Sohn einer Freundin von Carl Deichmann, kam Anfang 1941 nach Kreisau, um nicht im bombenbedrohten Berlin zu sein. Inge und Jowo, wie Joachim Wolfgang in der Familie genannt wurde, feierten die Taufe ihres Sohnes Henry in Kreisau; Inge kam bereits im September 1940 und blieb bis zur Taufe im November.

Im Mai 1942 fand Astas Hochzeit statt. Das jüngste der Geschwister und die einzige Schwester der vier Brüder lebte fast während des ganzen Krieges mit Freya im Berghaus. Sie half im Betrieb, half Freya, kümmerte sich um die kleinen Söhne, wenn diese in Berlin war, und übernahm schließlich die Buchführung des Gutes. «Asta ist unersetzlich», schrieb Freya an Helmuth im September 1940.[40] Vor allem im Krieg musste Freya streng wirtschaften, um Feste dem Anlass entsprechend ausrichten zu können. Sie hielt sich dabei genau an die staatlichen Vorgaben der Lebensmittelrationierung, um den nationalsozialistischen Behörden vor Ort keine Angriffsfläche zu bieten. Insbesondere in der Zeit des Widerstands, ab 1940, wäre es töricht gewesen, die konspirative Arbeit dadurch zu gefährden, dass man etwa ein Huhn zu viel geschlachtet hätte.

Neben der engeren und weiteren Familie kamen Freunde oder Bekannte, die Helmuth James oder eines der Geschwister nach Kreisau

Joachim Wolfgang von Moltke mit seiner Frau Inge von Dippe in Köln, 1938

einlud – hin und wieder, ohne Freya vorher zu fragen.[41] Auch die jüdische Familie Oppenheimer, die Helmuth James als Anwalt bei ihrer Ausreise unterstützte, war in Kreisau. «Michael Balfour [der spätere Biograf Moltkes] kommt für das weekend mit nach Kreisau. Stürzt Du betroffen vom Stuhle?»,[42] schrieb Helmuth im März 1938. Ein andermal bat er Freya, Pat Curtis, die Frau ihres wichtigen englischen Freundes Lionel Curtis, einzuladen, wobei ungewiss ist, ob sie tatsächlich kam. Der Engländer Julian Frisby, der schon seit 1930 regelmäßiger Pensionsgast gewesen war, blieb den Moltkes bis zum Ausbruch des Krieges treu. «Ich war über das Wochenende in Kreisau, wo auch Freunde von uns hinkamen, wo ausser uns noch [...] Uli Busch und einige Foersters waren»,[43] berichtete Helmuth seinem Bruder Willo im August 1940. Ulrich Busch war ein Vetter von Freya, für den sie während seines Besuches in Kreisau Russischstunden in Schweidnitz organisiert hatte. Er wurde später Slawist an der Universität Kiel. Försters waren Freunde der Deichmanns. Als Leiter des Wallraff-Richartz-Museums in Köln konnte Otto Förster ein Förderer von Helmuths Bruder Jowo sein, der Kunsthistoriker war. Jowo wurde schließlich Gründungsdirektor der Kunsthalle in Bielefeld. Als der jüngste Moltke-Bruder, Carl Bernd, vorschlug, Freya könne doch für den Sommer paying guests aufnehmen, «ging das Mütterchen [...] hoch wie von der Tarantel gestochen».[44] Freyas Mutter, die zu Besuch in Kreisau war, sah, welche Arbeit ihrer Tochter dort zugemutet wurde. Im September 1940 resümierte Helmuth: «Freya war ein paar Tage in Berlin und es war friedlich und angenehm hier. Die Sommersaison für Kreisau ist jetzt vorbei und das ist auch angenehm, denn es bleibt bei einer so großen Sommersaison immer sehr viel liegen. Wir sind immerhin in der ganzen Zeit von Juni bis Ende August auf einen Durchschnitt von 15 Gästen pro Tag gekommen und das ist doch so als Dauerbetrieb etwas reichlich.»[45]

Auch Ulla Oldenbourg, die Vertraute der Familie, hielt sich bis zum Schluss oft und lange in Kreisau auf. Freya freute sich darüber: «Ulla ist sehr behaglich und es ist wirklich angenehm, sie da zu haben. Ich bin sehr empfänglich für Leute, die einen guten Einfluß auf die Atmosphäre des Hauses haben.»[46] Asta las Ulla *Rebecca* vor, einen soeben erschienenen Unterhaltungsroman der britischen Schriftstellerin Daphne du Maurier. Freya wurde des Raumes verwiesen, wenn sie zufällig in eine Lesung geriet, damit ihr die Spannung nicht genommen würde. «Ich habe leider bis nach 12 Rebecca gelesen und konnte nicht davon lassen.» Nun sei sie müde, berichtete Freya am 12. November 1940. Ab und zu gab es Hausmusik: «Gestern hat Tante Leno Klavier gespielt [...] und Asta und ich haben dazu geflötet.»[47] Aber dies war eher selten im Kreisauer Alltag. Asta und Freya besuchten gerne Konzerte, wenn sich ihnen die Möglichkeit bot: Im Januar 1940 spielte die Pianistin Elly Ney (der man später eine große Nähe zum Nationalsozialismus nachsagte) in Schweidnitz. Im November des Jahres dirigierte Wilhelm Furtwängler (wegen seiner Haltung zum nationalsozialistischen Regime heute ebenfalls sehr umstritten) in Breslau. Schon zu Dorothys Zeiten ging man manchmal in Schweidnitz ins Kino[48] oder machte Ausflüge in die Umgebung:[49] Die Familie unternahm Wanderungen ins Eulengebirge samt Besteigung des Zobten, des mit 718 Metern höchsten Berges der Region. Der Besuch einer Baude,

Winterliche Schlittenfahrt in Kreisau, 1938: Freya und Helmuth James sowie auf Skiern Asta und Willo.

eines Ausflugslokals, belohnte die Mühen des Aufstiegs. Im Winter gab es Schlittenfahrten. Im Gegensatz zu den Moltke-Geschwistern war Freya, die Rheinländerin, keine Skifahrerin.

Während alle anderen sich den Sommer über in Kreisau erholten, war Urlaub eher ein Fremdwort im Hause Moltke. Helmuth James war das, was man heutzutage einen «workaholic» nennen würde. Unter dem Druck der Sanierung von Kreisau hatte er gearbeitet, bis er ohnmächtig wurde. Aber auch in seiner Berliner Anwaltskanzlei gab es sehr viel zu tun. Bis 1935 hatte Freya ihn ab und zu in seiner juristischen Arbeit unterstützt und Gutachten für ihn geschrieben. Dies scheint aber in ihrer Kreisauer Zeit nicht mehr der Fall gewesen zu sein. Bisweilen blieb Helmuth James an den Wochenenden in Berlin, um in Ruhe aufzuarbeiten, was in der Woche liegengeblieben war. «Ein Sonntag ohne Dich ist mir besonders unlieb»,[50] kommentierte Freya diese Fälle. Aber an den Wochenenden zu Hause konnte er sich erholen: «Ich hatte köstliches Wetter und Freya und ich sind den ganzen Sonntag lang durch Kreisau hin und her gegangen.»[51] Oder arbeiten: «Ich habe schon jetzt für Kreisau ein so enormes Programm zu erledigen, daß ich gar nicht weiß, wie ich es in 14 Tagen unterbringen kann.»[52] Helmuth James plante seine Tage genau durch, um möglichst effizient arbeiten zu können.

Insbesondere wenn er nach England fuhr, um seine dortige juristische Ausbildung zu vervollständigen, bereitete er den Besuch präzise vor, indem er sich brieflich für jede Mahlzeit bei einem anderen englischen Freund anmeldete: «Ich habe fünf Stunden Briefe geschrieben.»[53] Oder aber er zog sich in London ganz zurück und erarbeitete sich einen exakten Tagesplan, sodass er bis auf zwölf Stunden Arbeit am Tag kam.[54] Erst als er körperlich so erschöpft war, dass ihm eine vierwöchige Erholungsreise ärztlich verordnet wurde, fuhr er mit Freya das erste und einzige Mal für vierzehn Tage in die Alpen. Die restlichen zwei Wochen machte das Paar «Urlaub» in Kreisau, was Helmuth deutlich besser gefiel, «weil ich ja leider für sogenannte Vergnügungsreisen so furchtbar wenig übrig habe.»[55]

Für Freya war die Zeit zusammen mit Helmuth und allein mit ihm in Berlin wie Urlaub: «Letzte Woche war Freya hier und sie blieb fast eine ganze Woche. Es war wie Ferien.»[56] Es bedeutete Ausbruch aus dem Kreisauer Alltag, der sie sonst fest im Griff hatte. So vieles hing an ihr, allerdings musste sie dort «nicht kochen und nicht waschen».[57] In der Kreisauer Küche regierte Ida Märkert, genannt Mamsell. Sie war eine Bauersfrau aus der Gegend, die seit dem Tod ihres Mannes als Köchin für die Moltkes arbeitete. Helmuth James beschrieb den Großeltern in Südafrika ihr fünfzehntes Dienstjubiläum: «Wir haben Mamsells 15. Jubiläumsjahr in unseren Diensten mit einer großen Kaffeetafel für all ihre Freunde aus dem Dorf gefeiert, […] Herr Pastor und Frau Pastor kamen und er hielt eine kleine Rede. Wir hatten 6 riesige runde Kuchen, 2 lange, Massen von Streuselkuchen und Schnittchen, und es scheint ein Erfolg gewesen zu sein. Auf jeden Fall denkt Mamsell das, und das ist die Hauptsache.»[58]

Nach Mamsells Tod 1938 wurde ein weiteres Hausmädchen eingestellt. In einem Haus neben dem Berghaus, das es heute nicht mehr gibt, wohnte die Familie Stäsche. Auch Frau Stäsche half im Berghaus, ihr Mann arbeitete als Gärtner für die Moltkes. Er war es, der meistens Freyas Briefe an Helmuth am Spätnachmittag zum Zug trug. Gerade im Winter war der Weg vom Berghaus zum Bahnhof beschwerlich, oft

Der Bahnhof in Kreisau/Krzyżowa heute

glatt und nicht beleuchtet. Je nach Fahrplan hielt der Zug am Bahnhof in Kreisau zwischen vier und fünf Uhr nachmittags, und man warf die Post gleich durch einen Briefschlitz in einen Waggon.

Damit waren die Briefe aus Kreisau am nächsten Tag in Berlin. Das Ehepaar von Moltke schrieb sich jeden Tag, wenn es voneinander getrennt war. Aber Freya schrieb nicht nur an ihren Mann, sie schrieb an seine und an ihre Geschwister, an ihre Mutter in Godesberg, wöchentlich an die Großeltern in Kapstadt und ferner durchaus regelmäßig an andere Familienmitglieder und Freunde. Zwar gab es ein Telefon in Kreisau, aber zu dieser Zeit musste jedes Ferngespräch angemeldet werden. Man wartete oft Stunden, bis der Gesprächspartner am anderen Ende der Leitung erreicht werden konnte.

Der Austausch zwischen Kreisau und Berlin beschränkte sich, vor allem während des Krieges, nicht nur auf Briefe, sondern Freya schickte auch Lebensmittel in die Hauptstadt. In seinen Briefen an Freya meldete Helmuth, wenn die Butter auszugehen drohte, bedankte sich für das frischgebackene Brot, den Honig oder andere Aufmerksamkeiten, die Freya ihm zukommen ließ: «Als ich letzte Woche aus London zurückkehrte, hatte Freya mir ein kleines Paket geschickt und darin war eine Clematis», schrieb er Daddy und Granny im Oktober 1937.[59] Auch Helmuths Vater, der ja überwiegend in Berlin lebte, erhielt von Freya Naturalien aus dem Gutsbetrieb. Alle Familienmitglieder, die zu Weihnachten nicht in Kreisau waren, wurden mit Päckchen versorgt. Freya stöhnte: «Ich habe geklebt, genäht und gepackt.» Weihnachten 1940 waren es fünf große und «eine Flut von kleinen Paketen. Es macht sehr viel Arbeit.»[60]

In Freyas Briefen ist auch sehr häufig vom Aufräumen die Rede. Da das Haus immer voller Leute war, war dies sicherlich täglich notwendig. Freya selbst war ordentlich und fühlte sich wohler in einer aufgeräumten Umgebung. Auch Helmuth war sehr ordentlich, wie wir seinen Briefen entnehmen können. Im Oktober 1934 übernachtete er in Cambridge bei einer Familie Roughten und fühlte sich sichtlich unwohl bei diesem Besuch: «In dem Badezimmer des Grossvaters Roughten, der schon eine Woche weg war, lag ein Handtuch am Boden, ein Rock ueber dem Stuhl, alle Schuebe standen auf. Ich kann solche Unordnung einfach nicht ertragen.» Über seine Gastgeberin schrieb der zwei Meter große Moltke: «Sie war nachlässig gekleidet und rannte mit mir durch das sonntägliche Cambridge ohne Strümpfe und mit Schuhen, die früher einmal schwarz gewesen waren. [...] Bei dem Spaziergang machte Alice groessere Schritte als ich.» Über ihren Mann hieß es: «Er blieb bis Mittag im Bett und erschien dann in einem Anzug aus Manchester in derselben Farbe wie der Rock seiner Frau – offenbar war der Stoff in einem gekauft worden – und bei seiner Hose hatte er die untersten beiden Knoepfe offen gelassen. [...] Er ist zu sehr Spezialist, um ein Mensch zu sein.»[61]

Freya und Helmuth waren, was die Landwirtschaft betrifft, keineswegs Spezialisten, aber zumindest Helmuth James war ein Enthusiast. Als er 1928 sein Jura-Studium unterbrach, um das Gut Kreisau zu sanieren, wurde er der Generalbevollmächtigte seines Vaters. Dieser hat sich von da an nie wieder ernsthaft mit Kreisau beschäftigt. Helmuth James war der Verantwortliche für den landwirtschaftlichen Betrieb, ohne jemals eine landwirtschaftliche Lehre, geschweige denn ein agrarisches Studium absolviert zu haben. Daher musste er einen

Ernte in Kreisau, 1942

Gutsinspektor einstellen, der mit ihm zusammen das Gut bewirtschaftete. Dieser Adolf Zeumer hatte weitreichende Entscheidungsfreiheiten. Aber Moltke verfolgte von Berlin aus genau, was vor sich ging, und gab Anweisungen. Wenn er in Kreisau war, kontrollierte er, ob seine Vorgaben umgesetzt worden waren, und machte neue Pläne: «Hingegen habe ich», erklärte er, «Zeumer nie in den laufenden Betrieb hineingeredet.»[62] Der Verwalter war Nationalsozialist, aber der Familie Moltke gegenüber loyal, auch wenn er sich über deren politische Ausrichtung keine Illusionen machte.

«Ich habe den Gutsbetrieb täglich begleitet.»[63] So beschrieb Freya ihre Rolle in diesem Gefüge. Helmuths Vorschlag, «Landwirtschaft ernsthaft» zu lernen, lehnte sie anscheinend ab. Helmuth hatte ihr vorgeschlagen, dass sie das landwirtschaftliche Seminar in Schweidnitz und die landwirtschaftliche Hochschule in Breslau besuchen könnte. Aber diese Idee wurde in den Briefen nie wieder erwähnt.[64] Freya war das Bindeglied zwischen Zeumer und ihrem Mann, indem sie in ihren täglichen Briefen aus dem Betrieb berichtete. Jeden Tag nach dem Mittagessen – nur selten verzögert durch einen Mittagsschlaf – ging sie «in den Hof». Von dort fuhr sie mit Zeumer zwei oder drei Stunden über die Felder und ließ sich von ihm über den Stand der Dinge unterrich-

Helmuth James von Moltke im Zug

ten. Wenn Zeumer Urlaub machte, musste sie ihn in gewissen Dingen vertreten, wie Helmuth seinem Bruder Willo berichtete: «Zeumer war 8 Tage auf Urlaub und Freya hat sich derweil furchtbar um den Betrieb kümmern müssen. Es ist jetzt immer rasend viel zu tun, weil so vieles für die Versorgung des Betriebes von staatlichen Einwirkungen abhängt und diese staatlichen Genehmigungen müssen eben eingeholt werden.»[65] Man baute in Kreisau Flachs, Raps, Rüben, Getreide und Kartoffeln an. Es gab aber auch Viehwirtschaft: Schweine, Kühe, ab 1941 zusätzlich eine Herde Schafe. Helmuth hatte Freya gebeten, eine Übersicht über die Stammbäume der Kreisauer Kühe zu machen und die Milchproduktion der Tiere zu verzeichnen. In diesem Zusammenhang vermeldete Freya, dass «eine Tragödie unseren Kuhstall heimgesucht [hat] – gerade an Zeumers Geburtstag –, die 333, eine sehr gute Kuh, die jetzt 18 l gab, ist plötzlich gestorben. Kennst Du sie?»[66] Die

Frage macht deutlich, wie sehr Helmuth James mit Kreisau verwoben war. Ob er jede einzelne Kuh kannte, sei dahingestellt, aber alles, was mit Kreisau zu tun hatte, war für ihn von Bedeutung. Am 1. Dezember 1938 beendete er seinen Brief an die Großeltern mit der Aussicht: «Am Sonnabend haben wir ein Fest im Betrieb [...]. Ich freue mich schon sehr darauf, denn ich denke, dass es sehr unterhaltsam werden wird.» Und eine Woche später berichtete er: «Am Sonnabendnachmittag um halb sechs versammelte sich der ganze Betrieb bei ‹Wiesenthal›, wo ein Schwein vom Hof geschlachtet worden war. Dieses Schwein wurde innerhalb von neunzig Minuten pflichtgemäß verspeist. Wir, nämlich 58 Personen, inklusive Freya, sind dann nach Schweidnitz aufgebrochen, um dort ins Theater zu gehen, wo man eine Operette, ‹Frau Luna›, gab. Viele der Arbeiter waren nie in einem Theater gewesen, wie z. B. Frau Rose. Bei allen konnte ich sehen, dass sie es sehr genossen. Nach dem Theater haben wir in der Bahnhofsgaststätte noch Bier getrunken und sind dann alle in festlicher Stimmung um 12.15 nach Kreisau zurückgekehrt. Es war sehr lustig.»[67]

Zu guter Letzt soll eine wichtige Gruppe von «Kreisauern» nicht vergessen werden: die Bienen. Helmuth berichtete den Großeltern 1942: «Ich bin ganz wild auf sie und wenn ich nicht weiter viel zum Nachdenken habe, entweder in der Straßenbahn oder im Zug oder im Bett, dann denke ich wie selbstverständlich an meine Bienen. Sie machen einem viel Arbeit, aber sie sind sehr interessant. Ich weiß nicht, ob wir jemals viel Honig von ihnen bekommen werden, aber selbst wenn nicht, dann werden sie es uns hundertfach zurückzahlen durch das Vergnügen, das wir an ihnen haben und durch die gute Arbeit, die sie in unseren Obstbäumen geleistet haben.»[68] Die Bienen sollten eine historische Rolle übernehmen, denn Freya versteckte später Helmuths Briefe in ihren Bienenstöcken, und auf diese Weise wurden sie der Nachwelt erhalten.[69]

«Ich war der Widerhall aus Kreisau»

Freya wächst mit ihren Aufgaben, hatte Helmuth an Daddy und Granny 1937 geschrieben,[70] und 1940: «Es geht ihr sehr gut, obwohl sie unzufrieden ist, daß das Familienleben nie vollständig ist und immer nur mit Unterbrechungen stattfinden kann. Aber sie wird mit all der Verantwortung und der Arbeit, die ihr zugefallen ist, gut fertig. Sie legt sich mächtig ins Zeug und das unter sehr schwierigen, beschwerlichen und widrigen Umständen.»[71]

Während Helmuth ihre Leistung erkannte und anerkannte, schien Freya selbst sie wenig zu würdigen. Sie tat, was die Situation verlangte, und hielt dies für selbstverständlich. Helmuths Vorschlag, das landwirtschaftliche Seminar in Schweidnitz, gar die Hochschule in Breslau zu besuchen, nahm sie nicht auf. Vielleicht war sie der Ansicht, dass sie dies aus dem laufenden Betrieb in Kreisau heraus nicht hätte leisten können? Vielleicht wollte sie nicht tiefer in die Materie einsteigen, weil sie sich nicht in ausreichendem Maße für Landwirtschaft interessierte? Ihr Selbstverständnis verlangte keine Professionalisierung ihrer Tätigkeit, ihr Schwerpunkt war ein anderer: «Ich bin ja für die Menschen gemacht, weil ich so gut lieben kann. […] Sie brauchen mich.»[72]

Ihre Schwiegermutter Dorothy, die im Ersten Weltkrieg in einer vergleichbaren Situation gewesen war, als ihr Mann Soldat wurde, schien Gefallen zu finden an einer gewissen Selbständigkeit. «Ich jedenfalls bin viel energischer und unabhängiger als früher, was nur natürlich ist, wenn man Creisau, Familie etc. auf den Schultern trägt», schrieb sie bei Kriegsende.[73] Freya hatte Ende der dreißiger Jahre aus dieser Situation noch nicht die Selbstsicherheit gewonnen, die sich erst in der Krisenzeit von 1944/45 entwickeln sollte. Sie schrieb an Helmuth im Oktober 1940: «Seine [Graf Pfeil in der Nachbarschaft] Mutter macht ihr Gut ganz alleine mit einem Inspektor und das seit 1914. Seine eine Schwester ist Grfn. Nostiz […] und die hat seit ihrer Scheidung ein Gut bei Zobten gepachtet, das sie auch alleine bewirtschaftet. Das sind wohl mutige Frauen! Aber so terre à terre [pragmatisch, Vf.] bin ich eben nicht und das bringe ich nicht fertig und werde ich auch nicht fertig bringen. Ist ja auch nicht nötig.»[74] Ihre Aufgabe war es zunächst, der «Widerhall aus Kreisau» zu sein, «wie mein Mann ihn damals gespürt hat, das ist meine Rolle gewesen».[75]

5

Im Widerstand

1940–1945

Der Weg in die Opposition[1]

«Es war wohl zu diesem Zeitpunkt, daß zwischen uns, Helmuth und mir, ausgesprochen worden ist, daß wir diesen Einsatz gemeinsam tragen wollten»,[2] erinnerte sich Freya an den Januar 1940, in dem Helmuth James von Moltke und Peter Yorck von Wartenburg mit ihren politischen Diskussionen begannen. Sie war also von Anfang an über die Widerstandsaktivitäten ihres Mannes informiert und damit in den Widerstand involviert. In all seinen Briefen ließ Helmuth sie Anteil nehmen an seinen Bemühungen in Berlin, einen Kreis von Verschwörern aufzubauen. Er beschrieb seine Gesprächspartner, was in Zeiten der Diktatur äußerst gefährlich war, und stellte sie Freya vor. Helmuth vertraute ihrer Menschenkenntnis und verließ sich auf ihr Urteil.

Im September 1940 besuchte das Ehepaar Moltke Marion Gräfin und Peter Graf Yorck von Wartenburg auf ihrem Gut in der Nähe von Breslau. Freya sollte Helmuths Hauptverbündeten, Peter Yorck, kennenlernen. «Freya und ich waren über das letzte Wochenende in Kleinöls», berichtete Helmuth seinem Bruder Willo: «Erstens ist es ein wunderbarer, sehr großer und sehr guter Besitz – ich glaube 12 Güter besten Bodens – und zweitens ist in der Familie eine starke, geistige Tradition, die sehr erfreulich ist. Es gibt dort eine riesige Bibliothek von 80 000 Bänden über Theologie, Philosophie und Geschichte. Diese Bibliothek ist jedenfalls bis zum Kriegsbeginn auch sehr gepflegt worden; sie haben ständig einen Bibliothekar dagehabt, der sich darum bemühte. Zwei Jahre lang war Joachim Ringelnatz dort Bibliothekar. Wir haben die zwei Tage eigentlich ausschliesslich damit verbracht, uns Haus, Felder und Höfe anzusehen und es war in vieler Beziehung sehr lehrreich.»[3] Dies war die erste Begegnung Freyas auch mit Marion Yorck, die ihr eine Leidens- und Weggefährtin, eine enge Freundin werden sollte.

Zwar lebten sowohl die Yorcks als auch die Moltkes seit langem in Schlesien, aber sie waren doch sehr unterschiedliche Familien. Helmuth James war vom angelsächsisch-liberalen Einfluss seiner Mutter geprägt, während die Yorcks eine durch und durch preußische Familie waren – dabei in ihrer Konzentration auf Literatur, Kunst und Bildung auch wenig repräsentativ für den ostelbischen Adel. Peter Yorck war ein Nachfahre jenes Generals, der 1812 in der Konvention von Tauroggen eigenmächtig preußische Neutralität gegenüber den Russen aushandelte, die die Preußen an der Seite des napoleonischen Frankreichs bekämpften. Dieser Vertragsabschluss ohne Zustimmung des Königs war ein Akt des Hochverrats. Er löste die Befreiungskriege aus, wurde aber im Nachhinein vom König gebilligt und gilt als legendäre Widerstandstat in der preußischen Geschichte. Aus dieser Tradition stammend, trat der Jurist Peter Yorck in den Staatsdienst ein. 1939 hatte er am Polenfeldzug teilgenommen und war danach wieder (wie schon 1936–1939) im Reichskommissariat für Preisbildung in Berlin tätig, seit 1942 im Wirtschaftsstab Ost, einer Dienststelle des Oberkommandos der Wehrmacht. Er war verheiratet mit Marion Winter, wie Freya eine promovierte Juristin, die nach dem Krieg in Berlin als Richterin tätig war.

Helmuth James von Moltke war vierzehn Tage nach Kriegsausbruch als Kriegsverwaltungsrat im Amt Ausland/Abwehr des Oberkommandos der Wehrmacht dienstverpflichtet worden. Damit wurde er Angehöriger der Wehrmacht, trug aber, entgegen der Vorschrift, nie eine Uniform. Er arbeitete dort als Experte für Kriegsrecht und internationales Recht. Dies bot ihm die Gelegenheit, bei militärischen Aktionen auf die Einhaltung des Kriegsrechts zu bestehen. Mit dem Hinweis, der Schaden, den grobe Verletzungen des Kriegsrechts für das Ansehen Deutschlands in der internationalen Gemeinschaft anrichtete, sei größer als der Nutzen der regelwidrigen, oft verbrecherischen Anordnung, konnte er manchmal Schlimmeres verhindern. Oft genug blieb sein Einfluss gering, was ihm selbst schmerzlich bewusst war. Aber trotzdem kämpfte er unermüdlich zum Beispiel gegen Geiselerschießungen.

Peter Yorck hatte 1938 begonnen, gleichgesinnte, regimekritische Freunde um sich sammeln. Moltke war seit Mitte 1939 zum einen mit dem hessischen Juristen Adam von Trott zu Solz über Umsturzpläne im Gespräch,[4] zum anderen diskutierte er die politische Situation bereits mit seinem Vetter Carl Dietrich von Trotha und dessen Freund Horst von Einsiedel, Freunde aus den Schlesischen Arbeitslagern. Im Januar 1940 waren Moltke und Yorck entschlossen, mehr zu tun, als sie bisher getan hatten. Ihr Ziel war «die Überwindung des Systems als Ganze[s]».[5] Sie wollten Grundlagen für einen neuen deutschen Staat nach dem Krieg erarbeiten. Die Diskussionen mussten also intensiviert und zielführender gestaltet werden, und dafür brauchte man Mitstreiter.

Die Löwenberger Arbeitslager

Ein Personenkreis, auf den beide sich verlassen zu können glaubten, waren die Teilnehmer der Schlesischen oder Löwenberger Arbeitslager, an denen sie selbst beteiligt waren. Freya war es später immer sehr wichtig, auf die missverständliche Definition von Arbeitslager hinzuweisen. Im Englischen gibt es heute zwei Worte für den Begriff «Arbeitslager», weil diese Idee des freiwilligen Arbeitsdienstes von den Nazis pervertiert wurde und das Wort selbst in der deutschen Sprache damit vollständig entwertet worden ist. Es wird ins Englische übersetzt mit *labour camp.* Die positive Idee, die dahintersteckte, gemeinsames Leben und Arbeiten unterschiedlichster Menschen auf Zeit, entspricht dem englischen *work camp.*

Der Gedanke des Arbeitslagers geht auf Eugen Rosenstock-Huessy (1888–1973) zurück, Lehrer von Helmuth James von Moltke an der Universität Breslau. Eugen Rosenstock sollte später auch in Freyas Leben noch eine große Rolle spielen. Er war Rechtshistoriker, weitete seine Interessen jedoch im Laufe der Zeit unter anderem auf die Theologie, Soziologie und Sprachwissenschaft aus. Der umtriebige Moltke erfuhr 1927 vom Landrat des Kreises Waldenburg von den katastrophalen sozialen Zuständen in dem vierzig Kilometer von Kreisau entfernten Kohlerevier und sann auf Abhilfe. Zusammen mit Einsiedel und Trotha sprach er ihren Lehrer Rosenstock an. Der war längst nicht mehr mit seiner Rolle im juristischen Elfenbeinturm zufrieden, sondern richtete seinen Blick über die Universität hinaus. Es kam im September 1927 zur Gründung der «Löwenberger Arbeitsgemeinschaft», die die Ideen Rosenstocks umsetzen sollte. In

Das Boberhaus im schlesischen Löwenberg wurde 1910 von dem Architekten Hans Poelzig für einen Apotheker erbaut. 1926 wurde es von der schlesischen Jungmannschaft gekauft, um hier eine Heimvolkshochschule zu errichten. Hier hielt Eugen Rosenstock-Huessy 1928 sein erstes Arbeitslager ab. Das Haus wurde 1937 durch die Nationalsozialisten enteignet.

Löwenberg lag das Volkshochschulheim Boberhaus, wo die Arbeitslager stattfanden.[6]

Die Initiatoren wollten Menschen aus konfessionell und weltanschaulich ganz unterschiedlichen Lagern zusammenbringen, Arbeiter, Bauern und Studenten, die gemeinsam nach Lösungen suchen sollten für die schwierigen Probleme der Region, allen voran Arbeitslosigkeit und Verelendung. Gesellschaftliche Gegensätze sollten durch gemeinsame körperliche und geistige Arbeit überwunden werden. Man wollte miteinander und voneinander lernen.[7] Eine solche milieuübergreifende Zusammenkunft war neu und stieß auf Misstrauen, dennoch fanden sich im März 1928 hundert junge Männer, «Kommunisten und Stahlhelmleute, Christen und Atheisten, Besitzerssöhne und Landarbeiter, adelige und kleinbürgerliche Studenten», im Boberhaus ein.[8] Der Tagesablauf gestaltete sich folgendermaßen: Nach einer morgendlichen Ansprache von Rosenstock wurde für vier Stunden körperlich gearbeitet. Entweder waren es notwendige Arbeiten im Lager selbst oder Bau-

und Straßenarbeiten in Löwenberg. Am Nachmittag diskutierten kleine Gruppen gesellschaftspolitische Fragen, etwa der Berufsfortbildung von Arbeitern in Fachhochschulen, und es gab Vorträge. So sprach der Reformpädagoge Adolf Reichwein über «Weltwirtschaftliche Zusammenhänge der Probleme in Deutschland und Schlesien». Am Abend sang man, musizierte und spielte Theater. Auch in den Jahren 1929 und 1930 wurden noch Arbeitslager durchgeführt, im letzten Jahr nahmen auch Frauen teil.

Die Kreisauer

Zwischen zwanzig und dreißig Personen kann man dem später so genannten Kreisauer Kreis zurechnen, je nach Betrachtungsweise. Carl Dietrich von Trotha und Horst von Einsiedel, Adolf Reichwein und Hans Peters, ein Breslauer Jurist und Kollege von Rosenstock, waren nur einige von den Löwenbergern, die sich nach 1940 im Kreisauer Kreis wiederfanden, weshalb Eugen Rosenstock-Huessy auch als der «Erzvater des Kreisauer Kreises»[9] bezeichnet wird. Und tatsächlich finden sich Löwenberger Elemente in den Kreisauer Ideen. Freya wurde später nicht müde zu betonen, dass das Zusammenbringen der Menschen mit ganz unterschiedlichem Hintergrund für sie das eigentlich Wichtige des Kreisauer Kreises war: «Das ist die Stärke der Kreisauer Gruppe, daß da ein solches inneres Spannungsverhältnis bestand, obwohl sie eine gemeinsame Sache hat; das macht die Gruppe für mein Gefühl auch heute noch interessant. Wenn alle das gleiche denken, setzen sie sich an den Tisch und schreiben das auf; das ist nicht viel. Heute kommt es darauf an, daß die Leute miteinander sprechen.»[10] Langsam versuchten Moltke und seine Mitstreiter ihren Kreis zu erweitern. Einsiedel empfahl den Berliner Volkswirt Otto Heinrich von der Gablentz, dessen Idee, «den Menschen zum Bürger zu bilden durch Selbstverwaltung und Selbstverantwortung im überschaubaren Kreis»,[11] mit Moltkes Vorstellungen von den «kleinen Gemeinschaften» korrespondierte. Von der Gablentz wiederum kannte Theodor Steltzer, bis 1933 Landrat im Kreis Rendsburg. Helmuth James gelang es, seinen Bruder Joachim Wolfgang bei Steltzer unterzubringen, nachdem dieser als Transportoffizier zur Wehrmacht nach Oslo eingezogen worden war. Steltzer war als Politiker sozial- und bildungspolitisch in der Weimarer Republik engagiert gewesen. Reichwein war es wohl, der den Sozialdemokraten Carlo Mierendorff in die Runde holte. Der Volkswirt, ein aktiver Sozialdemokrat, war schon vor der Machtergreifung ein erklärter Feind der Nazis. Bereits 1933 wurde er in einem Konzentrationslager inhaftiert. Auch nach seiner Entlassung 1938 musste er sehr vorsichtig sein, weil er weiterhin unter Beobachtung stand. «Mierendorff war durch seine Vitalität und geistige Beweglichkeit ein besonders aktives Element», urteilten Freya und Marion Yorck im Rückblick. Ähnlich gefährdet wie Mierendorff war der SPD-Politiker Theodor Haubach, der nach fünf Jahren KZ-Haft erst 1942 den Entschluss fasste, sich mit den Kreisauern gegen Hitler zu engagieren. «Die stärkste Potenz»[12] unter den Sozialdemokraten war Julius Leber, Journalist und Reichstagsabgeordneter, der trotz KZ und Folter ungebrochen zum Widerstand gegen den Nationalsozialismus entschlossen war. «Einen bedeutenden, starken Menschen»[13] nannte Freya ihn noch 2004.

Zwei Kernmitglieder waren außenpolitische Experten, die im Auswärtigen Amt arbeiteten: der bereits genannte Jurist Adam von Trott und der Berufsdiplomat Hans Bernd von Haeften, Mitglied der Bekennenden Kirche von Anfang an, «ein sehr konservativer Mann»,[14] wie Helmuth an Freya schrieb.

Von evangelischer Seite, nicht als Abgesandte ihrer Kirche, sondern als Individuen und durch ihren eigenen Entschluss, waren Harald Poelchau und Eugen Gerstenmaier im Kreis. Poelchau war Gefängnispfarrer in Tegel. Er selbst blieb auf wundersame Weise unentdeckt und war, zusammen mit seiner Frau Dorothee, den Witwen des Widerstands eine große praktische und ideelle Stütze. Die Jesuiten Augustin Rösch, Alfred Delp und Lothar König waren die katholischen Diskussionspartner von Moltke und Yorck. Außerdem gab es drei Angehörige der ehemaligen katholischen Zentrumspartei unter den Kreisauern: Helmuth James kannte Hans Lukaschek, den Oberpräsidenten von Schlesien. Aus dem katholischen Münsterland stammten der genannte Jurist Hans Peters, der in Breslau und Berlin lehrte, und Paulus van Husen, der auch in Schlesien arbeitete.

Gewerkschafter und Beamte, Sozialdemokraten und Konservative, Protestanten und Katholiken: Kreisau war «permanenter Dialog».[15] Für Freya traf diese Formulierung den Kern von Kreisau.

Ein konspiratives Leben

Die meisten Treffen des «Kreisauer Kreises»[16] fanden in Berlin statt. Trafen sich nur die Männer, so wurde in kleinen Gruppen diskutiert, denn eine große Ansammlung von Personen war verdächtig. Manchmal traf man sich in Moltkes Wohnung in der Derfflingerstraße, die nicht weit von seinem Arbeitsplatz lag, zum Mittagessen. Nachdem das Haus dort bei einem Bombenangriff im November 1943 zerstört worden war, wohnte Moltke bis zu seiner Verhaftung im Januar 1944 bei den Yorcks. Diese lebten in einem charmanten kleinen Reihenhaus in der Hortensienstraße in Berlin-Lichterfelde, wo sich die Ehepaare oft zu einem geselligen Abend zusammenfanden, um auf diese Weise die konspirativen Treffen besser tarnen zu können. Freya war immer dabei, wenn sie in Berlin war, und das war gar nicht so selten. Man traf sich reihum auch bei den Trotts, bei Gerstenmaiers oder bei den Haeftens, zunächst auch bei den Reichweins. Deren Haus wurde jedoch im Oktober 1943 ebenfalls durch Bomben völlig zerstört. Freya und Helmuth boten sofort ihre Hilfe an, und Rosemarie Reichwein, die Frau des Mitverschwörers Adolf Reichwein, wohnte von da ab mit ihren vier Kindern in Kreisau im Schloss.

Moltke schilderte die Situation der Verschwörer in einem Brief an seinen englischen Freund Lionel Curtis während einer Dienstreise nach Stockholm. Von Deutschland aus hätte er nicht frei schreiben können, weil alle Briefe ins Ausland der Zensur unterlagen. Er wollte den englischen Freunden die Situation begreiflich machen, in der sich die Regimegegner in Deutschland befanden. Das Schlimmste sei, so schrieb er, der Mangel an Kommunikation: «Können Sie sich vorstellen, wie es ist, wenn Sie

a) kein Telefon benutzen können,
b) die Post nicht benutzen können,
c) keine Boten schicken können, weil Sie möglicherweise niemanden haben, den Sie schicken können; wenn Sie jemanden haben, dann können Sie ihm keine geschriebene Nachricht mitgeben, denn die Polizei durchsucht manchmal Leute nach Dokumenten, in Zügen oder Straßenbahnen etc.;
d) nicht einmal mit den Menschen sprechen können, mit denen Sie

vollkommen einer Meinung sind, weil die Geheimpolizei Methoden hat, mit denen sie den Willen brechen, aber den Verstand intakt lassen. Auf diese Weise bringen sie das Opfer dazu, alles zu sagen, was es weiß; deshalb darf man die Informationen nur denen mitteilen, die sie unbedingt benötigen;

e) sich nicht einmal auf Gerüchte oder eine Flüster-Kampagne verlassen können, weil es ein so effektives Verbot von Kommunikation aller Art gibt, dass eine Flüster-Kampagne, die in München anfing, möglicherweise niemals Augsburg erreicht.

Es gibt nur eine verlässliche Art, Nachrichten zu übermitteln, und das ist der Londoner Rundfunk, der von vielen wirklichen Gegnern des Nationalsozialismus und von vielen unzufriedenen Parteimitgliedern gehört wird.»[17]

Vor allem Moltke und Trott, die beide durch ihr Amt in der Lage waren zu reisen, versuchten im neutralen Ausland immer wieder, die Alliierten von der Existenz einer deutschen Opposition gegen Hitler zu überzeugen, und boten ihre Zusammenarbeit an. Freya kommentierte Jahre später scharfsichtig das Verhalten der Alliierten: «Wir fühlten uns verbunden und dachten, das wären unsere Freunde. Da machten wir einen schweren Fehler. Die waren nicht unsere Freunde! Die waren Feinde der Deutschen, und da gehörten wir dazu.»[18]

Die drei Kreisauer Treffen

Ganz unmittelbar involviert war Freya während der drei großen Kreisauer Treffen.[19] Getarnt als Freundeskreis, der eine Landpartie unternahm, trafen sich die Gegner des Dritten Reichs, um fernab von Berlin, wo die Gefährdung viel größer war, Grundsatzreferate zu halten und anschließend Denkschriften zu formulieren. Freya war diejenige, die diese Papiere anschließend abtippte und später in Kreisau versteckte, ohne dass sonst irgendjemand, nicht einmal Helmuth, wusste, wo.[20]

Im Mai und im Oktober 1942 sowie im Frühjahr 1943 kamen zwar nicht alle, die in Berlin an den Diskussionen beteiligt waren, nach Kreisau, aber es waren große Gesellschaften, die untergebracht und verpflegt werden mussten. Für Freya als Gastgeberin war dies ein erheblicher organisatorischer und logistischer Aufwand. Mitten im Krieg gelang es ihr, ausreichend Lebensmittel für ihre in Berlin sonst deutlich schlechter versorgten Gäste bereitzustellen. Die Freunde waren im Berghaus und im Schloss untergebracht, für alles und für jeden musste gesorgt werden, wobei der normale Kreisauer Haushalt nebenherlief. So hatte sich der fünfjährige Helmuth Caspar beim Spielen einen Finger schwer verletzt, und Freya musste mit ihm zum Arzt nach Schweidnitz. Trotz aller Arbeit, erinnerte sich Freya, habe man zwischendurch Spaziergänge gemacht; das gute Essen, die freundliche und wohnliche Atmosphäre im Berghaus, wo die Arbeitstreffen stattfanden, schönes Wetter, zumindest im Frühjahr, verliehen diesen konspirativen Zusammenkünften eine gute Atmosphäre, die ihren Teil zum Gelingen der Gespräche beitrug. Freya hatte an all dem einen entscheidenden Anteil. Dies bestätigt Adam von Trott, der im Juni 1943 aus Kreisau an seine Frau schrieb: «Ich bin […] im ganzen sehr der Beschenkte, wobei Freya M., aber auch ihm das Hauptverdienst zustehen. Man kann viel von ihnen lernen, und Du mußt Dir dies sehr schlichte und doch großzügige, frohe und tüchtige Leben hier bald einmal selbst ansehen.»[21] Diese drei Kreisauer Treffen reihten sich unauffällig ein in die Kette von Familienfesten und Freundestreffen, die ohnehin, meist mit einer großen Anzahl von Gästen, in Kreisau stattfanden. Doch ausgerechnet aus dem Kreis der Familie erschien Pfingsten 1943 ein ungebetener, nicht ganz ungefährlicher Gast zum dritten Kreisauer Treffen, Tante Frede-Ilse: «Sie war die einzige Nationalsozialistin in unserer Familie. Wir sagten immer: aus Dummheit», charakterisierte sie Freya. Frede-Ilse kündigte ihren Besuch an: «Wir haben es ihr nicht abgeschlagen. Es wäre bei dem gewohnten Ein und Aus, das bei uns üblich war, auffallend gewesen, denn sie hatte Gewohnheitsrechte.» Sie kam tatsächlich, «aber, so dumm war sie nicht, daß sie nicht merkte, daß unsere Versammlung von ‹Helmuths Mitarbeitern› eigenartig war. Sie ging mit uns spazieren. Und merkwürdigerweise war es der so eindrucksvolle große und schöne Adam Trott, dem sie Harmlosigkeit nicht zutraute. Und die Ansichten ihres Neffen Helmuth James kannte sie ja auch. Sie äußerte sich entsprechend mir gegenüber, aber ich war sicher, daß sie nichts unternehmen würde. Und so war es auch. Bis zu Denunziation ging der Nationalsozialismus bei ihr nicht, denn sie war eine treue und gute Person.»[22]

Eine Insel der Seligen war also auch Kreisau nicht. Schon gar nicht, wenn man bedenkt, dass 1941 in etwa 60 Kilometer Entfernung das erste Konzentrationslager in Schlesien, Groß-Rosen, errichtet worden war.[23] Dies war in Kreisau bekannt. Helmuth James hatte in seinem bereits zitierten ausführlichen Brief an Lionel Curtis davon berichtet.[24] Es ist belegt, dass Freya und Helmuth auch von Auschwitz wussten, wenn auch ihr Wissensstand bei weitem nicht der sein konnte, den wir heute haben. Freyas Bruder Hans Deichmann war erst beim IG-Farben-Konzern, im Krieg bei der Reichsstelle Chemie beschäftigt. Im Auftrag der Reichsstelle sollte er Arbeitskräfte für die Baustelle der IG-Farben in Auschwitz organisieren. Deshalb reiste er zwischen März 1942 und November 1944 mehrfach dorthin.[25] Es gelang ihm aber immer wieder, die Auslieferung von italienischen Zwangsarbeitern zu verhindern. Deichmann lebte in Italien, wo er Kontakte zum italienischen Widerstand aufgebaut hatte, und nutzte die Dienstreisen, um auf dem Rückweg Kreisau zu besuchen. Er informierte Schwester und Schwager über das, was er gesehen und gehört hatte. «Darf ich denn das erfahren und trotzdem in meiner geheizten Wohnung am Tisch sitzen und Tee trinken? Mach' ich mich dadurch nicht mitschuldig? Was sage ich, wenn man mich fragt: Und was hast du während dieser Zeit getan?»,[26] fragte Helmuth im Oktober 1941, ohne die Frage beantworten zu können. In ihren Erinnerungen geht auch Freya auf die Frage ein, «inwieweit man in solchen Zeiten überhaupt berechtigt war, noch so friedlich zu leben». Aber «der Kreisauer Friede war eine Voraussetzung für Helmuths unermüdliche Kräfte, die er in diesen Jahren wirklich eingesetzt hat.» Und Freya beschrieb ihre Haltung so: «Ein gewisses den Kopf-in-den-Sand-stecken brauchte ich und übte ich auch, denn sich vorzustellen, was vor sich ging, war nicht auszuhalten. [...] Entschuldigen tut uns das nicht.»[27]

Vorstellungen und Ziele für die Zeit danach

Wie sah das Programm der Kreisauer aus? Was wurde diskutiert? Themen der ersten großen Kreisauer Tagung Pfingsten 1942 waren das Verhältnis von Staat und Kirche sowie Fragen von Bildung und Erziehung. Grundlage eines neuen deutschen Staates sollte das Christentum sein. Der Staat sollte neu organisiert werden in den Einheiten Gemeinde, Kreis, Land, Reich und sollte, ganz im Gegensatz zu den Bedingungen des totalitären Zentralstaats, von unten her organisiert werden. Moltke favorisierte die Idee der kleinen Gemeinschaften, denn nur derjenige könne gegenüber der großen Gemeinschaft, nämlich dem Staat, «das rechte Verantwortungsgefühl [entwickeln], der in kleineren Gemeinschaften in irgendeiner Form an der Verantwortung mitträgt».[28] Diese Idee stammte aus einer Denkschrift, die Moltke bereits 1939, vor den Kreisauer Gesprächen, verfasst hatte. Dort resümierte er: «Es ist der Sinn des Staates, Menschen die Freiheit zu verschaffen, die es ihnen ermöglicht, die natürliche Ordnung zu erkennen und zu ihrer Verwirklichung beizutragen.»[29] Der Einzelne, der so lange in der nationalsozialistischen Masse aufgegangen war, sollte lernen, sich wieder als Individuum wahrzunehmen, Verantwortung zu übernehmen, um so am Aufbau eines neuen Deutschland mitwirken zu können. Politische Parteien waren dementsprechend nicht vorgesehen. Die Wiederherstellung des Rechtsstaats und die «Bestrafung der Rechtsschänder»[30] waren ein weiterer wichtiger Punkt im Kreisauer Programm.

Der christlichen Lehre wurde zwar ein großer Einfluss in den Schulen zugestanden, aber zugleich verständigte man sich auf religiöse Toleranz. Durch das «katastrophale Versagen der deutschen Universitäten»[31] erkannte man die Notwendigkeit, auch die Hochschulen umzustrukturieren. «Hochschulen» waren eher der Berufsausbildung vorbehalten, «Reichsuniversitäten» sah man als «obersten Hort wissenschaftlicher Bildung», wo «geistig hervorragende Persönlichkeiten als Forscher und Lehrer» tätig sein und damit als Führungsschicht für Staat und Gesellschaft ausgebildet werden sollten, um ein erneutes Versagen der Eliten zu verhindern.[32]

Die wirtschaftspolitischen Vorstellungen der Kreisauer sind uns überliefert in einer Denkschrift, die Carl Dietrich von Trotha und Horst von Einsiedel verfassten. Sie suchten einen Mittelweg zwischen einem enthemmten Kapitalismus und der staatlichen Planwirtschaft, wie sie der Nationalsozialismus und der Kommunismus betrieben. Ohne die Rolle des Staates überzubetonen, wollte man doch versuchen, der Wirtschaft einen Rahmen zu setzen, damit akute Probleme wie strukturelle Arbeitslosigkeit, «Massierung der Menschen in trostlosen Industriequartieren», unbefriedigende Regelung der Einkommensverteilung gelöst werden könnten. «Das Ziel der Wirtschaft ist der Mensch», forderten die Autoren in ihrem Papier aus dem Jahr

1942, eine, wie es scheint, bis heute uneingelöste Forderung. Ebenso aktuell erscheint uns heute die Anklage «der Mißhandlung der Natur durch wirtschaftlichen Raubbau».[33]

Damit wird ein prinzipielles Charakteristikum der Kreisauer Papiere deutlich, denen im Nachhinein häufig vorgeworfen wurde, sie seien unrealistisch. Sie changieren zwischen nach wie vor aktuellen, zukunftsweisenden Ideen und konservativ-romantischen Vorstellungen, die heute kaum mehr verständlich erscheinen. Der Historiker Hans Mommsen hat sie treffend als eine «in gewisser Hinsicht konservative Spielart des Rätegedankens, eine Verknüpfung von direkter Demokratie und elitärem Prinzip» bezeichnet.[34] Man muss sie auch als Dokumente ihrer Zeit lesen. Am klarsten wird dies bei dem Verzicht auf die politischen Parteien, die in der Weimarer Republik so eklatant versagt und deshalb für die Zeitgenossen ihren Wert verloren hatten.

Es darf nicht unerwähnt bleiben, dass die Überlegungen der Kreisauer immer vor einem europäischen Horizont stattfanden. Vor allem Moltke und Trott strebten an, Deutschland einzubinden in eine europäische Föderation, so wie sie heute Wirklichkeit geworden ist.

Zuhören, na und? Die Rolle der Frauen im Widerstand

«Ich fühle mich doch vollkommen als aktive Gegnerin des ‹Dritten Reiches› und als Mitglied des Kreisauer Kreises, und ich bin überzeugt, wenn Sie Marion Yorck befragen, dann wird sie genauso antworten wie ich. Aber ich habe nicht sehr viel getan oder geplant. Da Planung die Haupttätigkeit dieser Gruppe als Kreisauer Kreis war, so gehören wir eben nicht dazu»,[35] sagte Freya 1992. Margarete von Trotha war die einzige Frau, die sich als wirtschaftspolitische Expertin aktiv an der Ausarbeitung der Kreisauer Entwürfe beteiligt hat.[36]

Die Rolle der Kreisauer Frauen im Widerstand war eine andere als die der Männer. Freya selbst war sich dessen bewusst, dass es einfacher ist, Frauen, die aktiv Widerstand leisteten, wie dies vor allem im kommunistischen Widerstand geschah,[37] als Widerstandskämpferinnen zu bezeichnen. In der bürgerlichen Opposition agierten die Frauen mehr im Hintergrund. «Ich war wirklich den Nazis entgegengerichtet. Nur habe ich nicht viel Gelegenheit gehabt, im Gegensatz zu meinem Mann, praktisch viel zu tun»,[38] beschrieb Freya ihre Situation.

Aufgabe der Frauen war es, den Anspruch der Nationalsozialisten, den gesamten Alltag regulieren zu wollen, so weit wie möglich abzuwehren. Damit schufen sie ihren Männern, die «draußen», im Alltag, im Beruf, den Anschein einer «guten deutschen Gesinnung» aufrechterhalten mussten, einen Ort, an dem sie sich von der Doppelzüngigkeit ihres Daseins erholen konnten – psychisch und physisch. Die Frauen waren für die Versorgung mit Lebensmitteln und den reibungslosen Ablauf des Alltags zuständig. Und das wurde insbesondere im Krieg problematisch und anstrengend. Dies wird in Kreisau oder Imshausen, dem Gut der Trotts, nicht einfach, aber einfacher gewesen sein als im bombenzerstörten Berlin, wo die Versorgung immer schwieriger wurde. Annedore Leber, die Frau des Sozialdemokraten Julius Leber, lebte und arbeitete in Berlin. Weil ihr Mann jahrelang im KZ und im Gefängnis saß, musste sie nicht nur für den Lebensunterhalt ihrer Familie sorgen, sondern versuchte auf endlosen Behörden- und Bittgängen, das Los ihres Mannes zu erleichtern bzw. sich um seine Freilassung zu bemühen – so wie später viele Frauen der Verschwörer nach dem 20. Juli 1944. Die Frauen trugen die Last der ständigen Angst um ihre höchst gefährdeten Männer. Hans Lukaschek, selbst Angehöriger des Widerstands, sprach diesbezüglich vom «Heldentum der Frauen» und fügte hinzu: «Das, was ich hier sage, musste einmal gesagt werden.»[39] Denn die schwierige Erinnerung an den Widerstand in der Bundesrepublik Deutschland war – bis in die achtziger Jahre – ein Gedenken an die Männer.

Freya war immer mehr als nur die Gastgeberin in Kreisau. «Wir» – gemeint sind Freya und ihre Schwägerin Asta, Marion und ihre Schwägerin Irene – «saßen dabei, ununterbrochen»;[40] «beschränkten uns aber bei den Sitzungen aufs Zuhören.»[41] Ein Befund, den Barbara Beuys auch für Sophie Scholl und ihre Rolle in den Gesprächen der Weißen Rose erhebt.[42] Wir können davon ausgehen, dass niemand ihnen das Wort verboten hätte. Was also hat Dr. jur. Freya von Moltke, Dr. jur. Marion Yorck und die anderen dazu bewogen, sich selbst so zurückzunehmen? Marion Yorck sagte 1992 gegenüber Dorothee von Meding: «Es ist mir nicht in den Sinn gekommen, daß ich einen eigenen Weg suchen könnte, denn Widerstand war für mich in erster Linie

Teil der Beziehung zu meinem Mann. Heute, wo die Frauen auf Selbstverwirklichung solchen Wert legen, ist das kaum noch zu verstehen.»[43] Damit wird deutlich: Wir dürfen nicht die Maßstäbe unserer Zeit an das Handeln der Frauen vor siebzig Jahren anlegen. Wir dürfen auch nicht Handlungen unter den Bedingungen einer Diktatur aus dem Blickwinkel demokratischer Verhältnisse beurteilen.

Widerstand gegen die nationalsozialistische Gewaltherrschaft konnte ganz unterschiedliche Facetten haben. Freya selbst bezeichnete den Part der Frauen im Widerstand als «eine schwierige Rolle». Aber Zuhören und Mitwissen war Partizipation, und das allein schon war in den Augen der Nazis ein Verbrechen. Die Frauen wussten, «was ihre Männer taten, und waren alle damit einverstanden».[44] Sie waren von ihren Männern in deren hochverräterische Vorhaben eingeweiht worden und billigten sie. Durch ihr Mitwissen wurden sie zu Mitverschwörerinnen. Natürlich war der Attentäter des 20. Juli, Claus von Stauffenberg, unmittelbarer und akuter gefährdet als Freya von Moltke, Marion Yorck, Barbara von Haeften oder Rosemarie Reichwein. Aber gefährdet waren auch sie.

Die Frauen einzubinden bedeutete in den Augen der Männer, ihnen eine Funktion zuzuweisen: Sie waren die Verbündeten ihrer Männer. Die Last der bedrückenden konspirativen Arbeit gegen das Terrorregime, die die Verschwörer in dauernder großer Anspannung hielt, konnte für den Einzelnen jeweils auf zwei Schultern verteilt werden. Die Last der Isolation desjenigen, der sich bewusst gegen die Mehrheit stellte, wurde abgemildert. Die Frauen waren im direkten Gespräch mit ihren Ehemännern erklärtermaßen nicht nur als Zuhörerinnen, sondern auch als mitdenkende Diskussionspartnerinnen präsent; das berichtete sowohl Freya als auch Marion Yorck von den unzähligen Gesprächen in Berlin.

Freya und Marion hatten am 15. Oktober 1945 eine fünfseitige Denkschrift verfasst, einen «erste[n] Bericht über den Kreisauer Kreis aus dem Jahr 1945»,[45] in dem sie eine kurze Beschreibung der Ziele, der Mitstreiter und der Geschehnisse gaben. Die Schrift wurde nie veröffentlicht. Freya verwahrte sie in ihrem Archiv zusammen mit Helmuths Briefen. Aber sie betonte im Rückblick: «Besonders an diesem Dokument ist nur der frühe Zeitpunkt und der Beweis, wie sehr wir Frauen doch Beteiligte an der Sache waren.»[46]

Die Beteiligung der Frauen am Widerstand gegen den Nationalsozialismus interessierte Öffentlichkeit und Wissenschaft erst sehr spät. 1992 als «Zeugin des Jahrhunderts» erklärte Freya in einem Fernsehinterview: «Marion und ich haben es fast so etwas unter unserer Würde gefunden, uns sehr darum zu kümmern, daß wir in dem Sinne anerkannt werden. Aber ich finde doch, daß wir ziemlich stark dazugehörten. Insofern ist es gut, daß Sie mich das fragen.»[47] Denn bis dahin war ihr die Frage nach ihrer Rolle nicht oft gestellt worden. Im Laufe der zwanzig Jahre zwischen 1980 und 2000 entwickelte sich jedoch das Interesse am Widerstand stark. Der Generationenwechsel führte zu einer neuen, anderen Betrachtungsweise des Nationalsozialismus. Neue Fragen wurden gestellt, neue Erkenntnisse wurden gewonnen. Dies führte auch zu einer veränderten Wahrnehmung des Widerstands. Sophie Scholl wurde als Widerstandskämpferin in die Walhalla, den deutschen Ruhmestempel bei Regensburg, aufgenommen. Auch die Frauen selbst, angeregt durch das neue Interesse an ihrer Person, bewerteten ihren Anteil an der Arbeit des Widerstands neu und wollten ihn, zu Recht, gewürdigt wissen. In fast allen Nachrufen auf Freya von Moltke, die 2010 in Medien weltweit erschienen, wurde sie als Widerstandskämpferin bezeichnet. Es hätte sie gefreut.

«Helmuth ist verreist»: Entdeckung und Ende

Im Januar 1944 erhielt Freya einen Anruf von Peter Yorck, in dem er ihr mitteilte, Helmuth sei verreist. Zunächst begriff sie nicht richtig, was der Freund meinte. Erst als Yorck wiederholte, Helmuth sei *verreist*, wurde ihr allmählich klar, dass er verhaftet worden war. Er hatte den Diplomaten Otto Carl Kiep vor einer drohenden Verhaftung gewarnt. O. C., wie dieser von seinen Freunden genannt wurde, war unter anderem von 1931 bis 1933 Generalkonsul in New York gewesen, wo er den Unmut der Nazis auf sich gezogen hatte, weil er an einem Essen zu Ehren von Albert Einstein teilgenommen hatte.[48] Kiep gehörte zu einem Gesprächskreis um Hanna Solf, dem auch Elisabeth von Thadden angehörte.[49] Hier wurde offen und kritisch über die Nazis diskutiert. Moltke hatte Kiep am Telefon von der Überwachung dieses Kreises berichtet und wurde deshalb selbst inhaftiert. Nach einem kurzen

Aufenthalt in der berüchtigten Prinz-Albrecht-Straße, dem Hauptquartier der Gestapo in Berlin, kam er in einen Gefängnistrakt des Konzentrationslagers Ravensbrück.

Die Gestapo wusste von seiner Widerstandstätigkeit nichts. Bis zum 20. Juli 1944 blieben die Kreisauer unentdeckt. Auch konnte man Moltke nichts Gravierendes nachweisen; er war in erster Linie verhaftet worden, um das von Himmler und seinen Schergen argwöhnisch betrachtete Amt Ausland/Abwehr unter Admiral Canaris zu treffen. Im Juli 1944 wurde bereits über seine Entlassung nachgedacht. Er hätte in diesem Fall seinen Posten als Kriegsverwaltungsrat aufgeben und in einer Munitionsfabrik arbeiten müssen. Freya konnte ihn in den Monaten in Ravensbrück, von Januar bis Juli, regelmäßig besuchen. Sie brachte Lebensmittel, Kleidung und Bücher, denn hier wurde der Träger des Namens Moltke noch privilegiert behandelt, musste keine Häftlingskleidung tragen und konnte in seiner Zelle relativ unbehelligt lesen und arbeiten. Die Besuchserlaubnis gründete sich darauf, dass Kreisau als landwirtschaftlicher Betrieb kriegswichtig war. Wenn Freya kam, brachte sie auch Akten aus Kreisau, die sie vorgab mit Helmuth diskutieren zu müssen. Hin und wieder sprachen die Wachen sie auf die Kreisauer Verhältnisse an, etwa als sie Pech mit ihren Gänsen hatte. Denn die Briefe unterlagen der Zensur und waren den Männern bekannt. Als Freya daraufhin bemerkte, dass die Bewacher eigentlich ganz nett seien, gab Helmuth nur trocken zu bedenken: «Ja, aber sie ziehen Dir die Fingernägel aus.»[50]

Nach dem Attentat auf Hitler jedoch kamen die Kreisauer Aktivitäten ans Licht. Viele seiner Mitstreiter wurden gefoltert, was Moltke erspart blieb, aber er wurde nach Berlin in das Gefängnis Tegel verlegt, musste Sträflingskleidung tragen und hatte nun deutlich schärfere Haftbedingungen. Stauffenberg und drei seiner Mitverschwörer waren noch in der Nacht des 20. Juli erschossen worden. Ludwig Beck beging Selbstmord. Ab August 1944 begannen die Schauprozesse gegen die Verschwörer vor dem Volksgerichtshof unter Leitung seines fanatischen Vorsitzenden Roland Freisler. Die meisten der Männer wurden noch am Tage ihrer Verurteilung in Berlin-Plötzensee gehängt. Die Verhandlungen (und sogar die Hinrichtungen!) wurden gefilmt. Man wollte das Filmmaterial ursprünglich in der Wochenschau zeigen, verzichtete jedoch darauf, weil dann das Ausmaß der Verschwörung deutlich geworden wäre. Hitler hatte in seiner Radioansprache am 20. Juli 1944, mit der er beweisen wollte, dass er noch lebte, von einem «kleinen Klüngel verbrecherischer Elemente» gesprochen. Überrascht mussten die Nazis feststellen, dass dies eine grobe Fehleinschätzung war. Zudem wäre die Ruhe und Würde der Angeklagten, die in krassem Gegensatz zu dem geifernden, brüllenden Freisler stand, dazu angetan gewesen, die Zuschauer zu beeindrucken. Ja, sie hätten vermutlich Sympathie für die Angeklagten geweckt, und beides war nicht im Sinne nationalsozialistischer Propaganda.

«Die kostbaren Tegeler Wochen»

«Freya hat zu der Stabilität, die sie von Hause aus hat, doch noch eine neue Stärke erworben, die es ihr ermöglichen wird, aus dem Schmerz, den ich ihr bereite, auch noch neue Kraft zu ziehen. [...] im Grundstock ist Freya, so glaube ich Dir versichern zu können, heute auch durch meinen Tod nicht mehr zu treffen.»[51] Diese Sätze schrieb Helmuth James von Moltke Ende 1944 in seinem Abschiedsbrief an seine Schwiegermutter Ada Deichmann. Helmuth und Freya waren in der außergewöhnlichen Situation, intensiv voneinander Abschied nehmen zu können, was sonst keinem Paar des deutschen Widerstands vergönnt war.

Hans Bernd von Haeften war einer der wenigen, dem es gelungen war, nach dem Attentat noch einmal zu seiner Frau und seiner Familie auf das mecklenburgische Gut Grammertin zu reisen, um sich von ihnen zu verabschieden. Sein Bruder Werner war bereits in der Nacht des 20. Juli als Adjutant Stauffenbergs in Berlin erschossen worden. Hans Bernd wurde am 15. August 1944 hingerichtet.

Marion Yorck hingegen beschrieb in ihren Erinnerungen, dass sie mit ihrem Mann am 19. Juli 1944 in Weimar zu einer Hochzeit eingeladen war. Spät in der Nacht habe Peter Yorck sich dann, mit dem Zug, auf den Weg nach Berlin gemacht. Sie sah ihn die Hoteltreppe hinuntergehen, er winkte und sie sah ihn niemals wieder.[52] Marion Yorck hatte dann die Briefe ihres Mannes einem Kindermädchen übergeben, die sie, aus Angst vor Entdeckung, verbrannte. Dadurch

Die Sängerin Anneliese Schellhase war eine enge Vertraute Freyas während Helmuth James' Haft in Tegel. Ihr Verlobter Theodor Haubach war im Gestapo-Gefängnis Lehrter Straße inhaftiert. Er wurde dort schwer gefoltert. Anneliese Schellhase sorgte durch Kassiber für den Kontakt zwischen den beiden Männern. Auf der Rückseite des Photos notierte Anneliese Schellhase eine Widmung für Freya: «In Erinnerung an unsere gemeinsame Zeit – Nov. 44–Jan. 45 – in Berlin».

ist die Überlieferung zu Peter Yorck vernichtet. Er steht deshalb heute im Schatten von Helmuth James von Moltke, was von Freya immer beklagt wurde.

Rosemarie Reichwein hatte sich mit ihrem Mann Adolf Reichwein am Nachmittag des 4. Juli 1944, also noch mehr als zwei Wochen vor dem Attentat, an seinem Arbeitsplatz Unter den Linden verabredet. Sie lebte mit den vier Kindern bereits in Kreisau, weil ihr Haus in Berlin zerstört war. Er arbeitete als pädagogischer Berater im Museum für Deutsche Volkskunde in Berlin. Am Abend wollte er sich mit kommunistischen Widerstandskämpfern treffen, von denen einer ein Spitzel war. Julius Leber, der dabei war, und Adolf Reichwein wurden verhaftet und gefoltert. Rosemarie Reichwein konnte ihren Mann im Zuchthaus Brandenburg noch einmal für 25 Minuten sprechen, noch einmal ganz kurz sehen, als er als Zeuge vor dem Volksgerichtshof auftreten musste, bevor er am 20. Oktober 1944 hingerichtet wurde.[53]

Rosemarie Reichwein, Brigitte Gerstenmaier und Freya von Moltke waren die einzigen Frauen aus dem Umfeld des 20. Juli, die nicht inhaftiert wurden; alle anderen kamen in sogenannte «Sippenhaft». Sie saßen für rund neun Wochen im Gefängnis Moabit in Berlin ein, ohne dass sie verhört wurden. Himmler wollte jede Erinnerung an den Widerstand auslöschen. Deshalb hatte er die Kinder der Widerstandskämpfer aus ihren Familien verschleppen und sie in ein Kinderheim in Bad Sachsa bringen lassen. Dort mussten sie ihre richtigen Namen ablegen, bekamen fremde Namen zugewiesen und sollten dann in NS-treuen Familien im Sinne des Nationalsozialismus erzogen werden. Sie wurden allerdings noch 1944 wieder nach Hause entlassen.[54] Man weiß bis heute nicht, warum. Auch davon waren die Familien Reichwein und Moltke nicht betroffen. Beide Väter waren vor dem 20. Juli verhaftet worden, aber den genauen Grund für diese Haftverschonung kennt man nicht. Auch Julius Leber war vor dem Attentat verhaftet worden. Seine Frau musste eine Hausdurchsuchung der Gestapo über sich ergehen lassen, sollte verhört werden, schlief allerdings vor lauter Erschöpfung im Vorzimmer vor dem Verhör ein und wurde wieder freigelassen. Wenig später saß sie mit den anderen Frauen in Moabit in Sippenhaft.[55]

Als Freya nach dem 20. Juli keine Nachrichten mehr von Helmuth erhielt, reiste sie im September 1944, ohne im Besitz einer Sprecherlaubnis zu sein, nach Ravensbrück,[56] um Gewissheit über Helmuths Schicksal zu erlangen. Dort angekommen, sagte man ihr, ihr Mann sei nach Berlin verlegt worden. Sie kam gerade recht, um seine Sachen in Empfang zu nehmen, und fuhr nach Berlin. Helmuth von Moltke saß im Gefängnis Tegel. «Das zu hören, machte mich für einen Augenblick ganz glücklich»,[57] erinnerte sich Freya. Denn in Tegel war der Freund und Mitkreisauer Harald Poelchau Gefängnispfarrer, der auch für Moabit zuständig war und dort die Frauen betreute.

Mit Poelchaus Hilfe konnten sich Freya und Helmuth vom 29. September 1944 bis zum 23. Januar 1945 – der letzte Brief vom Tage seiner Hinrichtung erreichte Helmuth nicht mehr – fast täglich lange, unzensierte Briefe schreiben, die der Pfarrer hinein- und herausschmuggelte. Freya war die meiste Zeit in Berlin. Asta, ihre Schwägerin,

Harald Poelchau, der evangelische Gefängnispfarrer des Justizgefängnisses Tegel, war selbst Mitglied des Kreisauer Kreises und ein Freund von Helmuth James und Freya. Das Porträt entstand im Dezember 1949.

wohnte in Kreisau, sodass die Kinder, Helmuth Caspar und Konrad, in guter Obhut waren. Freya wohnte bei Helmuths Vetter Carl Dietrich von Trotha und fuhr an den Wochenenden oft nach Kreisau, von wo aus sie Lebensmittel mit nach Berlin brachte. «Ja, wir waren alle 3 am Sonntag im Bett und auch wieder lange», berichtete Freya Helmuth. «Er fing relativ spät – erst um 7 – mit einem Schrei von C[aspar]chen an, der nämlich den vorstürmenden Konrad davon abhalten wollte, mich zu wecken, was dadurch dann so spät geschah. Es wurde dann gekuschelt, gelesen, gelernt und gesungen.»[58] Das Haus der Yorcks in der Hortensienstraße, in der Zeit von Helmuths Haft in Ravensbrück ihr Domizil in Berlin, war während Marions Haft von der SS beschlagnahmt worden. Von den Trothas in Lichterfelde-Ost war es ein weiter Weg durch das zerstörte Berlin, in dem immer noch die S-Bahn fuhr, zur Wohnung von Harald und Dorothee Poelchau in der Afrikanischen Straße. Bei den Freunden im Norden Berlins gab Freya ihre

Seit 1944 wurde es immer schwieriger, sich durch das zerstörte Berlin zu bewegen: Gesperrte Lessingbrücke in Moabit, Frühjahr 1945.

Briefe ab, manchmal schrieb sie sie auch dort, und Poelchau brachte Neuigkeiten und Briefe aus dem Gefängnis. «Ach, wie ungerne höre ich auf. Hoffentlich kann ich noch weiter schreiben. Es bedeutet solches Glück für mich»,[59] beendete Freya ihren Brief vom 8./9. Oktober 1944. Und Helmuth: «Weißt Du, meine Hauptsünde ist die schwarze Undankbarkeit. Nicht nur für mein ganzes Leben, nein täglich. Welch' herrliche Wochen habe ich hinter mir; was ist mir alles geschenkt worden. Und dann tue ich so, als wäre es ein Unglück, wenn es aufhörte. Ich habe ja garkeinen Anspruch auf mehr! Statt demütig jeden neuen Glückstag entgegen zu nehmen, zittere ich vor Sorge, ob es noch einen gibt.»[60]

Die Briefe sind von beeindruckender Offenheit. Beide waren sich ihrer Situation höchst bewusst, sie blendeten nicht aus, dass Helmuths Tod sehr wahrscheinlich war: «Im Grunde ist das schönste, das diese Wochen uns geschenkt haben, unsere gemeinsame Vorbereitung auf Deinen Tod, mein Geliebter. Das ist das große Geschenk.»[61] Dennoch gaben sie die Hoffnung auf eine Rettung nicht auf. Freya schrieb: «Mein liebes Herz, meine ganze Person ist ja nur der Wunsch, Dich hier auf der Erde behalten zu dürfen, ich bestehe aus nichts anderem. Ich kann darum kaum bitten, weil es einfach mein Leben, mein Ich bedeutet.»[62] In den Briefen besprachen sie die Verteidigungsstrategie, die, auch über Poelchau, mit anderen Inhaftierten abgeglichen wurde. Andere Kreisauer wie der Jesuitenpater Alfred Delp und der evangelische Theologe Eugen Gerstenmaier waren ebenfalls in Tegel inhaftiert. Es war wichtig, ihre Aussagen aufeinander abzustimmen. Über Freya kommunizierte Helmuth mit seinem Onkel Carl Viggo, der sich als Soldat und Vertreter der Familie von Moltke für ihn verwenden und ein Gnadengesuch einreichen sollte. Freya suchte in Helmuths Namen Konrad Kardinal von Preysing auf, den Bischof von Berlin, um ihm eine Unterstützungsaktion für Helmuth vorzuschlagen. Moltke hatte vor seiner Verhaftung mit ihm in Kontakt gestanden. Der Kardinal lehnte eine Aktion ab, weil er sie für nicht wirksam hielt.

In den Briefen zwischen Helmuth und Freya ging es aber auch um höchst praktische Dinge. Wieder spielten die Bienen eine Rolle, die tatsächlich Honig lieferten, den Freya über Poelchau an Helmuth schickte. Er schrieb ihr, dass er ihn mit Genuss und ohne einen Tropfen übrigzulassen verzehrt habe, denn er rechne doch: «am Morgen damit, nach 36 Stunden, und am Abend, nach 24 Stunden tot zu sein. Diese kurzfristigen Prolongationen des Lebens ersticken alle normalen Sparsamkeitstriebe.»[63] Es blieb lange unklar, wann die Verhandlung gegen Helmuth stattfinden würde. Manchmal schien der Termin bevorzustehen, wurde dann aber doch nicht eingehalten. Deshalb sorgte sich Freya ganz pragmatisch um «die Ausrüstung für den Tag des Termins. Hast Du Kaffeebohnen genug? Ich werde versuchen, Hercher [Moltkes Pflichtverteidiger] eine Thermosflasche mit Tee für Dich zu geben, aber ich bin nicht sicher, dass er an Dich ran kann. Außerdem bringe ich Dir noch einmal Schokolade mit. Die sollst Du in der Pause oder auch vorher essen. Es wird Dir schon gelingen, sie in die P. A. Str. [Prinz-Albrecht-Straße, Gestapo-Gefängnis] zu retten. Iss sie mein Jäm, Deine Söhnchen bekommen auch mal wieder welche, und für sie ist dieser Tag auch wichtiger als Schokolade! Pfefferkuchen schmeckt denen auch. Was kann ich sonst noch

Helmuth James von Moltke vor dem Volksgerichtshof, 9./10. Januar 1945. Am 11. Januar 1945 wurde er zum Tode verurteilt.

tun?»[64] Ebenso wie die Tatsache, dass Moltke nicht gefoltert wurde, war auch die gute Lebensmittelversorgung aus Kreisau eine besondere Ausnahmesituation.

Freya hat später immer wieder betont, Helmuth sei ein sehr praktischer und pragmatischer Mensch gewesen,[65] die Briefe bestätigen diese Ansicht. Der Planer Helmuth James plante über seinen Tod hinaus, indem er die Zukunft Kreisaus und die in Frage kommenden Erbfolgeregelungen diskutierte. Ihm war bewusst, dass er immer unter dem Vorbehalt schrieb, dass die Familie Kreisau höchstwahrscheinlich verlassen müsse. Er hatte schon sehr früh befürchtet, dass Schlesien an die Russen fallen würde, und hatte deshalb in seinen Briefen schon 1942 den fiktiven Herrn Serpuchow erfunden, der eines Tages Kreisau bewohnen würde. Trotzdem machte er genaue Vorgaben, was nach seinem Tod zu tun sei, und sparte auch den für ihn so wichtigen Kapellenberg nicht aus: «In dem für uns bereiteten Grab, könnte ich mir vorstellen, möchtest Du ungern alleine liegen, und von mir bleibt ja nichts übrig. Wie Du oder C[aspar]chen eben das machst, wenn Ihr noch in Kreisau existiert, werdet Ihr ja sehen. Vielleicht legst Du Dich zu Mami. Aber was mir richtig scheint, ist, dass unsere beiden Namen auf den Stein neben Mami kommen, auch wenn keiner von uns darunter liegt.»[66] Dabei verließ ihn sein trockener Humor durchaus nicht, wenn er etwa schrieb: «Ja, mein Herz, das Sterben ist und bleibt unangenehm und alle Vorbereitung auf dieses Ereignis ändert daran garnichts.»[67] Oder: «Heute Nacht hatte ich mal wieder garkeine Lust zu sterben; nicht dass es mich quälte, aber ich hatte eben keine Lust und fand die Aussichten auf das Reich Gottes doch recht vage und unklar und nicht recht plastisch.»[68] Er litt natürlich in der Einsamkeit der Zelle auch unter Stimmungsschwankungen. Moltke war immerhin seit Anfang des Jahres 1944 im Gefängnis. So schrieb er am 28. Oktober 1944: «Ich hatte große Lust, mit Dir zu reden, weil ich traurig war. Es gab garkeinen Grund. Es ist aber so, dass dies Leben zwischen Tod und Leben eben anstrengend ist. Denn wenn man endlich zum Sterben ganz fertig und bereit ist, so kann man doch daraus keinen Dauerzustand machen. Das geht leider nicht; das Fleisch tut da nicht mit. So pendelt man zum Leben zurück, vielleicht nur wenig, man baut sich ein Kartenhaus und dann, wenn man das merkt, reißt man es wieder ein, und das hat das Fleisch eben sehr ungern. Es ist auch ein Fall, wo Übung nicht den Meister macht; es bleibt immer ganz gleich unangenehm.»

Die meiste Zeit aber waren Helmuth und Freya getragen von dem Gefühl intensiver Nähe, wie sie in den Briefen eindrucksvoll dokumentiert wird. Freya schätzte die physische Nähe; sie war Helmuth in Berlin so viel näher als in Kreisau, obwohl sie ihn fast nie sah. Noch viermal erhielt sie eine Sprecherlaubnis, aber der schriftliche Gedankenaustausch war inniger als je zuvor. «Es ist wahr, Du erzählst mir von Dir mehr, als Du je getan hast. Ich wollte manchmal mehr wissen!», schrieb sie am 23. November 1944. Die alltägliche räumliche Entfernung hatte manchmal zu Irritationen geführt. Im Februar 1940 hatte sie aus Kreisau geschrieben: «Ich weiß, warum die beiden letzten Telefone mich nicht so richtig befriedigt haben: weil Du absolut garnichts von Dir gesagt hast. Ich habe immer geschwätzt. Ich wusste garnichts hinterher. [...] Du klangst so schrecklich neutral.»[69] Vier, fast fünf Jahre später, im Oktober 1944, war es keine Alltagssituation mehr, sondern ein Ausnahmezustand, in dem allein das Jetzt galt: «Ja, ich bin Dir sehr nah, und daher finde ich ja auch diese Zeit in vielem schön, so schön wie nie eine zuvor. Ich bin Dir so intensiv nah. Ja, ich weiß auch viel von Dir, aber zurückschauend habe ich keinerlei Klage, dass es anders war. Mein Jäm, ich wusste oft nicht, was Du *dachtest*, aber ich war Dir immer sehr nah, ich glaube, viel näher als Du es wusstest. Ich weiß doch viel von Dir und wusste es immer und habe daher auch ganz vergessen, je eine Klage gehabt zu haben, weil das Denken ganz uninteressant ist verglichen mit der inneren Nähe, die bei mir im Juli 29 ganz eindeutig entstand und blieb und bleiben wird. Wie schön, dass Du meine Anwesenheit hier auch gern hast, so wie ich auch. Ich war schon gestern voller innerer Unruhe, wieder hier zu sein, und sitze so gerne hier in Deiner Nähe.»[70] Sie schützten sich durch ihre gegenseitige Nähe, Freya ist – buchstäblich – so nah bei Helmuth, dass er nicht sterben kann: «Heute im Halbschlaf hatte ich einen merkwürdigen Gedanken, halb Gedanke, halb Traum. Ich kam zur Hinrichtung nach Plötzensee, und da sagte der Henker: ‹Wie soll ich denn den linken alleine hinrichten ohne den rechten; das geht ja nicht.› Und als man mich ansah, da warst Du an meiner rechten Seite angewachsen, wie die Siamesischen Zwillinge, sodass eine Hinrichtung unmöglich war.»[71] Für Freya wird Helmuth nicht sterben, weil sie ihn in sich aufnimmt. Dies wurde von beiden so gesehen und so gewollt. Helmuth lebt in Freya, für Freya und für die Söhnchen weiter, das ist sein Wunsch und ihr Ziel: «Die Zeit jetzt wird für Dich nicht so schlimm sein», äußerte er, «die Zeit unmittelbar nach meinem Tode wird auch gehen, aber nach einiger Zeit kommt der Alltag, und das wird der schlimmste Augenblick sein. Du musst aber diesen Tiefpunkt durchwandern und den Schmerz ertragen. Versuche nicht, durch übermäßige Geschäftigkeit darüber hinweg zu huschen; Du erntest sonst nicht die Frucht Deiner Tränen, und Du engst das Plätzchen in Dir ein, in dem ich weiter wohnen bleiben will. Der Schmerz weitet dieses Plätzchen. Mein Herz, ich habe mich etwas gescheut, Dir das zu schreiben, weil es so nach Besitzerwillen über das Grab hinaus aussieht und weil es in etwa ein grausamer Rat ist, für mich billig, für Dich schwer. Aber schließlich, dachte ich, habe ich Dir so viele unangenehme Ratschläge in meinem Leben gegeben, dass ich es an diesem nicht fehlen lassen kann.»[72] Freya schrieb: «Mein Jäm, das ist ja auch mein Herzenswunsch, dass Du mich immer auch weiter wärmen darfst und kannst. Es liegt ja nur an mir, aber ich habe oft Furcht, wie es mir gelingen soll, Dich mir nah zu halten. […] Ach, mein Jäm, welche Aufgabe. Und sie enthält den Schlüssel zu der Dauer meines Glückes über Deinen Tod hinaus. Ich sehe es, ich sehe es deutlich. Gott helfe mir, Du, mein liebes Herz, helfe mir! Wie warm ist mir jetzt! Darf mir immer so warm bleiben!»[73] Am 29. November 1944 feierten sie mit Harald Poelchau im Zimmer des Gefängnisvorstehers das Abendmahl. Helmuth hatte in der Haft zu einer neuen Frömmigkeit gefunden, in der Freya ihm nicht ganz zu folgen vermochte: «Mein Herz, wenn ich mir klarmache, dass Du mir in solcher Stärke jetzt beistehst, dass Du mich, was auch kommt, für unseren künftigen Weg ausrüstest, dass von Dir auf mich Kraft und Ruhe und Zuversicht strömt, dann bin ich nicht nur voller Bewunderung, dass Du das kannst, sondern ich fühle deutlich, wie in Dir Gottes Kraft, Gottes Friede und seine Liebe wohnen.»[74] Am 16. Januar 1945 gelang es ihnen, sich ein letztes Mal zu sehen.

Diese vier Monate des intensiven Kontaktes – im Rückblick wird Freya sie «die kostbaren Tegeler Wochen»[75] nennen – waren die wichtigsten im Leben von Helmuth James und Freya von Moltke. In der Endgültigkeit der Situation gelang ihnen eine Konzentration auf das Wesentliche. Sie verstanden es, sich schreibend der Sinnhaftigkeit dieses Sterbens zu vergewissern. So schrieb Helmuth: «Mein Herz, ich bin glücklich zu hören, dass Du heiter bist. Wir haben auch allen Grund dazu, denn uns ist viel geschenkt worden. Muss der hohe Preis bezahlt werden, der mit einer Wahrscheinlichkeit von 99 % gefordert wird, dann kann man doch nicht sagen, dass selbst dieser Preis zu hoch war, wenn es eben anders nicht zu erlangen war. Es sind ganz große Gaben und für die ist dieser Preis billig. Das wollen wir nie vergessen. Denn wir haben dann um den Preis der Zeitlichkeit einen Anteil an den ewigen Gütern erlangt.»[76] In dieser Sinnstiftung lag Freyas späteres Leben begründet, es gab ihr Sicherheit und wurde das Fundament ihres neuen Daseins.

Freya von Moltke hat diese letzten Briefe zu ihren Lebzeiten nicht veröffentlicht. Sie waren ihr eigener Besitz, «mein Allerpersönlichstes»,[77] anders als die beiden programmatischen Abschiedsbriefe vom 10. und 11. Januar 1945, die für die Allgemeinheit geschrieben und von Freya als Allgemeingut behandelt wurden. Sie erschienen das erste Mal schon im Juni 1946.[78] Aber die Briefe aus dem Gefängnis Tegel vom September 1944 bis Januar 1945 sind erst jetzt nach ihrem Tod öffentlich zugänglich und wurden von ihrem Sohn Helmuth Caspar und ihrer Schwiegertochter Ulrike von Moltke ediert. Sie setzen Freya und Helmuth, ihrer Liebe und Verbundenheit, ihrer moralischen Standhaftigkeit ein literarisches Denkmal. Helmuth schrieb im November 1944: «Mein Herz, meine Gedanken suchen Dich immer und finden Dich stets. Es kommt mir manchmal vor, als seiest Du mein Herz, das ganz groß und ruhig weiterschlägt, was immer geschieht, weil es eben nicht von meinem Nervensystem abhängt, sondern seine Kraft und Stabilität aus anderen Quellen schöpft.»[79]

6
Afrika

1945–1956

Die letzten Monate in Kreisau[1]

Helmuth James von Moltke wurde am 23. Januar 1945 in Berlin-Plötzensee hingerichtet. Pfarrer Poelchau war an diesem Tag noch gegen elf Uhr bei ihm gewesen, um «Briefe zu tauschen». Als er gegen eins noch einmal kurz bei Moltke vorbeiging, «wie ich es meistens tat», da war die Zelle leer. Helmuth James von Moltke war auf dem Weg nach Plötzensee zu seiner Hinrichtung. Poelchau informierte sofort den dortigen katholischen Gefängnispfarrer Peter Buchholz, dem es gelang, Helmuth noch zu grüßen. Er konnte Freya später berichten, dass ihr Mann «ganz gefaßt»[2] seinen letzten Weg gegangen sei.

Freya war bei Poelchaus und schrieb gerade an Helmuth. Dort erhielt sie von Harald Poelchau die Todesnachricht. Sie sei sehr traurig, aber «fest» gewesen, erinnert sich Henssel, der sie zwei Tage später zum Zug nach Kreisau brachte.[3] Er und seine Frau Edith hatten für Freya und Marion Yorck, die auch nach Schlesien fuhr, Butterbrote geschmiert und eine Flasche alten Malaga spendiert; man wusste nicht im Voraus, wie lange die Reise dauern würde. «Ich glaube, wir waren ganz heiter», schrieb Freya in ihren Erinnerungen. Sie habe von der Verhaftung ihres Mannes im Januar 1944 bis zu seinem Tod im Januar 1945 «in gewisser Weise in der Höhe gelebt».[4] Die Erfahrung, auf der richtigen Seite gestanden, für die richtige Sache gekämpft zu haben, erfüllte sie mit Hochgefühl: «Wir haben die ganzen Jahre der Arbeit gegen die Nazis und die Endmonate und, ja, auch noch die Nachzeit als eine große Zeit gelebt. Wir waren so ganz und gar davon überzeugt, dass wir das, was wir taten, tun mussten, dass wir sozusagen unser Soll erfüllten.»[5] Ab September 1944 war diese Euphorie noch einmal verstärkt worden durch die intensive, außergewöhnliche Nähe zwischen den beiden Eheleuten, die durch die tägliche geheime Korrespondenz entstanden war. Freya hatte an Helmuth geschrieben: «Ich bin überhaupt seit vielen Tagen schon so guter Stimmung und kann sie nur ganz vorübergehend unterdrücken. Ich bin nicht von eigentlichen Hoffnungen erfüllt, aber ich bin aus unerklärlichem Grunde ganz unbelastet. Ich frage mich immer wieder, wie das kommt und ob ich eigentlich leichtfertig bin, ich kann es aber nicht unterdrücken, und alle Menschen sagen mir, ich klänge und sähe so aus, als ob es besser ginge, und dabei ist das doch garnicht so. Sicher kommt es von dem Glück, das wir in diesen Wochen genossen haben. Ich habe immer wieder das Gefühl, als gingen wir Hand in Hand in diesen Wochen und ich denke mehr ‹wir› als ich in all den Jahren gedacht habe. Ach, mein Jäm, welch großes Glück, Dir so nah zu sein.»[6] Nach dem Tod ihres Mannes kam sie erst «langsam, langsam [...] wieder auf den Erdboden zurück.»[7] Zunächst waren die Jahre 1945/46 so ereignisreich, dass Freya wenig Zeit zur Besinnung blieb. Das Hochgefühl, das auch immer von der Trauer über den Verlust ihres Mannes begleitet war, wird ihr in dieser turbulenten und unsicheren Zeit eine Hilfe gewesen sein. Als sie Ende Januar 1945 nach Kreisau zurückkehrte, musste sie dem siebenjährigen Helmuth Caspar vom Tod seines Vaters berichten und fürchtete sich davor. Aber er machte es ihr leicht, indem er, als er am Morgen nach ihrer Rückkehr sah, dass sie traurig war, zu ihr sagte: «Wegen dem Pa? Immer noch?»[8] Diese Unbekümmertheit, die ihr zeigte, dass das Kind noch nicht richtig ermessen konnte, was der Tod Helmuths bedeutete, sei ihr ein großer Trost gewesen. Helmuth Caspar erinnert sich im Rückblick an eine für ihn glückliche Zeit, in der er nie das Gefühl von Bedrohung gehabt habe.[9] «Das Dorf trauert sehr um Helmuth und mit mir sind alle sehr nett. Ich habe noch nichts Unerfreuliches erlebt»,[10] schrieb Freya nach ihrer Rückkehr an Poelchaus in Berlin. Ungefährlich war es indessen auch im kleinen Kreisau nicht mehr, denn alles war in Auflösung begriffen, die Situation war unberechenbar geworden. Der Ort, das Schloss und das Berghaus waren voller Flüchtlinge aus dem Osten, die vor den Russen geflohen waren. Die Nazis versuchten ihre Befehlsgewalt aufrechtzuerhalten und befahlen noch im Februar 1945, mitten im Winter, dass Frauen, Kinder und Alte Kreisau verlassen und in die nahe gelegene (spätere) Tschechoslowakei ziehen müssten. Freyas Schwägerin Asta erwartete ein Kind und hatte deshalb Kreisau bereits verlassen. Es gelang, sie in

Schweidnitz in einem Lazarettzug unterzubringen, zusammen mit anderen Kreisauern. Asta kam schließlich bis nach Schleswig-Holstein zu Tante Leno.

Freya hingegen entschloss sich zu bleiben. Rosemarie Reichwein, die mit ihren Kindern noch immer im Schloss wohnte, blieb ebenfalls. Doch nach einiger Zeit verlangte die Parteileitung, die in Gräditz residierte, dass Freya mit den Kindern gehen müsse, so sei es angeordnet. Sie konnte mit dem Ortsgruppenleiter aushandeln, dass Rosemarie Reichwein und alle sechs Kinder – Helmuth Caspar, der kleine Konrad und die vier Reichwein-Kinder Renate, Kathrin, Roland und Sabine – in das Wierischauer Gutshaus auswichen. Es gehörte zu Kreisau, aber nicht mehr zum Amtsbezirk des Gräditzer Naziführers. Rosemarie oder Romai, wie sie genannt wurde, erinnerte sich, dass sie am 28. März 1945 nach Wierischau zogen. Einen Tag später, am Gründonnerstag, kam sie mit den Kindern wieder nach Kreisau, denn es war Freyas Geburtstag, und sie brachten ihr morgens ein Ständchen. Am Nachmittag war Freya dann bei ihnen, sie las den Kindern vor, und abends färbten die Frauen Eier. Es wurden Ostereier bemalt und Kuchen gebacken, für den es sogar Schlagsahne von Kreisauer Kühen gab. Freya und Rosemarie hörten die Matthäuspassion. Auch Romai Reichwein schrieb von glücklichen Tagen.[11]

Die angespannte Situation ließ Freya aber keine Ruhe: «Dann verlor ich doch die Nerven und beschloß, die Kinder wegzubringen.»[12] Nach Ostern, am 6. April 1945, machten sich Freya und die Reichweins auf den Weg ins Gebirge. Sie wurden begleitet von dem alten Fräulein Hirsch, der Tochter des Försters, einem Dienstmädchen und Frau Pick, die Helmuth bereits in Berlin den Haushalt geführt hatte. Romai Reichwein war schon im März auf Skiern im Riesengebirge, das sie von Skitouren mit ihrem Mann kannte, auf Erkundungstour gegangen und hatte im Ort Pommerndorf auf fast 1000 Metern Höhe ein Haus entdeckt, wo sie sich niederlassen konnten. Die Besitzer wohnten in einem größeren Haus ganz in der Nähe. Die Kinder konnten sogar in die Schule gehen, an der sie allerdings unerfreulicherweise von einem Nazi unterrichtet wurden. «Der Treck war schön», erinnerte sich Freya, und auch die Rückfahrt mit dem Rad, die sie zwischendurch unternahm, um in Kreisau nach dem Rechten zu sehen, war «höchst beglückend».

Sie hatte seit morgens um halb zehn gut hundert Kilometer zurückgelegt, als sie abends um halb acht in Kreisau ankam: «Ich hatte an diesem Abend das Gefühl, daß sich in dieser Heimfahrt das ganze Glück und der ganze Reichtum unseres Kreisauer Lebens noch einmal in mir zusammenfanden.»[13]

Das Kriegsende erlebte der kleine Treck im Riesengebirge. Freya wollte nun nach der Kapitulation zurück nach Kreisau. Die Frauen ließen sich von einer tschechischen Lehrerin ein Schreiben ausstellen, dass ihre Männer von den Nationalsozialisten hingerichtet worden seien. Diese Notiz half ihnen tatsächlich an der deutsch-tschechischen Grenze, die sie nun, nach Kriegsende, zu überwinden hatten. Feindlich gesinnte Tschechen nahmen ihnen ein Pferd, ließen sie aber sonst unbehelligt. Unterwegs hörte die kleine protestantische Gruppe am Pfingstsonntag das feierliche katholische Hochamt im prächtigen Barockkloster Grüssau, ein beeindruckendes und doch eigenartiges Erlebnis inmitten dieser wilden Zeit. Am Pfingstmontag war man wieder in Kreisau. Romai wohnte von jetzt ab im Berghaus, denn im Schloss war mittlerweile eine russische Kommandantur eingerichtet worden.

Über die Russen schrieb Freya, «wenn man ihnen furchtlos begegnete, waren sie immer vernünftig».[14] So wie sie stets betonte, dass sie den Nazis aufrecht und ohne Angst gegenübergetreten sei und deshalb mit ihnen habe reden können: «Die hatten Respekt vor mir, das ist eigentlich das richtige Wort.»[15] Es kam für sie in Kreisau nie zu ganz dramatischen Szenen mit den russischen Soldaten. Sie schilderte viele brenzlige, aber auch bizarre Szenen, die sie mit den Russen erlebte, wobei auch eine große Portion Glück ihr das Äußerste ersparte. Man arrangierte sich. Im Laufe des Sommers waren es oft genug sogar russische Soldaten, die die Deutschen vor den Polen beschützten, denn die waren sehr viel aggressiver gegenüber der ehemaligen Besatzungsmacht. Es kamen immer mehr Polen nach Schlesien, die Häuser und Land besetzten und die ehemaligen deutschen Besitzer für sich arbeiten ließen. Die Polen wollten Tatsachen schaffen, die dann im Potsdamer Abkommen vom 4. August 1945 vertraglich festgelegt wurden. Den Kreisauern war erst allmählich klar geworden, dass das Gebiet polnisch werden würde, denn sie waren von allen Nachrichten abgeschnitten. Freya konnte ihr Radio noch eine Weile verstecken – unter einem Tuch mitten im Wohnzimmer –, aber schließlich wurde auch dies konfisziert.

Doch war man nicht nur von den offiziellen Nachrichten abgeschnitten, auch private Informationen aus dem Westen kamen nicht mehr durch. Deshalb beschloss Freya im August 1945, nach Berlin zu reisen, in der Hoffnung, von dort aus schreiben zu können. Sie wusste nichts von ihrer Mutter oder ihren Brüdern, die ihrerseits nicht wussten, ob Freya und die Kinder noch am Leben waren. Rosemarie Reichwein war bereits im Juni 1945 in Berlin gewesen, um nicht nur für sich, sondern auch für Freya und Marion Yorck Ausweise als «Opfer des Faschismus» zu besorgen. Romai war allein mit dem Rad in Kreisau gestartet, bis ihr hinter Liegnitz ein Russe das Rad wegnahm. Weiter ging es zu Fuß oder mit Güterzügen, die mehr standen als fuhren, bis sie schließlich nach vier Tagen in Berlin eintraf. Hier lief sie von Mariendorf bis nach Zehlendorf, um das letzte Stück nach Wannsee zu ihrer Schwägerin mit dem Bus fahren zu können. In den folgenden Tagen marschierte sie quer durch das zerstörte Berlin, organisierte die Ausweise, besuchte Freunde und suchte eine Wohnung, in der sie nach ihrer geplanten Rückkehr leben konnte. Ihre Rückreise war so abenteuerlich und langwierig wie die Hinreise. Einen großen Teil ab Cottbus musste sie erneut zu Fuß zurücklegen.

Ähnlich erging es Freya, die auf verschiedenen Kohlezügen in zwei Tagen nach Berlin gelangte, wo sie sogar mit der Stadtbahn fahren konnte. Sie wollte in die Hortensienstraße, in das Haus von Marion Yorck. Die SS-Leute, die es seit Marions Haft bewohnt hatten, waren Hals über Kopf verschwunden. Freya konnte wieder dort leben, wenn sie in Berlin war. Oft jedoch war Marion mit ihrer Schwägerin Irene in Schlesien unterwegs, um dort zu helfen und Nachrichten zu überbringen. So auch jetzt wieder im August 1945, sodass die Haushälterin Freya beherbergte.

Von hier aus schrieb sie an ihre Mutter, ihren Bruder Carl in der Schweiz, an die englischen Freunde, den einflussreichen Lionel Curtis und die amerikanische Journalistin Dorothy Thompson. Lionel Curtis (1872–1955) war ein englischer Politiker und Publizist. Er war maßgeblich daran beteiligt, dass 1910 die Südafrikanische Union gegründet wurde, die als Dominion, als selbstverwaltete Kolonie, dem Britischen Empire angehörte. Später engagierte er, der für sein besonderes organisatorisches Geschick bekannt war, sich auch in Indien, wo er ähnlich wie in Südafrika an den gesetzlichen Grundlagen indischer Selbstverwaltung mitwirkte. Seit 1921 war er Fellow am All Souls College in Oxford, ein Umstand, den Curtis ausgiebig zu nutzen wusste; sein weitreichendes Beziehungsnetz war erst Helmuth zugute gekommen und nun Freya.

Dorothy Thompson (1893–1961) war eine Freundin Helmuths, die er in den zwanziger Jahren in Wien kennengelernt hatte. Von dort ging sie als Korrespondentin nach Berlin und war daher mit den deutschen Vorkriegsverhältnissen vertraut. Wegen ihrer kritischen Haltung gegenüber Hitler wurde sie 1934 ausgewiesen und engagierte sich in den USA für notleidende deutsche Exilanten. Sie war eine berühmte Kolumnistin, ihr Wort hatte während des Krieges Gewicht in Amerika. Von März bis September 1942 hatte man sie jeden Freitag im amerikanischen Sender CBS in einer Radiosendung mit dem Titel «Listen, Hans» hören können. Die Sendung war auf Kurzwelle in Deutschland zu empfangen. «Hans» war niemand anderes als Helmuth, von dem sie seit dem Ausbruch des Krieges nichts mehr gehört hatte. Dorothy Thompson wollte den Dialog zwischen Amerika und Deutschland, zwischen sich und Helmuth James von Moltke, aufrechterhalten – das hatte sie Helmuth 1938 versprochen, sollte der Krieg tatsächlich ausbrechen. Sie bemühte sich, den Zuhörern in den USA klarzumachen, dass man unterscheiden müsse zwischen Deutschen und Nationalsozialisten. Sie diskutierte die aktuellen politischen Entwicklungen in Absprache mit dem amerikanischen Kriegsministerium, ohne, wie sie betonte, Propagandistin der Regierung zu sein. Und sie stellte Fragen an die deutsche Seite, wohl wissend, dass «Hans» sie wahrscheinlich nicht hören würde, nicht hören konnte.

In Berlin suchte Freya englische und amerikanische Dienststellen auf und bat darum, ihre Briefe weiterzuleiten. Die Amerikaner gaben ihr schließlich amerikanische Soldatenverpflegung mit auf die Rückreise, nachdem sie sie nicht davon abhalten konnten, in die sowjetische Zone zurückzukehren. Man warnte sie eindringlich vor dieser gefährlichen Reise, aber Freya musste zurück zu ihren Söhnen. Diesmal war sie drei Tage und drei Nächte unterwegs, zunächst in leeren Kohlezügen; unter den gegebenen Umständen war das schon fast komfortabel zu nennen. Die Grenze wurde ohne Probleme passiert, doch wenig später zwang die polnische Miliz alle Deutschen zum Verlassen des Zuges. Sie wurden zu Fuß zur Grenze zurückgetrieben. Hier tat nun Romais Ausweis für die «Opfer des Faschismus» seine Wirkung. Freya selbst hatte sich in Berlin noch eine zweite Bescheinigung vom Magistrat ausstellen lassen, die besagte, sie sei in Angelegenheiten ihres Mannes in Berlin gewesen und müsse nun zurück zu ihren Kindern. Mit diesen Papieren wurde sie durchgelassen. Doch die Polen wollten Freyas Begleiterin, Frau Raschke aus Kreisau, nicht erlauben mitzugehen, sie müsse wieder gen Westen. Mit Bestechung und etwas Glück gelangten sie zurück in den Zug nach Osten, nur um wenig später erneut hinausgeworfen zu werden. Der verantwortliche Pole auf dem Bahnhof erkannte sie aber, und sie durften noch einmal in den Zug einsteigen und kamen tatsächlich ein Stückchen vorwärts. Nachdem sie vor Erschöpfung eingeschlafen waren, stellten sie am nächsten Morgen fest, dass sie erst zwei Stunden von Berlin entfernt waren. Der Bahnhof Sorau, auf dem sie standen, war verstopft mit Zügen, es gab kein Vor und kein Zurück. Kurz entschlossen stiegen die zwei Frauen aus, um sich zu Fuß auf den Weg zu machen. Ein polnischer Panjewagen nahm sie dann mit bis zum nächsten Bahnhof Sagan. Der war so voll wie der vorherige. Was tun? Während die beiden noch überlegten, wurden sie von zwei Soldaten aus der Menge herausgewinkt und in ein Büro geführt. Was hatte das zu bedeuten? Sie sollten putzen! Die zwei deutschen Frauen waren ausgesucht worden, um das russische Büro zu wischen. Dafür erfuhren sie von den Russen, welcher der vielen Züge zuerst abfuhr. Mit verschiedenen Güter- und Personenzügen, hier allerdings auf dem Dach reisend, kamen sie endlich doch noch nach Kreisau, wo Caspar ihnen fröhlich entgegenkam und ganz unbekümmert sagte: «Ah, da bist du ja wieder, Reialie!»[16]

In Kreisau schien die Zeit stehengeblieben zu sein. Gutsinspektor Zeumer hatte sehr früh, bevor feste Grenzen zwischen der wiedererstandenen Tschechoslowakei und Deutschland etabliert worden waren, den Kreisauer Treck zurückgeholt. Alle Männer und Frauen des Dorfes waren unversehrt zurückgekehrt, man konnte also die Landwirtschaft wieder aufnehmen. Das Kreisauer Vieh war Anfang Februar von den Nazis abgeholt und geschlachtet worden. Doch es gab viel herrenloses Vieh am Ort, das jetzt in Kreisau stand. Freya fuhr nun wieder mit Zeumer über die Felder, so lange, bis die Polen einen Verwalter einsetzten, der die Leitung übernahm. Ein zweiter polnischer Verwalter, der Zeumer endgültig verdrängte, wurde dann der erste Leiter des polnischen Staatsgutes Krzyżowa, das bis 1989 bestand.

Es wurde allmählich klar, dass der von Helmuth bisweilen zitierte fiktive Russe Herr Serpuchow tatsächlich gekommen war, um zu bleiben, wenn auch in polnischer Gestalt. Die Deutschen wurden aus Schlesien vertrieben, und viele, die nicht verjagt wurden, flohen. Freya verlebte diesen Sommer in Kreisau wie im Traum – alles war unwirklich, aber die Realität brach sich Bahn, neue Verhältnisse etablierten sich, und Freya und Romai wurde klar, dass sie für den Winter in Krzyżowa nicht genug Vorräte haben würden, um zu überleben. Sie konnten nicht bleiben. Romai ging als Erste. Mit ihrer «unvergleichlichen Energie», so Freya, mit «Kraft und Zähigkeit nahm sie jetzt den Transport ihrer Kinder und so vieler Sachen wie möglich auf sich».[17] Die Reichweins fanden Platz in einem Zug und machten sich auf den gefahrvollen, langen Weg nach Berlin.

Kurz zuvor war der amerikanische Offizier Gero von Schulze-Gaevernitz nach Kreisau gekommen. Der aus Schlesien stammende junge Mann wollte nach dem benachbarten Gut seiner Eltern sehen, das die Familie verlassen hatte, als sie wegen der Nazis nach Amerika ging. Er ermahnte Freya eindringlich, Schlesien zu verlassen.

Zwei Wochen später, es muss Ende September 1945 gewesen sein, kamen zwei englische Offiziere in Kreisau an, eine erste Reaktion auf Freyas Briefe. Lionel Curtis, der Freyas Schreiben aus Berlin erhalten hatte, setzte alle Hebel in Bewegung, um Freya und die Kinder aus der sowjetischen Zone herauszuholen. Er hatte sich sogar direkt an den englischen Außenminister gewandt, der sich in Berlin kundig machte, wer das denn sei: Freya von Moltke? In Berlin konnte ihm ein guter englischer Bekannter von Helmuth James, Con O'Neill, positive Auskunft geben, sodass der Außenminister bereit war, Feldmarschall Montgomery einzuschalten: Er solle bei den Russen und den Polen anfragen, ob die Engländer die Moltkes in der russischen Zone abholen dürften? Und so geschah es. Fünfundsechzig Jahre später, im Jahre 2010, erschien in der *Prawda* ein Nachruf auf Freya von Moltke, in dem die Russen daran erinnerten, dass deren Ausreise ohne ihre freundliche Zustimmung nicht möglich gewesen wäre!

Mr. Hancock und Mr. Finch, die beiden erwähnten englischen Offiziere, waren im September 1945 von der englischen Botschaft in Warschau zu Freya gefahren, um sie von diesem Vorgang in Kenntnis zu setzen. Die Anfrage laufe, sie könnten nicht mehr sagen. Wenn Freya innerhalb vier Wochen nichts wieder von ihnen hören würde, dann müsse sie ihnen versprechen, auf eigene Faust den Weg in den Westen anzutreten.

Vier Wochen begannen, «sehr friedliche und schöne Herbstwochen, ein sonniger und stiller Oktober»,[18] die Freya die Möglichkeit gaben, sich von Kreisau zu verabschieden. Sie konnte Kreisau und ihre Kreisauer Jahre noch einmal in sich aufnehmen. Bedenkt man die Situation an vielen anderen Orten in Europa im Oktober 1945, so war dies ein außergewöhnliches Geschenk. Nach genau vier Wochen erschienen die Engländer mit zwei Wagen, um Personen und Hausrat transportieren zu können. Der Wagen wurde vollgepackt, sodass noch heute einige Stücke aus Kreisau der Familie von Moltke erhalten geblieben sind. Die schwierige deutsch-polnische Grenze konnte problemlos passiert werden. Innerhalb von sieben Stunden waren sie in Berlin.

Ein neues Leben anbahnen

Freya sollte Kreisau für die nächsten dreißig Jahre nicht wiedersehen. Der Abschied war ihr schwergefallen. Sie ahnte, dass er endgültig sein würde, wollte es aber noch nicht ganz wahrhaben. Peter Blake, ein amerikanischer Freund ihres Schwagers Willo, der sich im Westen ihrer annahm, vermutete sogar, wohl etwas übertrieben, dass «Freya, eine Frau von sonnigem Optimismus und vollkommen furchtlos», zu glauben schien, sie könne für immer in Kreisau bleiben.[19] Freya selbst hatte noch keine konkreten Pläne: Wenn sie erst im Westen sei, «wohin soll ich dann gehen?», hatte sie Poelchaus geschrieben.[20] «Ich wußte nicht, wohin ich wollte»,[21] erinnerte sie sich noch Jahrzehnte später. Berlin erschien ihr als das Naheliegendste, aber Peter Blake konnte sie davon überzeugen, dass es dort für sie zu gefährlich war. Der sowjetische Geheimdienst hatte ein misstrauisches Auge auf Überlebende des 20. Juli, die er generell für prowestlich, also antikommunistisch hielt. Es hatte bereits Fälle von Entführungen gegeben. Horst von Einsiedel,

«Me, just coming out of Kreisau» steht auf der Rückseite dieses Photos aus dem Jahr 1945.

der trotz seiner Mitgliedschaft im Kreisauer Kreis zunächst überlebt hatte, war im Oktober 1945 von der sowjetischen Geheimpolizei verhaftet worden; er ist vermutlich 1948 in dem mittlerweile von den Russen genutzten Lager Sachsenhausen umgekommen. Daher wurde also beschlossen, Freya und die Kinder nach Frankfurt am Main zu bringen, wo ihr Bruder Hans zu der Zeit lebte. Wie aber konnte man vorgehen? Wären die drei Moltkes mit dem Zug gereist, hätten sie unweigerlich die russische Zone durchqueren müssen und wären von den Russen kontrolliert und vielleicht gefangen genommen worden. Es war also klüger zu fliegen, der Flugverkehr war jedoch ausschließlich den Alliierten vorbehalten, Blake konnte fliegen, Freya nicht. Daher kam ihm der Gedanke, seine drei Schützlinge zu verhaften. Und so gab er vor, sie nach Frankfurt in das amerikanische Hauptquartier zu bringen, um sie – vermeintlich – zu vernehmen. Er lieferte sie aber am

Abend des 23. November 1945 bei Hans Deichmann ab. Bruder und Schwester hatten sich das letzte Mal im November 1944 am Bahnhof Friedrichstraße in Berlin gesehen.

Hans brachte Freya Anfang Dezember nach Bad Godesberg zu ihrer Mutter. Sie fuhren aber bald wieder zurück nach Frankfurt. Ein amerikanischer Militärjeep brachte Freya und die Kinder in die Schweiz. Die amerikanischen Freunde hatten die nötigen Papiere besorgt, um durch die französische Zone und dorthin reisen zu können, wo der zweite Bruder Carl lebte. Er holte sie in Basel ab, und sie verbrachten Weihnachten 1945 bei ihm in Bern.

Im neuen Jahr konnte Freya ihre beiden Söhne in Gstaad bei Illemie Steengracht lassen, einer Freundin von Carl Deichmann. Deren Sohn Adrian hatte ab 1941 für fast zwei Jahre in Kreisau gelebt, um vor Bomben geschützt zu sein. Freya fuhr nach Deutschland: «Sie [die Söhne] sind ideal untergebracht und ich bin frei, das neue Leben irgendwie anzubahnen»,[22] hatte Freya im November 1945 an ihre Schwägerin Asta geschrieben, die noch in Schleswig-Holstein war. Peter Blake berichtet in seinen Erinnerungen, dass Freya zunächst einmal eine Weile in Berlin bleiben wollte, um sich der Überlebenden des Widerstands aus dem Umfeld des 20. Juli anzunehmen, «who were trying to reconstruct their shattered lives», wie Blake es beschrieb.[23] «Wir waren ohne Existenz, Geld ist gar nicht der richtige Ausdruck»,[24] so bezeichnete es Freya im Rückblick.

Sie könnte eine Informationsbörse für die Hinterbliebenen einrichten, stellte Freya sich ihren Hilfsbeitrag in diesen schwierigen Zeiten vor, und wohl auch für die Flüchtlinge aus Kreisau, die im August 1946 im Westen ankamen. Die Kommunikation per Post oder Telefon funktionierte nach wie vor nicht oder nicht gut. Den Deutschen waren von den Alliierten Reisebeschränkungen auferlegt worden, sie konnten nicht ohne weiteres Zug, Auto oder Flugzeug benutzen. Und sie durften das Land nicht verlassen, was sich als ein großes Problem für Rosemarie Reichwein herausstellte. Freunde aus Schweden hatten sie offiziell eingeladen, zu ihnen zu kommen, um ihre Kinder dort durch den Winter zu bringen. Trotzdem gelang es ihr nur unter großen Mühen, eine Ausreiseerlaubnis zu erhalten.

Obwohl «mich auch Berlin als Wohnort immer noch lockt», war Freya entschlossen, irgendwann noch einmal nach Kreisau zurückzukehren: «Ich bin auch so weggegangen, dass ich gleich wiederkommen würde und ich werde es auch bestimmt tun. Irgendwie komme ich schon wieder über die verdammte Neisse.» Sie wollte unbedingt zurück, «weil» – so glaubte sie – «alle dort noch auf mich warten».[25] So wie auf Marion Yorck und deren Schwägerin Irene, die seit Kriegsende ihre Kontakte nach Schlesien weiter pflegten und mehrfach von Berlin aus in Schlesien gewesen waren. Marion beschrieb in ihren Erinnerungen, wie sehr die Menschen sich gefreut hätten, sie zu sehen, «denn sie waren ja von allem abgeschnitten, hatten kein Telefon, keine Post, keine Zeitung, kein Radio und wußten nichts».[26] Oft übernachteten sie auf diesen Touren im Kreisauer Berghaus, auch nachdem Freya nicht mehr da war. Aber im Januar 1946 waren sie dort von Polen verhaftet worden.[27] «Was die Polen nun von uns wollten, wußte kein Mensch»,[28] schrieb Marion rückblickend. Freya vermutete, die beiden seien verhaftet worden, «weil ich gesucht wurde», diese beiden Frauen, «die doch gar nicht Moltke, sondern Yorck hiessen und die immer wieder klar gemacht hatten, dass sie nichts, aber auch garnichts mit den Amis und Engländern zu tun hätten. Das ist es nämlich, was sie an mir so gefährlich finden.» Vielleicht dachten sie ja, Freya sei ein «kostbarer Spion oder Agent». Die Akten des englischen Außenministeriums stützen diese Vermutung.[29] Außerdem glaubte Freya, dass die Polen der Ansicht seien, «da ich von den Engländern geholt wurde, dass ich viel Gold in Kreisau hatte, was ihnen so entgangen ist».[30] Marion und Irene Yorck saßen zunächst in Schweidnitz, dann in Warschau im Gefängnis, wo sie von einem russischen Obersten verhört wurden. Der schickte sie zurück nach Breslau, wo man anscheinend gar nichts mit ihnen anzufangen wusste. Im Westen galten sie als vermisst. Freya hatte ihre englischen Kontakte genutzt, um nach ihnen suchen zu lassen, jedoch erfolglos. Zwar gab es ein Schreiben der Engländer nach Warschau, aber schließlich, Mitte März, wurden die beiden Frauen ohne Begründung und ohne Berücksichtigung des englischen Einspruchs plötzlich freigelassen. Das Foreign Office berichtete nach Berlin, man habe aus Warschau gehört, die «Countess Yorck and her sister», wie man fälschlicherweise annahm (Irene war ihre Schwägerin), seien freigelassen worden. Dies wolle man so akzeptieren. «Ich nehme an, sie werden vertrieben, wie der Rest der deutschen Bevölkerung auch», hieß es in dem englischen Schreiben und weiter: Man müsse sehr vorsichtig sein, um nicht bei den Polen in den Verdacht zu geraten, deutsch-freundlich zu sein, wie es von ihrer Propaganda ständig behauptet wurde.[31] Mit Hilfe der Caritas kamen Marion und Irene Yorck nach Berlin zurück, und für Freya war nun klar: «Rückkehr ist für mich völlig ausgeschlossen.»[32]

«Das neue Leben irgendwie anzubahnen»[33] – wie konnte das aussehen? Freya fuhr zu ihren Kreisauer Freunden in die Westzone, um sich mit ihnen zu besprechen. Ihr erster Anlaufpunkt im Februar 1946 war Eugen Gerstenmaier in Stuttgart, wohl nicht nur aus geographischen Gründen ihr erstes Ziel von der Schweiz aus. Der Theologe Gerstenmaier war 1944 im selben Gefängnis gewesen wie Helmuth James von Moltke. Mit seiner Frau Brigitte hatte Freya viel Zeit bei Poelchaus in Berlin verbracht. Der rührige Schwabe hatte schon im Gefängnis Tegel den Aufbau eines Hilfswerks geplant, weil ihm klar war, dass die Not nach dem Krieg schnell und gezielt bekämpft werden musste. Ein Schwerpunkt der Arbeit dieses Hilfswerks der evangelischen Kirche in Deutschland war die Unterstützung der Flüchtlinge und Vertriebenen; außerdem der Bau von Wohnungen, Alten- und Lehrlingsheimen. «Eugen beherrscht das Ganze mit ungeheurer Energie und viel Verstand und Herz. Er ist schon ein ungewöhnlicher Mann.»[34] Ein besonderes Programm widmete sich der Errichtung von Notkirchen, die im zerstörten Deutschland für die geistliche Versorgung dringend gebraucht wurden. Der Weg, den Gerstenmaier einschlug, war der, dass er jede Gemeinde und jedes Gemeindeglied zu tatkräftiger Mitarbeit anzuregen suchte.[35] Auch Freya wollte mitarbeiten am Aufbau des neuen Deutschland. Sie hatte schon kurz nach ihrer Ankunft im Westen, noch von Frankfurt aus, mit Gerstenmaier Kontakt aufgenommen und sich für den Januar 1946 bei ihm in Stuttgart angekündigt. Gerstenmaier wiederum rechnete fest mit ihr und hatte Wohnung und Zuzug für sie in Stuttgart beantragt.

Im Anschluss fuhr Freya weiter nach Berlin. Sie wollte dort die Poelchaus besuchen, die das Kriegsende seit Ostern 1945 in der Nähe von Frankfurt abgewartet hatten. Harald Poelchau war ab August 1945 für etwa ein Jahr der erste Generalsekretär von Gerstenmaiers Hilfswerk. Von Dorothee Poelchau sind zwei Briefe aus dem Jahr 1945 erhalten, die sie an Asta von Moltke schrieb, um ihr mitzuteilen, dass sie Nachricht von Astas Mann Wend Wendland hatte. Beide Briefe illustrieren sehr schön die oben genannten Schwierigkeiten der Informationsübermittlung in der unmittelbaren Nachkriegszeit. Dorothee Poelchau informierte Asta gleich «über das Neueste», das wiederum Harald Poelchau seiner Frau mitgeteilt hatte: «Gestern kam ein amerik[anischer] Leutnant [Peter Blake], Ingenieur, ca. 30. J. alt, ein naher Freund von Willo, der jetzt auch amerik[anischer] Leutnant ist u. ihm geschrieben hatte, er möchte doch feststellen, ob sein Bruder wirklich tot sei u. wie es Freya gehe. Er lag in Bad Wildungen, hatte dort im Vorbeifahren den Namen Solz gelesen u. war dadurch zu Clarita gekommen. Die hatte ihn zu mir [Harald Poelchau] geschickt nach Wiesbaden. Hier traf er an der Kirche Pfarrer Borngässer (einst in Tegel!), der meine frühere Wiesbadener Adr. wusste u. von dort wurde er zu mir gewiesen. Er sprach fliessend deutsch u. war ein ungewöhnlich aufgeschlossener Mann u. sein Besuch eine rechte Freude. Ich gab ihm gleich einen Brief an Willo mit, der versuchen will, sich zur Besatzungsarmee versetzen zu lassen.» Asta war froh, Nachricht von ihrem Bruder Willo zu erhalten. Dorothee Poelchau berichtete auch, dass sie auf Umwegen einen Brief von Freya erhalten hätten. «Ach, hoffentlich sehen wir sie bald einmal. Man hat ja solche Sehnsucht nach ihr, nicht wahr?»[36] Freya ihrerseits hatte im selben Jahr ebenfalls an Asta geschrieben: «Ich habe mir klar gemacht, dass es nur 4 Menschen sind, nach denen ich Sehnsucht habe, wirkliche Sehnsucht: Du, meine Mutter und P. s [Poelchaus].»[37]

Nun endlich, ein Jahr nach diesen Briefen, konnten sich Freya und die «P. s» in Berlin wiedersehen. Zumindest Harald Poelchau muss sie in Berlin im Februar/März 1946 getroffen haben. Er war es, erinnerte sich Freya, der ihr empfahl, Barbara von Haeften, die Frau des hingerichteten Hans Bernd von Haeften, in Mecklenburg zu besuchen. Denn die war mittlerweile ganz allein mit ihren Kindern auf dem Gut ihrer Eltern; das Gut Grammertin lag inmitten der Mecklenburgischen Seenplatte, südöstlich von Neustrelitz. Die Eltern, Julius und Ada Curtius, waren als Gutsbesitzer von den Russen vertrieben worden. Ihre jüngste Schwester Christel hatte sich wegen der Vergewaltigungen das Leben genommen. Barbara von Haeften konnte als «Opfer des Faschismus» bleiben. Sie plante, zu Verwandten an den Bodensee zu gehen, wusste aber noch nicht, wie sie es bewerkstelligen sollte. Freya kam am 27. März überraschend nach Grammertin. Barbara von Haeften bat sie am nächsten Tag, auf dem Rückweg ihre beiden jüngsten Kinder mit nach Berlin zu nehmen, wo ihre Eltern jetzt lebten. Außerdem schmuggelte Freya auf abenteuerliche Weise den Schmuck von Barbaras Mutter Ada Curtius nach Berlin. Am 28. März 1946 lieferte sie Kinder und Pretiosen sicher ab. Sie wohnte wie immer in Berlin in der Hortensienstraße, wo Marion und Irene Yorck, die inzwischen aus dem polnischen Gefängnis entlassen worden waren, wieder eingetroffen waren. Der nächste Tag, der 29. März, war Freyas fünfunddreißigster Geburtstag, sie berichtete Asta nach Schleswig-Holstein: «Denke Dir, an meinem Geburtstag assen wir eine Büchse Schinken aus Kreisau, ein Glas Honig – das Letzte – und Reis aus Kreisau gab es auch. Das war doch wohl schön. Die beiden hatten es extra für den Zweck hierhin mitgeschleppt.»[38] Ostern feierte sie mit den Poelchaus und besuchte dann im April 1946 endlich Asta auf Gut Testorf. Unterwegs machte sie Station in Hamburg bei dem Kreisauer Weggefährten Theodor Steltzer, der dort als Oberpräsident wieder politisch tätig war. Jowo, der zweitälteste Moltke, ließ sich vorläufig in Kiel nieder. Willo, der mit der amerikanischen Armee im Pazifik gekämpft hatte, bemühte sich, nach Deutschland versetzt zu werden, um nach fast zehn Jahren seine überlebenden Geschwister zu sehen. Er kam im Oktober 1946, kehrte aber dauerhaft in die USA zurück und machte dort Karriere als Professor für Städteplanung an der Harvard University. Von Schleswig-Holstein aus reiste Freya weiter nach Godesberg zu ihrer Mutter und schrieb von dort aus am 17. Mai 1946 an Asta: «Es waren überhaupt sehr schöne Tage für mich bei Euch. Ich habe es sehr genossen. Ich fühlte mich so schön zusammengehörig mit Euch und es war auch beinahe befriedigend für mich zu sehen, wie schwer das letzte Jahr für Dich gewesen ist, weil Du so wirklich und richtig auch mir darin zur Seite gestanden bist. Das habe ich jetzt erst hinterher richtig gemerkt.»[39] Nach einer Woche ging es weiter nach Dornholzhausen bei Frankfurt zu ihrem Bruder Hans. Dort besorgte sich Freya das Visum für die Schweiz und gleich ein Wiedereinreise-Permit nach Deutschland: «Meine Papiere regelten sich spielend. Ich bin bereits im Besitze eines Visums und eines bis 1.8. Das Visum ist nur für 14 Tage, aber das bekomme ich in der Schweiz ohne weiteres verlängert.»[40] Von dort aus fuhr sie noch einmal für zwei Wochen zu den Gerstenmaiers nach Stuttgart, bevor sie im Juni 1946 zurück in die Schweiz reiste.

Was die Gespräche mit Gerstenmaier ergeben haben, ist unklar. Gerstenmaier hätte Freya gerne als Mitarbeiterin für sein Hilfswerk gewonnen: «Ich bin quasi als seine Aussenpolitikerin für Flüchtlings- und [...] Emigrationsfragen gedacht»,[41] schrieb sie nach ihrem ersten Besuch in Stuttgart an Asta. Aber Freya zögerte, ließ sich nicht festlegen, jedenfalls für den Moment nicht. Es war nicht ganz sicher, wo sie ihre Söhne auf Dauer hätte lassen können, wenn sie voll berufstätig geworden wäre, was Gerstenmaier sicher vorschwebte. Aber die Söhne hatten Vorrang, so viel war klar.

Schon vor ihrer Abreise nach Deutschland hatte sie im Februar 1946 Willo berichtet, sein Bruder Jowo werde versuchen, nach Südafrika zu gelangen. «Es ist ein guter Plan für ihn, denke ich»,[42] fügte sie an, und es wird deutlich: Südafrika war zunächst keine Option für Freya. Jowo selbst bekam keine Ausreise- oder keine Einreisegenehmigung, das lässt sich nicht klären. Deshalb hatte er vorgeschlagen, Willo solle nach Südafrika fahren, um sich dort nach dem Erbe der Großeltern zu erkundigen. Granny und Daddy waren mittlerweile gestorben. Sie hatten ihr gesamtes Vermögen, Hab und Gut den Enkelkindern vermacht. Noch auf Anraten von Helmuth James war alles in einen Trust eingebracht worden, der treuhänderisch verwaltet wurde. Auf diesem Wege, so hatte er richtig vorausgesehen, konnte nichts davon als Feindvermögen beschlagnahmt werden.

Jan Smuts, ein führender südafrikanischer Politiker der pro-britischen Seite und seit 1939 südafrikanischer Premierminister, hatte schon bei Freyas erstem kurzen Aufenthalt in Berlin im August 1945 bei ihr anfragen lassen, ob sie nach Südafrika kommen wolle. Er kannte natürlich die Familie des obersten Richters James Rose Innes, er kannte Freyas Schwiegermutter Dorothy, und er kannte Freya von ihren Reisen mit Helmuth in den Jahren 1934 und 1937. Die Idee scheint bei Freya zunächst nicht auf fruchtbaren Boden gefallen zu sein. Aber Smuts ließ nicht locker und sandte eine erneute Anfrage in die Schweiz. Leider liegt es im Dunkeln, wie diese Kontaktaufnahme zustande kam. Dann muss langsam der Plan in ihr gereift sein, wenigstens den kommenden Winter in Südafrika zu verbringen, um nach dem Rechten zu sehen. Noch war nicht geklärt, wann Willo aus der amerikanischen Armee entlassen würde und frei reisen konnte. Sie war offensichtlich diejenige, die dort am ehesten hingelangen konnte. Deshalb hatte sie schon im Juni oder Juli 1946 eine Freundin der Großeltern, Petronella van Heerden, genannt Nan, gebeten, sie bei der Vorbereitung eines Besuchs in Südafrika zu unterstützen.

Dr. Petronella van Heerden (1887–1975) war die Tochter eines Buren aus Bethlehem im Oranje-Freistaat, die ihre Schulbildung wegen finanzieller Schwierigkeiten im Elternhaus vorzeitig abbrechen musste. Durch Zähigkeit und Fleiß, zwei Eigenschaften, die sie ihr Leben lang auszeichnen sollten, gelang es ihr aber doch, einen Schulabschluss zu machen. Mit einem Stipendium konnte sie von 1908 bis 1915 in Amsterdam Medizin studieren. In einem weiteren Jahr legte sie auch noch ein medizinisches Examen in Cambridge ab und kehrte 1916 nach Südafrika zurück. Nach nur sechs Monaten Arbeit im Krankenhaus in Bloemfontain – als erste burische Ärztin in Südafrika – eröffnete sie ihre eigene Praxis in Harrismith. 1921 ging sie noch einmal für zwei Jahre nach Amsterdam, um Gynäkologin zu werden und zu promovieren. Seit 1923 arbeitete sie in ihrer Praxis, von jetzt an in Kapstadt, und engagierte sich politisch für die Afrikaanse Nationale Partei. Insbesondere setzte sie sich für das Frauenwahlrecht ein. 1942 gab sie ihre Praxis aus gesundheitlichen Gründen auf und kaufte eine Farm in Grootfontein in der Nähe von Harrismith. Dort waren Freya und die Söhne nicht nur zu Beginn ihres Aufenthalts in Südafrika gerne zu Gast.[43]

Am 24. August 1946 kam ein Telegramm von Nan: «Everything arranged.»[44] Einen Tag später schrieb Freya an Willo: «Ich möchte nach wie vor nur kurz nach S. A. gehen, weil ich das Gefühl habe, dass wirklich einer von uns hin müsste und es nur Du oder ich sein könnte. Nun könnte ich vielleicht Eugen G[erstenmaier] und seiner Arbeit nützlich sein, wenn ich führe, so hatte ich es eigentlich darauf angelegt, den kommenden Winter mit den Jungen auf Reisen in S. A. zu verbringen. D. h. ich wollte die Jungen auf Nans Farm parken und selbst erledigen, was ich gerne erledigen möchte und dann wieder nach Deutschland kommen, denn dorthin zieht es mich aus vielen Gründen doch wieder zurück. Ich glaube auch garnicht mehr, dass Europa so furchtbar interessant in der Zukunft sein wird. Es wird dort für junge Menschen vielleicht nicht so aussichtsreich sein, aber eben doch unser altes Europa, von dem ich mich jedenfalls noch nicht losmachen kann. Weil es aber nicht mehr so interessant ist, wird es auch für Atombömbchen und ähnliche Mätzchen nicht mehr so interessant sein.»[45] Auch an

Gerstenmaier schrieb sie zwei Tage später, «ich sollte doch England und Südafrika erst hinter mich bringen und dann erst wiederkommen».[46] Ihre Entscheidung, den Winter über nach Südafrika zu reisen, war gefallen.

Den Sommer verbrachte Freya mit ihren Söhnen und mit Carl Deichmann, der in Locarno ein Haus gemietet hatte, im Tessin. Sie machten dort den August über Ferien. Auch Julian Frisby war dabei, der treue Freund der Familie – «Julian gehört ganz dazu»[47] –, der zu Hause in England in engem Kontakt mit den anderen englischen Freunden Freyas stand, Lionel Curtis und Michael Balfour. Julian wird ihr, wie Peter Blake, zugeredet haben, für längere Zeit nach Südafrika zu gehen. Peter hatte an Julian Frisby geschrieben, dass er Freya sehr gedrängt habe, nach Südafrika zu gehen, um dort ihre Kinder in Ruhe erziehen und ausreichend ernähren zu können.[48] Der amerikanische Leutnant Peter Blake war es übrigens auch, der sich darum kümmerte, dass man in der britischen Besatzungszone, wo Freyas Mutter Ada immer noch in Godesberg lebte, eine schützende Hand über die alte Dame hielt.

Die Einreise nach Südafrika war leichter zu regeln als die nach England, von wo aus sie die Reise nach Südafrika antreten musste, per Schiff von Southampton aus. Obwohl die englischen Freunde sich vehement für Freya einsetzten, waren die englischen Behörden misstrauisch gegenüber Deutschen, und nicht jeder Angehörige der englischen Bürokratie wusste, wer Helmuth James von Moltke gewesen war. Auch der britische Geheimdienst war nicht immer umfassend informiert. So glaubte man dort noch am 18. Juli 1945 nicht, dass Helmuth tot sei. Das Hauptargument, das dafür spräche, sei allerdings, dass er seit der deutschen Kapitulation noch nirgends wieder aufgetaucht sei.[49] Hartnäckig hielten sich in verschiedenen Schreiben Gerüchte über seine Flucht, was wohl mit einer Falschmeldung vom 7. Februar 1945 im *Daily Telegraph* zusammenhing. Dort war zu lesen gewesen, Helmuth James von Moltke habe nach einem Luftangriff auf Berlin aus dem Gestapo-Gefängnis fliehen können.[50]

In dem Antrag für das Visum, der von Lionel Curtis tatkräftig begleitet wurde, gab Freya nun als Begründung an, dass sie alte Freunde in England besuchen wolle und dass Geldangelegenheiten zu regeln seien. Die Moltkes hatten noch ein Konto bei Barclay's Bank, wahrscheinlich aus Helmuths Londoner Zeit. Freya, die auf die Unterstützung durch ihren Bruder Carl angewiesen war – «Carls Großzügigkeit ist unbegrenzt»[51] –, wollte Geld in die Schweiz transferieren. Außerdem sollten Gespräche mit der Oxford University Press geführt werden, um dort Helmuths Abschiedsbriefe zum ersten Mal zu veröffentlichen. Für einen «sehr fadenscheinigen Grund»[52] hielt dies der zuständige Beamte. Sein Fazit lautete: Visum ja, aber «von Moltkes arrival should be reported to the M.I.5 immediately».[53] Der britische Geheimdienst M.I.5 beobachtete jede ihrer Bewegungen in England genau. Bei der Einreise wurde festgestellt: «Alien was in possession of a Swiss return visa.»[54] Allerdings hatte der einreisende «Alien», so die offizielle Nomenklatur für die Angehörigen einer ehemals feindlichen Macht, ein Dossier in der Tasche mit dem Titel: «Settling of Germans from South East Europe to Colonies in Africa», Ansiedlung von Deutschen aus Südosteuropa in afrikanischen Kolonien. Das veranlasste den Kontrollbeamten zu der Bemerkung, dass «this lady who, of course, comes from ‹Nationalist› circles», wohl einen ersten Schritt in Richtung Propaganda einschlage, indem sie in den christlichen Bewegungen hier im Land Mitleid zu erregen suche.[55] Über dieses Dossier ist nichts weiter bekannt. Es liegt allerdings nahe anzunehmen, dass es von Freya verfasst wurde, um sich damit für die Flüchtlinge und Vertriebenen aus dem Osten einzusetzen. Die Idee, diese Menschen in Afrika anzusiedeln, ist jedoch in der bundesdeutschen Nachkriegspolitik nicht diskutiert worden und scheint ihr privater Plan gewesen zu sein.

«Ich flog 2½ Stunden von Zürich hier herüber und es war recht erstaunlich nach so wenigen Stunden per Bus durch die Strassen Londons zu fahren. Um halb 9 wusste ich noch nicht, ob ich noch Platz bekommen würde, um 12 war ich hier; da es genau am 18. Okt. [ihr Hochzeitstag] geschah, schien es mir angemessen»,[56] schrieb Freya an Asta von London aus. Sie traf jetzt nach sieben Jahren Lionel Curtis und seine Frau Gladys Edna, genannt Pat, wieder. Sie sah Michael Balfour (1908–1995) und seine Frau Grizel. Auch die Balfours waren einst, wie Julian Frisby, zu Zeiten von Dorothy von Moltke als Pensionsgäste nach Kreisau gekommen und wurden zu engen Freunden der Familie. Frisby wurde der Pate von Helmuth Caspar, und Balfour übernahm 1941 die Patenschaft für Konrad, sah ihn aber erst 1946.

Während des Krieges arbeitete Michael Balfour für den englischen Geheimdienst, später wurde er dann Professor für Geschichte an der University of East Anglia. Außerdem besuchte Freya ihre Verwandten mütterlicherseits, die Familie von Schröder. Tante Emma und ihr Mann lebten nicht mehr, aber die Vettern und Kusinen waren noch in London.

Auch Freyas geschäftliche Angelegenheiten ließen sich regeln. Am 1. November 1946 konnte sie an Asta melden: «Ich kann jetzt von hier Geld nach der Schweiz mitnehmen und davon kannst du dort leben und es braucht nicht Carl zu machen.» Die zwei hatten sich ausgedacht, Asta mit ihrem kleinen Kind könne zu ihr in die Schweiz kommen. Denn Freya war der Ansicht: «Nein, ich bin noch lange nicht fort und wir werden sicher in der Schweiz mit den Kindern zusammen sein!»[57] Es hatte sich nämlich herausgestellt, dass sie nun, nachdem sie alle Papiere zusammenhatte, gar nicht fahren konnte, weil alle Schiffspassagen nach Südafrika für die nächsten drei Jahre ausgebucht zu sein schienen.[58] Selbst einen Platz im Flugzeug, ein zu diesem Zeitpunkt noch deutlich teureres und ungewöhnlicheres Verkehrsmittel für diese lange Reise, hätte sie nicht vor Mai oder Juni bekommen können.[59] Am 12. November 1946 kehrte Freya daher wieder in die Schweiz zurück.

Doch dann kam am 2. Dezember ein Telegramm aus London, vom High Commissioner persönlich. Er bot Freya und den Kindern eine Passage nach Südafrika für den Januar 1947 an. Freyas Kommentar: «Die Südafrikaner haben sich mal wieder enorm angestrengt.» Dieses Angebot konnte sie nicht ablehnen, auch wenn es ihr sehr schwer fiel: «Ach, Marinkchen [Asta], ich trenne mich gar nicht gerne von Europa. Ohne die Söhne brächte ich es überhaupt nicht fertig, aber mit ihnen bin ich ja eigentlich vogelfrei, was mein Herz angeht, nichts bindet mich wirklich fest, vieles bindet mich genug, dass es mir den Abschied schwer macht und die Trennung von Dir, Marinkchen wird mir immer schwerer.»[60] Am 29. Dezember 1946 flog die kleine dreiköpfige Familie nach London. Diesmal wurden sie von David Astor (1912–2001) empfangen, einem englischen Bekannten. Er war vor allem ein Freund von Adam von Trott zu Solz, der Moltke 1939 bei ihm eingeführt hatte.[61] Astor war Herausgeber des *Observer*, der unter seiner Ägide (1948–1975) eine liberale Zeitung war, in der er zum Beispiel gegen Kolonialismus, gegen Apartheid, gegen die Todesstrafe und gegen

Zensur eintrat. Er hatte den Kontakt zu Freya aufgenommen und sie zu sich eingeladen. Später schickte er Freya regelmäßig seine Sonntagszeitung nach Südafrika. In London trafen sie und die Kinder Lionel Curtis und seine Frau ebenso wie die Bielenbergs. Peter und Christabel Bielenberg hatten während des Krieges in Berlin gelebt. Sie waren Freunde von Adam von Trott, an den Chris Bielenberg in ihrem Buch *Als ich Deutsche war* erinnert.[62]

Am 9. Januar 1947 legten Freya und ihre Söhne in Southampton ab. Das Schiff war im Krieg Truppentransporter gewesen und war das erste Passagierschiff, das nach acht Jahren wieder in den Hafen von Kapstadt einlief. Sie erreichten Südafrika am 23. Januar 1947, auf den Tag genau zwei Jahre nach der Hinrichtung Helmuth James von Moltkes in Berlin.

In Südafrika, 1947–1956

Freya wollte nicht nach Südafrika gehen, sie tat es ihren Söhnen zuliebe. Aber der Kontrast zwischen dem Kap und dem zerstörten Europa muss so groß gewesen sein, dass sie sich schon im Laufe der ersten Monate des Jahres 1947 entschied, länger zu bleiben. «Wie lang, das weiss ich nicht.» Im Mai 1947 schrieb sie an Gerstenmaier, der beim englischen Geheimdienst unter «Rev. Gersten Mayer»[63] firmierte: «Ich habe Sehnsucht nach Euch, nach Stuttgart, nach Deutschland, nach England – nach Berlin. Und warum kommt sie nicht, werdet Ihr sagen? Weil es meine Kinder hier zu ideal haben. Nicht übertrieben, eben richtig. Hier, wo wir jetzt sind, ist es so wie in Kreisau für sie, natürlich, unverwöhnt, gesund und richtig und sie sind lustig, kräftig, glücklich und bubenhaft. Daraus kann ich sie nicht gleich reissen, um sie in das schwierige Europa zurückzubringen, wo sie noch früh genug hinkommen werden, denn hin ziehts mich mit Macht, ich kann mir nicht helfen und zieht mich noch immer, weil ich mich so ganz und gar dazugehörig fühle, weil ich auf die Sicherheit und die Bequemlichkeit pfeiffe, weil ich kein neues Leben anfangen, sondern ein altes weiterleben will. Aber die Welt ist gross und wir haben mehr Zeit als wir denken, ja die Ewigkeit gehört uns, daher habe ich Sehnsucht und bleibe noch länger hier. Wie lang, das weiss ich nicht.»[64]

Die «Söhnchen» Helmuth Caspar und Konrad, 1949

Bei ihrer Ankunft in Kapstadt wurden sie von einem Freund der Familie, Sir Patrick Duncan, abgeholt, einem einflussreichen südafrikanischen Politiker, einem Mitstreiter von Lionel Curtis und wie dieser Mitglied des britisch-südafrikanischen Establishments. Außerdem kamen ein alter Verwandter, Onkel Cecil Rose Innes, und ein Mitarbeiter des Syfrets Trusts, der das großelterliche Erbe verwaltete. Im ersten Monat in Kapstadt lebten sie in einem Appartement einer Freundin, Jean van der Poel, zusammen mit der schwarzen Haushälterin der Großeltern, von der nur der Name Elli bekannt ist. Elli hatte nach dem Tod von Granny und Daddy auf die persönlichen Sachen der Rose Innes' Acht gegeben, von denen sie wusste, dass die Enkel daran hängen würden. Die Söhne gingen in diesen vier Wochen in eine nahe gelegene Montessori-Schule.

Im Anschluss waren sie ab März 1947, wie geplant, auf der Farm der Freundin Nan van Heerden im Freistaat Oranje im Landesinneren untergekommen. Aber schon im Juli 1947 kam ein Brief an Gerstenmaiers wieder aus Kapstadt. Eugen hatte nach ihren Zukunftsplänen gefragt, und Freya antwortete, «wenn ich in der Waagerechten denke habe ich oft Sehnsucht und bin einsam, denke ich in der Senkrechten, so geht es mir ausgezeichnet und ich finde über die Senkrechte nicht nur Deine und meine Liebe, sondern auch Euch alle da drüben. Das ist der bessere Zustand und ich bin voller Dankbarkeit festzustellen, dass er überwiegt. In ihm kann ich bis auf weiteres in diesem Land bleiben – nur mit ihm, denn ich fühle mich bei Euch zu Hause.» Sie habe sich, erklärte sie in dem Brief weiter, während der Zeit auf der Farm in Oranje dazu entschlossen, nach Kapstadt zu gehen, die Kinder dort auf die Schule zu schicken und abzuwarten. Seitdem sie diesen «Denkschritt» unternommen habe, habe sich alles so gut entwickelt, dass sie in zwei Tagen ein «winziges Häuschen» beziehen könne. Es war das Gärtnerhaus zu einem größeren Anwesen, das an einer Privatstraße lag: «Zwei Zimmer, Küch-lein und Bad-lein, Gärtchen, Höfchen, Strohdach, das ganze 5 Minuten von Caspars Schule. […] Immerhin wird es so, dass die Jungen das Gefühl haben werden, wieder zu Hause zu sein und an der Wand des Wohnzimmers wird ein Bild vom Feldmarschall [von Moltke] hängen – ein recht gutes – das ich hier plötzlich geschenkt bekam, eine Kinderskizze vom Berghaus, die mein Schwager Willo machte und ein Aquarell aus dem Dorf in Kreisau, das eine alte Freundin meiner Schwiegermutter einmal in Kreisau machte – und damit sind wir zu Hause! *Vorläufig* jedenfalls.»[65]

In was für ein Land war Freya gekommen? Südafrika war in der ersten Hälfte des zwanzigsten Jahrhunderts stark bestimmt von dem Gegensatz zwischen den niederländisch geprägten Buren und der englischsprachigen Bevölkerung. Die Kapkolonie war ursprünglich niederländisch gewesen. Die Briten hatten sie zu Beginn des neunzehnten Jahrhunderts erobert und mit dem Abschluss der sogenannten Burenkriege 1902 ihre Vorherrschaft im ganzen Land gesichert. Unter maßgeblicher Beteiligung von Helmuths und Freyas Freund Lionel Curtis schlossen sich die höchst unterschiedlichen, jeweils burisch oder britisch geprägten Landesteile 1910 zur Südafrikanischen Union zusammen. Ein anderer wichtiger Architekt der Union war Jan Smuts (1870–1950), der sich so sehr für Freyas Einreise nach Südafrika eingesetzt hatte. Der Jurist kam aus einer traditionellen Burenfamilie, hatte sich aber durch außergewöhnliche Leistungen an der Universität Stellenbosch ein Stipendium für Cambridge erworben. Die Aussöhnung zwischen Buren und Briten hielt er für das wichtigste Ziel der südafrikanischen Politik, und dies suchte er als Vorsitzender der pro-britischen South African Party (SAP) zu verwirklichen.

Aber auch die Union blieb eine britische Kolonie. Wie Kanada, Neuseeland oder Australien war Südafrika ein Dominion, eine selbstverwaltete Kolonie, die erst 1931 die völlige Autonomie erhalten sollte. Südafrika schloss sich dem Commonwealth of Nations an und blieb damit unter britischer Oberhoheit. Diese Zugehörigkeit zu Großbritannien wurde von der burischen National Party vehement bekämpft, die von 1924 bis 1939 den Premierminister stellte, Barry Hertzog (1866–1942). Dieser wurde allerdings abgesetzt, als er bei Ausbruch des Krieges Deutschland gegenüber neutral bleiben wollte. An seine Stelle trat Jan Smuts. Unter ihm kämpfte Südafrika an der Seite der Briten gegen das nationalsozialistische Deutschland, und er selbst brachte es bis zum Generalfeldmarschall in der britischen Armee.

1948, ein Jahr nach Freyas Ankunft, wurde Smuts abgewählt. Die burische National Party kehrte mit dem ehemaligen Pfarrer Daniel François Malan (1874–1959) an die Macht zurück. Dies wurde als politischer Sieg der Buren über die Briten empfunden. Aber 1948 war zugleich der Beginn der Apartheid, der gesetzlich festgelegten Rassentrennung.[66] Mit Antritt der Malan-Regierung, die ausschließlich aus Buren bestand, wurde in den kommenden Jahren durch eine Fülle von Gesetzen eine möglichst vollständige Trennung der Rassen angestrebt, die als schwarz, weiß und farbig definiert wurden. In der Arbeitswelt, in der eine umfassende Trennung nicht möglich war, wurde die Unterordnung der Schwarzen und der Farbigen, die de facto bereits bestand, auch juristisch zementiert. Am augenfälligsten war die sogenannte soziale Apartheid beim Sport, in öffentlichen Verkehrsmitteln, in Hotels und Restaurants, auf Parkbänken und an Badestränden. Freya und ihre Söhne fühlten sich an die Verordnungen gegen die Juden im nationalsozialistischen Deutschland erinnert.

In den Städten war den Schwarzen der Besitz von Grund und Immobilien schon seit 1923 untersagt. Sie wurden in die Townships abgedrängt, speziell für Schwarze errichtete Siedlungen am Rande der Städte. Die Familie von Moltke lebte in Kapstadt im vornehmen weißen Viertel Rondebosch. Freundliche, weiß getünchte Einfamilienhäuser wurden eingerahmt von viel Grün; neben den zahlreichen Gärten gab es Parks, einen Golf- und einen Cricket-Club, denn die Stadt war britisch geprägt. Zur Schule war es nicht weit. Im Elternkreis und später unter den Arbeitskollegen fand Freya neue Bekannte, außerdem konnte sie auf den großen Kreis von Bekannten und Freunden zurückgreifen, den sie schon in der Zeit der Großeltern Rose Innes kennengelernt hatte.

In Kapstadt hatte Freya Kontakt mit dem Trust aufgenommen, der das Erbe der Großeltern Rose Innes verwaltete. Granny hatte in einem Brief festgelegt, dass das Haus unverändert gelassen werden sollte, damit die europäische Familie bei Bedarf in Südafrika ein Zuhause vorfinden würde. Dieser Wunsch war allerdings nicht testamentarisch festgelegt. Das Haus war vermietet worden, musste aber für viel Geld unterhalten werden. Und da die Verwalter keinerlei Nachricht aus Deutschland erhalten hatten (erhalten konnten) und nicht wussten, ob von dort jemals jemand kommen würde, hatten sie sich schließlich entschlossen, das Haus und das Inventar zu verkaufen. Dies schien ihnen durchaus im Sinne der Erben zu sein. Der Verkauf brachte eine erkleckliche Summe ein, die angelegt worden war und von der jede Teilfamilie ihren Anteil erhielt. Davon konnten die Moltkes nun leben. Willo bekam jährlich eine Summe in die USA überwiesen. Freya versuchte, Asta und Jowo, beide noch in Deutschland, zu überreden, auch nach Südafrika zu kommen. Denn sie würden das Geld nicht nach Deutschland transferieren können, sondern müssten es im Land selbst in Empfang nehmen und könnten dann davon leben. Außerdem hätten sie inzwischen, im Jahre 1947, auch das Visum für Südafrika erhalten. Jan Smuts habe sich persönlich darum gekümmert: «Ihm lief das Wasser im Mund nach H[elmuth] und K[onrad] zusammen und das gleiche wird er spüren, wenn er Cl[emens] und H[enr]y sieht – und nicht ohne Grund. Ob er sie bekommen wird, ist noch eine andere Frage. Also ran, Ihr Lieben.»[67]

Die Urenkel des angesehenen Obersten Richters Rose Innes, deren Familien über beste Beziehungen in Südafrika und nach Europa verfügten, wären für Smuts wertvolle politische Unterstützung gewesen. Freya ließ keine Möglichkeit aus, bei Asta für Südafrika zu werben: «Wir sind alle Drei so glücklich, wieder zu Hause zu sein. […] Das Haushalten ist ein wahres Vergnügen, weil alles da ist und man an diesen Überfluss noch nicht glauben kann. Fleisch ist knapp und Butter, aber sonst gibt es alles unbegrenzt, Fisch, Eier, Obst, Gemüse,

Freya mit ihren Söhnen 1947, kurz nach ihrer Ankunft in Südafrika auf der Farm von Nan van Heerden

Teigwaren (kein Reis), Süssigkeiten, Tee und Kaffee.»[68] Ein Schlaraffenland im Gegensatz zu Deutschland im Sommer 1947. Der eiskalte Hungerwinter von 1946/47 steckte den Deutschen noch lange in den Knochen.

Allmählich wurde aber auch das Schlaraffenland zum Alltag. Aus einem Brief an Asta im Oktober 1947 geht hervor, dass sie sich allmählich an die Wärme und das ausreichende Essen gewöhnt hatten, und «dann kommt ein Alltag, der sich von einem anderen Alltag nicht wesentlich unterscheidet. [...] Ich raufe mir die Haare, weil ich wegen all der vielen uninteressanten Menschen, die mich sehen wollen oder müssen, die freundlich sind oder sein wollen, ein ganz anstrengendes Leben habe – für nichts, sage ich, und bin vollkommen verzweifelt lauter Sachen zu tun, die ich absolut nicht tun will.»[69] Im darauffolgenden Sommer berichtete sie aber auch schon wieder fröhlicher von langen Abenden, «die einem selbst gehören und mir wird die Zeit nicht lang».[70] Im Dezember 1947 war Willo aus Amerika ans

Mit dem Familienauto durch Südafrika, 1949: Freya, Helmuth Caspar sowie im Kofferraum Konrad und Clemens

Kap gekommen. Sie feierten zusammen Weihnachten, sodass es «wie ein Stück Kreisau»[71] war. Im Januar fuhren die vier Moltkes mit einem Auto, das Willo gekauft hatte, durchs Land und besuchten abschließend Nan van Heerden auf ihrer Farm in Oranje. Willo versorgte von Amerika aus die Kinder mit Geschenken, er schrieb regelmäßig und schickte Päckchen. Die Jungs waren begeistert, und Freya wünschte sich für sie zum nächsten Geburtstag noch einmal «Blue Genes (Wie schreibt man das?)».[72]

Im Frühjahr 1948 endlich kamen sie: Asta mit ihrem Mann Wend Wendland und ihrem Sohn Clemens sowie Jowo mit seiner Familie. Asta und Freya wohnten ab August 1948 in enger Nachbarschaft im historischen Stadtteil Wynberg. Auch Freyas Mutter Ada Deichmann war das Jahr 1948 über zu Besuch. In den Sommerferien bei Nan in Harrismith machten Asta und Freya ihren Führerschein. Willos Auto

Asta von Moltke mit ihrem Mann, dem Bibliothekar Wend Wendland, und ihrem Sohn Philipp in Südafrika, Juni 1949

wurde zum Familienauto und war Vehikel für Urlaub und Alltag. Erst in den fünfziger Jahren hatte jede Familie ein eigenes Auto.

Nachdem sich Freya dazu entschlossen hatte, für länger in Südafrika zu bleiben, und sich dementsprechend eingerichtet hatte, fasste sie den Entschluss, sich eine Arbeit zu suchen. Ihre Söhne waren, wie es in angelsächsischen Ländern üblich war und ist, bis nachmittags um vier in der Schule. Sie hatte also genügend Zeit, um zu arbeiten. Die finanzielle Situation war nicht besorgniserregend, aber ihr Einkommen konnte eine Aufbesserung vertragen. Das Geld aus dem Erbe der Rose Innes, vermehrt um den anteiligen Erlös aus dem Verkauf des großelterlichen Hauses reichte, «dass wir bescheiden und ruhig leben können, ohne dass ich zusätzlich arbeite, es uns ganz gut gehen wird, wenn ich halbtags zusätzlich arbeite»,[73] schrieb sie an Eugen Gerstenmaier. «Ich kann nicht nur für den Haushalt, auch nicht nur für die Jungen leben. Das bin ich nicht gewöhnt. Ich muss eine ‹öffentlich› gerichtete Tätigkeit haben»,[74] begründete sie ihr Vorhaben in einem anderen Brief.

Ganz untätig und ausschließlich auf ihre Privatsphäre beschränkt war sie allerdings von Anfang an nicht gewesen. In ihren frühen Briefen aus Südafrika bezeichnete sie sich als Gerstenmaiers «Mitarbeiterin». Es scheint sich hier aber um eine inoffizielle und nicht bezahlte Tätigkeit für das Evangelische Hilfswerk in Deutschland gehandelt zu haben, für dessen Unterstützung durch Geld- oder Sachspenden sie in Südafrika geworben hatte. «Mit dem Wechsel in die Stadt [nach der Rückkehr von Nans Farm, ca. Juni 1947] habe ich gleich meine alten Kontakte wieder aufgenommen. [...] Ich kann praktisch an alle Leute heran und gleichgültig welche Regierung hier arbeitet. Das Land ist klein und Helmuths und seines Grossvaters Name sehr geschätzt.»[75] Ein gutes Jahr später schrieb sie jedoch an Gerstenmaier: «Für Euch (Hilfswerk) kann ich hier nichts tun. Eure Helfer, die DAHA ist zu nazi, aber daher ist sie auch tüchtig ohne mein Zutun.»[76] Beim DAHA handelte es sich um den 1919 gegründeten Deutsch-Afrikanischen Hilfsausschuss. Sie wollte sich nicht mit diesem Ausschuss in Verbindung bringen lassen, der sie unweigerlich auf die pro-deutsche, zum Teil nach wie vor pro-nationalsozialistische Seite festgelegt und damit ihrem Ruf geschadet hätte. Gerstenmaier war sich, wie zuvor Jan Smuts, darüber im Klaren, welchen Wert die ausgezeichneten Beziehungen der Moltkes für ihn haben konnten. Er versuchte erneut, Freya für sich zu gewinnen, indem er ihr im November 1948 eine Stelle im Rang eines Regierungsrates bzw. Oberregierungsrates anbot. Sie sollte im Zentralbüro des Hilfswerks in Stuttgart die «Kinder-, Mütter- und Frauenarbeit in Deutschland» betreuen.[77] Er wolle sich um eine Wohnung für sie bemühen, was nicht leicht sei. Ihre Söhne könne sie auf ein Internat, zum Beispiel nach Salem, schicken.

Freya lehnte ab. Sie hatte sich bereits entschieden. Ungefähr seit dem Frühjahr 1948 arbeitete sie für eine Organisation namens Cripple Care, die 1937 als erste Hilfsorganisation für Körperbehinderte in Südafrika gegründet worden war.[78] Es sei an der Zeit, sich «einen Beruf zu schaffen», meinte Freya. Ihr deutsches Jurastudium, das nur mit der Promotion abgeschlossen worden war, stellte ohne Referendariat und Assessorexamen keine vollständige Ausbildung dar, nützte ihr daher wenig. Sie scheint auch nicht in Erwägung gezogen zu haben, die Juristerei in irgendeiner Form wieder aufzunehmen. So teilte sie Gerstenmaier mit: «Ich dachte dran Fürsorgerin zu werden. Das bin ich an sich

Freya in Südafrika

von Natur und dazu lernen brauche ich auch nicht viel.»[79] Trotzdem überlegte sie, sich an der Universität weiterzubilden. Sie sprach an der Cape Town University vor, doch der zuständige Professor riet ihr ab und schlug vor, sie solle doch zunächst einmal praktisch arbeiten. Über die Universität muss der Kontakt zu Cripple Care entstanden sein, wo sie für die nächsten acht Jahre in verschiedenen Positionen tätig war. Freya erläuterte: «Ich [...] mache Krüppel-Fürsorge hauptsächlich für Farbige. Interessante und gute Arbeit ist das.»[80] Anfangs arbeitete sie halbtags, später auch auf einer vollen Stelle. Ab Juli 1951 betreute Freya den Aufbau einer zentralen Kartothek aller orthopädischen Fälle von Kapstadt.

Eine Vortragsreise in die USA, 1949

Schon im Herbst 1948 hatte Freya eine Einladung erhalten, im Auftrag des American Committee to Aid Survivors of the German Resistance[81] eine Vortragsreise durch die USA zu machen.[82] Sie sollte über das «Deutschland von heute»[83] berichten, um auf diesem Wege Geld zu sammeln für Kinder aus den Familien im Umfeld des 20. Juli. Die Einnahmen sollten den Waisen oder Halbwaisen für ihre Ausbildung zugute kommen. Die Idee, so lesen wir in einer Werbeanzeige für die Tour, stammte von Dorothy Thompson, der Journalistin und Autorin der «Listen, Hans»-Sendungen. Sie hatte sich mit einer Gruppe von Amerikanern und deutschen Emigranten zu einem Unterstützungskomitee zusammengetan.

Unter anderen gehörte auch Allen W. Dulles dazu, ein Geheimdienstmann, der während des Zweiten Weltkrieges für den amerikanischen Nachrichtendienst OSS in Bern gearbeitet hatte. Er war der Bruder des späteren amerikanischen Außenministers John Foster Dulles. Allen Dulles hatte schon 1947 ein Buch über den deutschen Widerstand veröffentlicht, zu dem er selbst Kontakt gehabt hatte.[84] Von Seiten der deutschen Emigranten war der Theologe Paul Tillich, der Lehrer Harald Poelchaus, beigetreten, der seit 1940 amerikanischer Staatsbürger war. Er war in verschiedenen Exilorganisationen aktiv, unter anderem stand er dem 1944 gegründeten «Council for a Democratic Germany» vor, in dem sich verschiedene linke Gruppen zusammengeschlossen hatten. Auch Freyas Bruder Carl Deichmann, der nach dem Krieg aus der Schweiz in die USA gegangen war, gehörte zu diesem Komitee.

Freya nahm die Einladung gerne an, weil sie ihr die Möglichkeit bot, über Deutschland in die USA zu reisen. So konnte sie nach zwei Jahren in Südafrika endlich einmal wieder ihre Freunde besuchen, die ihr, wie sie regelmäßig betonte, sehr fehlten. Man hatte sie ausgewählt, weil man ihr zutraute, eine solche Vortragsreihe zu absolvieren und den Diskussionen standzuhalten, aber vor allem, weil sie ausgezeichnet Englisch sprach. Konrad konnte bei Asta bleiben, Helmuth Caspar war während dieser drei Monate in einem Internat untergebracht. Im August 1949 flog Freya von Kapstadt nach Deutschland. Diesen Teil der

Ankündigung eines Vortrags von Freya von Moltke während ihrer USA-Reise, 1949

Reise bezahlte das englische Hilfskomitee «Twentieth of July Memorial Fund», an dem David Astor beteiligt war.

Als Freya Anfang Oktober nach New York kam, musste sie feststellen, dass nur drei Vorträge für drei Monate organisiert waren. Das Komitee hatte einen Agenten engagiert, der sich anscheinend unter dem, was er da vermarkten sollte, nicht viel vorstellen konnte. Er versprach sich keinen Erfolg von dieser Tour und bemühte sich erst, nachdem man ihm die Erstattung seiner Unkosten garantiert hatte. Das Komitee selbst war klein, es hatte nur vierundzwanzig Mitglieder, die nicht alle Zeit fanden, Freya zu unterstützen. So musste sie selbst aktiv werden und sich Vortragstermine für die nächsten drei Monate besorgen, zu guter Letzt waren es dreiundzwanzig. «Als ich abfuhr, hatte ich das Gefühl, nun könnte ich langsam wirklich in Fahrt kommen, denn es baut doch alles auf persönlichen Kontakten auf, die erst gemacht werden müssen»,[85] schrieb sie in einem Bericht über die Reise für ihre Freunde in Deutschland. 1992 erinnerte sie sich daran mit dem Satz: «Das war eigentlich ein Reinfall.»[86] Aber nur in materieller Hinsicht. Dabei gelang es ihr sogar, mit Hilfe einer Freundin ihres Schwagers Willo, Marlene Maertens, von drei Kirchengemeinden Geld zu erhalten, in denen sie gar nicht gesprochen hatte.

Persönlich war diese erste Reise in die USA eine bereichernde Erfahrung, die wache, offene Freya genoss die Begegnung mit dem Neuen. Sie hatte Vorträge in St. Louis, Missouri, Detroit, Chicago, Cleveland, Baltimore, Ohio und Buffalo gehalten. Die meiste Zeit hatte sie sich für New York genommen. In Washington hatte sie mit Eleanor Roosevelt gesprochen, die sie sogar nach Springwood, in das Landhaus der Familie Roosevelt in Hyde Park am Hudson River, eingeladen hatte. Aber Freya wollte Weihnachten wieder zu Hause bei ihren Söhnen sein und musste daher ablehnen. Sie traf General Lucius D. Clay, den Militärgouverneur der amerikanischen Besatzungszone in Deutschland. An der Westküste war sie aufgrund der mangelnden Organisation nicht. In ihrem Bericht an die Freunde brachte sie viele Beobachtungen zu Papier, die weniger mit ihren Vorträgen zu tun hatten, sondern zeigen, was einer aufmerksamen europäischen Reisenden, die zum ersten Mal nach Amerika kam, auffiel, etwa: «Es gibt viel zu viele Autos in den U.S.A. und die Menschen werden bald vergessen, daß sie Beine haben, wenn sie immerfort Autos oder Lifts oder auf Roll-Treppen fahren.»[87] In einem nicht näher zu bestimmenden Zeitungsartikel, der sehr ausführlich und treffend über Freya berichtete – «eine große Frau [...] mit schönen Augen und einem Gesicht, das aufleuchtet, wenn sie lächelt» –, wurde sie nach ihren Eindrücken gefragt. Amerika sei, sagte sie, «much more gemutlich», als sie erwartet hatte.[88] Sie war angetan von der Herzlichkeit, mit der man ihr im Allgemeinen begegnete, musste aber auch harsche Kritik an den Deutschen einstecken. Sie habe «manch bittere und skeptische Frage zu hören bekommen»,[89] doch sie hob positiv hervor, dass die Leute zuhören und gelten lassen würden, was sie sagte. Auf dem Werbeblatt: «H. J. Truman presents: Countess Freya von Moltke. A German of the Nazi Resistance» wurden folgende Themen angekündigt: «1. Germany: Past and Present. 2. Germany: Totalitarianism versus Democracy. 3. German Youth and the New Education. 4. Women's Position in the New Germany.»[90]

Sie sprach aber vor allem über das Los der Flüchtlinge in den Besatzungszonen, das ihr nach wie vor sehr am Herzen lag. Und sie plädierte für einen klügeren und milderen Umgang mit den Deutschen, für einen anderen Weg, als man ihn 1918 in Versailles gewählt hatte. Sie

Four Wells, das Haus von Eugen Rosenstock-Huessy in Vermont

leugnete nicht die Schuld der Deutschen, hoffte aber auf eine neue Chance für Deutschland. Das Spektrum der Meinungen, mit denen Freya es zu tun hatte, entsprach dem, was Peter Blake in einem Brief an Julian Frisby skizzierte. Ein Freund Frisbys vertrat die Meinung: «they brought it all upon themselves» – die Deutschen hätten es sich alles selbst zuzuschreiben. Richtig, schrieb Blake, aber dennoch, auch am Verhalten der Briten und Amerikaner in den dreißiger Jahren sei einiges auszusetzen: Was wäre geschehen oder nicht geschehen, wenn man Hitler entschiedener entgegengetreten wäre? Und nun seien die Deutschen vollständig in der Hand der Alliierten, die damit auch Verantwortung für sie besäßen. Außerdem sprach sich Blake dafür aus, Deutschland und die deutsche Industrie, die so wichtig sei für die gesamte westeuropäische Wirtschaft, nicht gänzlich zu zerstören, denn sonst, befürchtete er, «we'll have to do Normandy all over again some day – soon».[91]

Neben den Vorträgen blieb Freya Zeit, ihren Bruder Carl, den sie seit 1946 nicht mehr gesehen hatte, und ihren Schwager Willo zu treffen. Außerdem fuhr sie für einige wenige Tage in den kleinen Ort Norwich bei Hanover in Vermont im Nordosten der USA, um den ehemaligen Lehrer ihres Mannes Eugen Rosenstock-Huessy und seine Frau Margrit zu besuchen. Sie konnte noch nicht ahnen, dass sie selbst eines Tages dort leben würde.

Südafrika-müde

Weihnachten 1949 war Freya wieder in Südafrika. «Hier geht das Leben aber so sehr seinen alten Trott bei Sonne und Arbeit und Familie, dass man kaum merkt wie die Zeit vergeht»,[92] schrieb sie im Februar 1950 an Willo in Amerika, dem sie regelmäßig über ihren südafrikanischen Alltag berichtete. Asta arbeitete inzwischen als Deutschlehrerin. Jowo war stellvertretender Direktor der Nationalgalerie in Kapstadt geworden. Alle hatten sich eingerichtet und sich mit den Verhältnissen arrangiert. «Die Leben fliessen hier dahin, eifrig fleissig und ganz und gar uninteressant»,[93] hieß es im Mai 1950. Asta und Wend hatten inzwischen ein zweites Kind, ihren Sohn Philipp, bekommen, und es wurde eng im gemeinsamen Haus am Westbury Circus. Freya musste sich also eine neue Unterkunft suchen. Sie konnte es sich leisten, ein kleines Haus in der Parry Road, im Stadtteil Claremont, zu kaufen, weil ihre Mutter Ada bei den Vettern und Kusinen in London Freyas Erbe geltend gemacht hatte. Tante Emma Schröder hatte ihr 1000 Pfund hinterlassen. Doch sie fühlte sich von den anderen nicht nur räumlich getrennt: «Die beiden Familien sind ganz nett zu mir, aber ich sitze doch ganz draussen. Das liegt nun einmal an der Konstellation und ich beklage mich darum nicht»,[94] schrieb sie im Oktober 1951. Es waren zwei Ehepaare mit ihren Kindern, Freya war allein mit den «Casparchen».[95] Im August 1951 war ihre Mutter Ada wieder zu Besuch, auch diesmal für länger – und Ende 1952 war sie noch oder wieder da, sodass Freya zu einem Besuch nach Europa aufbrechen konnte. Sie flog am 30. Januar 1953 nach Nizza, wo sie von ihrem Bruder Hans abgeholt wurde. Nach einem Monat in Italien bei den Hansens, wie sie ihren Bruder samt Familie gern nannte, war Freya im März 1953 in England. Dort traf sie die alten Freunde wie Lionel Curtis, den sie zum letzten Mal sah. Er starb zwei Jahre später; wie immer

Freya mit Julian Frisby in den fünfziger Jahren in Berlin-Wannsee

sah sie Julian Frisby und Michael Balfour, vielleicht David Astor, sicherlich die Vettern Schröder. Den April 1953 verbrachte sie in Deutschland, wo sie sich mit Willo verabredet hatte, der aus Amerika kam. Außerdem besuchte sie Tante Leno in Schleswig-Holstein, die Kreisauer Gemeindeschwester Ida Hübner und den ehemaligen Kreisauer Gutsinspektor Zeumer, der in Stuttgart lebte.

Im Februar 1954 ließ sie Willo wissen, sie alle seien sehr Südafrikamüde.[96] Die politischen Verhältnisse belasteten sie. Keiner der Moltkes billigte die Apartheidpolitik in Südafrika, aber niemand von ihnen engagierte sich gesellschaftlich oder politisch. Sie lebten zurückgezogen. Freya, die wusste, dass sie sobald wie möglich wieder nach Europa zurückkehren wollte, war mit ihren Gedanken mehr bei der deutschen Politik. Sie verfolgte genau, was in Deutschland passierte, und kommentierte in ihren Briefen eher die deutschen politischen Vorgänge als die südafrikanischen, für die sie meist allgemein ablehnende Bemerkungen fand, die Entwicklung sei «unangenehm» und «höchst unsympathisch».[97]

Die südafrikanischen Jahre vergingen still und ereignislos: «Ich lebe dahin.»[98] Freya war von den Kreisauer Höhen herabgestiegen. Die Euphorie des Jahres 1945 war verflogen. Das «Langsam, langsam kam ich dann später wieder auf den Erdboden zurück»[99] – jetzt war es eingetreten. 1947 hatte sie noch an Gerstenmaier geschrieben: «Lebt wohl, für heute, liebe Freunde, liebe, liebe Freunde. Wir leben aus dem gleichen Schatz wir Glücklichen und er ist gross!!!»[100] Jetzt wartete Freya nur darauf, dass ihr ältester Sohn, Helmuth Caspar, Ende 1955 seinen Schulabschluss machte. Dann reisten Freya, Helmuth Caspar und Konrad endgültig zurück nach Europa, und das «kleine Leben in Südafrika» war vorbei.[101]

7

In Adenauers Deutschland

1956–1960

Im Januar 1956 fuhren die drei Moltkes per Schiff von Kapstadt nach Venedig, wo Hans Deichmann sie in Empfang nahm. Freya erinnerte sich an eine sehr schöne Reise, eine Art Kreuzfahrt, bei der das Schiff verschiedene Städte anlief, die die Passagiere besichtigen konnten. Begleitet wurde sie von Karl Heinz Henssel, einem Berliner Verleger, der über seine Frau Edith zu einem Freund der Familie geworden war. Die Buchhändlerin Edith Henssel war eine Freundin von Carl Deichmann. Sie war Anfang der fünfziger Jahre, bereits schwerkrank, bei den Moltke-Familien in Südafrika gewesen und kurz nach ihrer Rückkehr in Deutschland gestorben. Henssel hatte 1950 in seinem Berliner Verlag die erste deutsche Ausgabe zweier langer Briefe Helmuth James von Moltkes vom Januar 1945 unter dem Titel *Letzte Briefe* herausgebracht. Das Verlagshaus stand in Wannsee und war Geschäfts- und Wohnhaus zugleich. Henssel lud Freya und ihre Söhne ein, bei ihm einzuziehen.

Helmuth Caspar blieb nur für sechs Monate, in denen er am Canisius-Kolleg in Berlin hospitierte, um an einer deutschen Schule Literatur und Geschichte nachzuholen. Ab Herbst 1956 bereitete er sich auf die Aufnahmeprüfung für Oxford vor, die er im Dezember ablegte. Im Januar 1957 bekam er die Zusage für einen Studienplatz für Jura zum Ende des Jahres. In der Zwischenzeit lernte er Französisch bei einer Familie in Neuchâtel in der Schweiz. Konrad ging auf die Malwida-von-Meysenbug-Schule und machte 1959 Abitur.

So wie Freya nach Südafrika gegangen war, offen, in Erwartung dessen, was geschehen möge, so kam sie jetzt nach Deutschland zurück. Unsicher, wo sie sich niederlassen sollte, kam ihr das Angebot des Witwers Henssel gerade recht. Zwar hätte die Möglichkeit bestanden, bei ihrer Mutter in Bad Godesberg zu wohnen, aber alle ihre über die Jahre vermissten Freunde waren nach wie vor in Berlin, und so wohnte sie bis 1960 «Am kleinen Wannsee 29b».

Freya mit ihren Söhnen Helmuth Caspar (links) und Konrad (rechts) in Berlin-Wannsee

«Hier wohnen Verräters»

Das Land, in das sie zurückkehrte, war das geteilte Deutschland. Es war die Bundesrepublik Deutschland mit der Hauptstadt Bonn und dem Kanzler Konrad Adenauer. Der ehemalige Kölner Oberbürgermeister war ein guter Bekannter der Familie Deichmann. Die Kreisauer hatten erwogen, ihn in ihre Arbeit mit einzubeziehen, waren dann jedoch wieder von dem Plan abgerückt, weil man den 1876 geborenen Adenauer für zu alt hielt. Die Bundesrepublik war im Mai 1949 gegründet worden, im Oktober desselben Jahres entstand die DDR. Berlin, Hauptstadt der DDR und Frontstadt des Kalten Krieges, war noch ohne Mauer.

Die beiden deutschen Staaten unterschieden sich nicht nur in ihrer ideologischen Ausrichtung, abhängig von der Zugehörigkeit zum jeweiligen Bündnissystem. Im Juni 1948 war in den Westzonen, unter Federführung Ludwig Erhards, die Währungsreform durchgeführt worden. Die positive wirtschaftliche Entwicklung, die dann einsetzte, wurde gestützt vom amerikanischen Marshallplan: Von 1948 bis 1952 leisteten die Amerikaner den bedürftigen Staaten in Westeuropa Hilfe in Form von Lebensmitteln, Waren, Rohstoffen und durch die Vergabe von günstigen Krediten. Das Warenangebot in der Bundesrepublik war bald enorm. Das Wort vom Wirtschaftswunder machte die Runde. Auch Freya war auf ihren Reisen in Deutschland, 1949 und 1953, beeindruckt vom schnell voranschreitenden Wiederaufbau.[1] Man blickte nach vorn, damit allerdings auch nicht mehr gern zurück. Alle Kräfte wurden in die Zukunft investiert, die Vergangenheit sollte so an Bedeutung verlieren und in Vergessenheit geraten.

Im Oktober 1958 fanden zum dritten Mal Bundestagswahlen statt. Es ist mit einiger Sicherheit anzunehmen, dass Freya nicht ihrem rheinischen Landsmann Adenauer die Stimme gab, dessen Partei, die CDU, die absolute Mehrheit errang. Deren Wahlkampfslogan «Keine Experimente» war Ausdruck der restaurativen Tendenzen der deutschen Politik in den fünfziger Jahren. Der Mythos von der «Stunde null», der besagte, es habe einen radikalen politischen und gesellschaftlichen Neuanfang nach dem Krieg gegeben, war eine Farce, wie wir heute wissen.[2] Die personelle Kontinuität in vielen Bereichen war groß – bis hinein in die Regierung. Adenauer hatte 1953 den Düsseldorfer Hans Globke (1898–1973) zu seinem Staatssekretär gemacht. Der Katholik Globke konnte zwar einerseits Kontakte zu Widerstandskreisen um den Berliner Bischof Konrad Kardinal von Preysing nachweisen, den auch die Moltkes kannten. Er war andererseits als Jurist an der Erarbeitung und Kommentierung von Gesetzen im nationalsozialistischen Geist beteiligt gewesen, besonders zu nennen sind seine Kommentare zu den Nürnberger Rassegesetzen von 1935.

Adenauer hatte allerdings in seine erste Bundesregierung auch einen alten Kreisauer aufgenommen: Hans Lukaschek (1885–1960) war von 1949 bis 1953 Bundesminister für Vertriebene, Flüchtlinge und Kriegsgeschädigte. Der eher zurückhaltende Lukaschek verlor aber das Vertrauen der Vertriebenen, weil er «verantwortungslosen und unerfüllbaren Forderungen»[3] aus ihren Kreisen nicht nachgab, und war deshalb in der nächsten Bundesregierung nicht mehr vertreten. Auch andere Überlebende des Widerstands waren in der bundesdeutschen Politik nicht langfristig erfolgreich.[4] Theodor Steltzer (1885–1967),[5] ebenfalls Mitglied des Kreisauer Kreises, bekleidete das Amt des Ministerpräsidenten von Schleswig-Holstein nur von August 1946 bis April 1947 und zog sich dann aus der Politik zurück. Eugen Gerstenmaier (1906–1986), der Gründer des Hilfswerks der Evangelischen Kirche, für das er Freya von Moltke gewinnen wollte, war zwanzig Jahre lang Mitglied des deutschen Bundestags, erhielt aber nie ein Ministeramt. Allerdings war er fünfzehn Jahre lang, von 1954 bis 1969, Bundestagspräsident, bis er aufgrund von zu hohen Wiedergutmachungszahlungen für seine von den Nazis verhinderte Professorenlaufbahn zurücktreten musste. «Sein Sturz führte geradewegs ins politische Vergessen»,[6] resümierte der *Spiegel* im Nachruf von 1986.

Keinem der politisch aktiven Kreisauer ist es nach 1945 gelungen, nennenswerte Bestandteile des Kreisauer Programms in die bundesdeutsche Politik zu integrieren. Die Kreisauer Ideen wurden nicht rezipiert, sie waren gar nicht bekannt, und man interessierte sich auch nicht dafür, weil man sich für den deutschen Widerstand nicht interessierte. Bestenfalls war es Desinteresse, schlimmstenfalls war es Ablehnung. «Die erste Zeit nach dem Krieg war es unangenehm, zum Widerstand zu gehören»,[7] erinnerte sich Rosemarie Reichwein. Die Zahlen sind bekannt und vielfach publiziert: 1951 bewerteten nur 43 Prozent der Männer und 38 Prozent der Frauen die «Männer vom 20. Juli» positiv. 1956 lehnten es 54 Prozent der Männer und 44 Prozent der Frauen ab, eine Schule nach Stauffenberg zu benennen. Die Zahlen veränderten sich über die Jahrzehnte nur wenig. Größer wurde nur der Personenkreis, der nichts über den 20. Juli, der als Chiffre für den ganzen deutschen Widerstand stand, wusste. Erst im Jahr 2004, sechzig Jahre nach den Ereignissen und nach dem allmählichen Aussterben der Erlebnisgeneration, kam es zum ersten Mal in einer repräsentativen Umfrage zu einer mehrheitlich positiven Bewertung des Widerstands.[8] Ihren Zeitgenossen waren die Widerstandskämpfer dagegen eine stete Mahnung. Sie hatten getan, was die anderen nicht getan hatten oder nicht hatten tun können. Sie abzulehnen und als Landesverräter zu kriminalisieren, entlastete die große Mehrheit der «anderen». Erika Canaris, die Witwe des Chefs der Abwehr, Wilhelm Canaris, der Moltkes oberster Chef seit 1939 gewesen war, äußerte sich 1958 in einem Brief zur Frage der Einsichtnahme in ihre Korrespondenz folgendermaßen: «Ich muss mir's noch überlegen. Ich hätte so schrecklich gern endlich einmal Ruhe vor diesen Dingen. Und es ist ja doch so: wenn

Dr. Strölin morgen etwas *pro* Canaris schreibt, kommt übermorgen prompt ein neues ‹contra›, entweder von dem General-Admiral Böhm (diesen verrückten Titel konnte auch nur ein Hitler erfinden!) oder irgendeiner SS-Grösse. Für uns gibt's doch nur Eines: Schild an die Haustür ‹Hier wohnen Verräters›.»[9]

Schwieriges Gedenken

Auf Anregung der Hinterbliebenen wurde am 20. Juli 1952 im Hof des Bendlerblocks der Grundstein für ein Ehrenmal gelegt. Den Grundstein legte die Witwe des an dieser Stelle erschossenen Generals Friedrich Olbricht, die erste Rede hielt der Regierende Bürgermeister von Berlin, Ernst Reuter.[10] Dort, am ehemaligen Sitz des Oberkommandos des Heeres (OKH) und Hinrichtungsort der unmittelbar am Putschversuch beteiligten Offiziere, finden seitdem alljährlich Gedenkfeiern statt. Ursprünglich anwesend waren neben den Angehörigen nur Mitglieder des Berliner Senats. Die Beteiligung der Bundesregierung an den Gedenkfeiern zum 20. Juli 1944 hatte sich zunächst auf eine Kranzniederlegung durch den Bundeskanzler am Gedenkstein der NS-Verfolgten im Bonner Hofgarten beschränkt.[11] Neben Ernst Reuter in Berlin, der sich in seinen Reden für die positive Annahme des Widerstands einsetzte, war es vor allem den Bemühungen des Bundespräsidenten Theodor Heuss, der öffentlich den Vorwurf des Landesverrats zurückwies, zu verdanken, dass der Widerstand von offizieller Seite gewürdigt wurde. Der Prozess gegen den ehemaligen Major Remer 1952 war ein wichtiger Schritt zur Rehabilitierung der Widerstandskämpfer. Otto Ernst Remer war maßgeblich verantwortlich gewesen für das Scheitern der Umsturzpläne am 20. Juli 1944. Er wurde angeklagt und verurteilt, weil er den Widerstand als Landesverrat diffamiert hatte.[12]

1961 wurde in den Ländern ein Beflaggungserlass für den 20. Juli beschlossen. Ab 1964 wurden auch die Dienstgebäude des Bundes beflaggt;[13] eine Entscheidung, die allerdings auch vor dem Hintergrund der seit 1963 stattfindenden Auschwitzprozesse zu sehen ist, die große internationale Beachtung fanden. Keine Bundesregierung konnte sich jedoch dazu durchringen, den 20. Juli im Gedenken an den deutschen Widerstand zu einem offiziellen Feiertag zu erklären.

Frauen des Widerstands: Freya von Moltke und Barbara von Haeften. Freyas Sohn Konrad heiratete 1965 Barbaras jüngste Tochter Ulrike.

Auch die finanzielle Unterstützung für die Überlebenden und Hinterbliebenen ließ lange auf sich warten. Freya wurde, wir erinnern uns, im Jahr 1946 von ihren Brüdern unterstützt. Nach ihrer Rückkehr in die Bundesrepublik beantragte sie eine Rente, die auch bewilligt wurde, und das war keine Selbstverständlichkeit. Viele Angehörige des Widerstands mussten sich ihre Unterstützung bitter erkämpfen. Einer Witwe – kein Einzelfall –, wurde ihr geringes Unterhaltsgeld von der Oberfinanzdirektion München wieder gestrichen, weil «wegen Hoch- und Landesverrat verurteilte frühere Wehrmachtsangehörige» kein Anrecht auf eine solche Rente hätten.[14] Die Rentenzahlungen waren ohnehin nicht hoch. «Ich habe mir Geld bestellt, weil ich von meiner Rente nicht genug habe; aber ich kann nun aus Süd Afrika Zinsen überweisen. Das tue ich»,[15] schrieb Freya im November 1958 an ihren Freund Rosenstock-Huessy. Außerdem war 1952 das Lastenausgleichsgesetz verabschiedet worden, das Flüchtlingen und Vertriebenen Entschädigung für verlorenes Eigentum zusicherte. Vor diesem Hintergrund konnten die Moltkes bei ihrer Rückkehr nach Deutschland eine Entschädigung für Kreisau geltend machen.

So wie Freya waren viele der Frauen noch lange auf die Hilfe ihrer Familien angewiesen. Barbara von Haeften bekam Unterstützung von ihren Eltern, und um die Pension ihres Mannes vom Auswärtigen Amt zu erhalten, musste sie sich sogar entnazifizieren lassen, «denn in Bukarest hatte mein Mann mich überredet, in die NS-Frauenschaft einzutreten, weil seine Situation so unangenehm und heikel war, daß ich es durch meine Weigerung nicht noch unterstreichen sollte».[16] Rosemarie Reichwein, die den Winter 1945/46 in Schweden verbringen konnte, war anschließend nach Berlin zurückgekehrt. Als ausgebildete Krankengymnastin baute sie sich eine eigene Praxis auf, da die staatlichen Gelder für sie und ihre vier Kinder zum Leben nicht ausreichten. Viele der Frauen hatten aber keine Berufsausbildung, auf die sie zurückgreifen konnten. Clarita von Trott entschloss sich, Medizin zu studieren, um ihren Lebensunterhalt verdienen zu können. Marion Yorck musste erst ihren Assessor machen, um ihre juristische Ausbildung zu vervollständigen, bevor sie selbst für sich sorgen konnte. Vor diesem Hintergrund entstand aus dem Kreis der Betroffenen, mit Unterstützung des Bundespräsidenten Theodor Heuss, das «Hilfswerk 20. Juli»,[17] das sich für die bessere materielle Versorgung der Überlebenden und Hinterbliebenen aus dem Umfeld des 20. Juli kümmerte. Ab 1960 erhielten auch Freya und ihre Söhne eine Beihilfe aus diesem Fonds.[18]

Arbeit an der Legende

Eugen Gerstenmaier versuchte Ende der fünfziger Jahre ein letztes Mal, Freya für seine Arbeit zu gewinnen: «Er wollte mich zum Sekretär seiner Afrika-Gesellschaft machen.»[19] Gerstenmaier war Mitbegründer der Deutschen Afrika-Gesellschaft, die das Ziel hatte, die Beziehungen zwischen den afrikanischen Ländern und Deutschland zu fördern. Aber Freya lehnte ab, endlich in Europa, wollte sie sich nicht länger mit Afrika beschäftigen. Außerdem hatte sie genug zu tun: Sie hatte sich vorgenommen, Helmuths Briefe abzuschreiben, ungefähr 1600 Stück. Denn Helmuth James von Moltke hatte eine mikroskopisch kleine Handschrift, die Freya, seine geübte Leserin, wesentlich schneller und besser entziffern konnte als jeder andere. Die Arbeit machte sie sich zuallererst für ihre Söhne. An eine Veröffentlichung habe sie dabei noch nicht gedacht, sagte sie im Fernsehinterview von 1992. In einem Brief an Willo aus dem Jahr 1947 allerdings hatte sie bereits davon gesprochen, dass sie Helmuths Briefe einmal «weggeben» wolle, um sie übersetzen zu lassen und auf diesem Wege Helmuth einer englischsprachigen Öffentlichkeit zu präsentieren.[20] Die Idee, den Schritt auch in Deutschland zu wagen, mag entstanden sein durch die Zusammenarbeit mit Annedore Leber (1904–1968), laut Freya, «einer wirklich fabelhaften Frau».[21] Die Witwe des Sozialdemokraten Julius Leber war die erste aus dem Kreis der Angehörigen, die gleich nach dem Krieg «Den toten immer lebendigen Freunden» einen kleinen Gedenkband widmete.[22] Auf dreizehn Seiten erinnerte sie an ihren Mann und seine ermordeten sozialdemokratischen Weggefährten: Hermann Maaß, Wilhelm Leuschner, Adolf Reichwein, Carlo Mierendorff (der 1943 bei einem Bombenangriff getötet wurde), Ernst von Harnack, Theodor Haubach und Ludwig Schwamb (die beiden Letzteren wurden am selben Tag hingerichtet wie Helmuth James von Moltke).

Annedore Leber, die ursprünglich in der Modebranche gearbeitet und so ihre Familie durch den Krieg gebracht hatte, war nach 1945 politisch tätig. Sie war für die SPD Bezirksverordnete von Berlin-Zehlendorf und Mitglied des Berliner Landesparlaments. «Eine kleine Frau mit sehr piepsiger Stimme; aber die hat später ganze Versammlungen in der Hand gehabt», erinnerte sich ihre Tochter.[23] Vor allem aber war sie publizistisch tätig. Zusammen mit dem Berliner Sozialdemokraten Arno Scholz und dem ehemaligen Weimarer Reichstagspräsidenten Paul Löbe bekam sie von der englischen Besatzungsmacht die Lizenz für die Zeitung *Telegraf.* 1947 gründete sie den «Mosaik Verlag». 1954 und 1957 veröffentlichte sie dort mit *Das Gewissen steht auf* und *Das Gewissen entscheidet* ihre eigenen Bücher, Lebensbilder aus dem deutschen Widerstand. Annedore Leber beschränkte sich dabei nicht auf Sozialdemokraten, sondern erinnerte an Männer und Frauen aus verschiedensten Widerstandskreisen. Für das nächste Buch *Für und wider* konnte sie Freya von Moltke als Co-Autorin gewinnen. Es handelt sich um eine Art Schulbuch, das einen historischen Abriss

Annedore Leber, die Witwe des Sozialdemokraten Julius Leber, bemühte sich als Erste aktiv um das Erbe des Widerstands.

der deutschen Geschichte seit 1918 mit einer ausführlichen Beschreibung des Widerstands und einem Dokumentenanhang vereinte.

«Dieses Buch haben wir für die uns nachfolgende Generation geschrieben.» So lautet der erste Satz, und er ist eine bewusste, programmatische Aussage. Freya hat damit, zehn Jahre nach Kriegsende, ihr Lebensthema gefunden, die Vermittlung des Kreisauer Erbes vor allem an die junge Generation. 1956 äußerte sie in einem Brief an Eugen Rosenstock-Huessy über «die so wichtige Frage des Zeugnis für die Kreisauer [...], die mir seit meiner Rückkehr nach Deutschland ausser den Söhnen allein am Herzen liegt. [...] Als ich nach S. A. ging, glaubte ich, daß mit der schliesslichen Veröffentlichung auch in Deutschland – erst 1950 und mit Absicht so spät – von Helmuths Briefen ich alles getan hätte, was mir zu tun aufgegeben sei. Jetzt finde ich 10 Jahre später, daß wenige sie lesen und daß wenige sie verstehen, daß nicht nur Helmuth selbst, sondern ganz Kreisau und weiter der ganze

Widerstand unverstanden, bei Seite geschoben, verdrängt wird. Was soll man da tun, Eugen? Es wäre ja nötig das Ganze von ganz oben nach ganz unten – ins Fachliche, ordentlich gesammelte, in die gelebten Leben dieser Menschen die mit ihren gewiss garnicht so bedeutenden aber doch nicht verloren gehen dürfenden Toden lebendig werden müssen – darzustellen. Das kann der Herr Ritter nicht. Du bist auch streng mit Herrn Rothfels – den fand ich schon wesentlich besser, aber es genügt auch nicht oder wenigstens nicht das, was er bisher von sich gegeben hat. Es muss doch hinterlassen werden, bezeugt, erklärt, wenn die Menschen es schon nicht selbst sehen wollen.»[24] Ritter und Rothfels waren zwei deutsche Historiker, die sich früh mit dem Widerstand beschäftigt haben. Hans Rothfels (1891–1976) wurde als Jude 1934 von seinem Lehrstuhl in Königsberg verjagt und emigrierte 1939 in die USA. Der konservative Historiker hatte schon 1948 eine «Würdigung» des deutschen Widerstands auf Englisch herausgegeben; ein Jahr später erschien sein Buch in Deutschland.[25] Er kehrte 1951 zurück und lehrte in Tübingen und weiterhin in Chicago. Gerhard Ritter (1888–1967), der ebenfalls dem konservativen Lager zuzurechnen ist, war ein Freund Carl Friedrich Goerdelers. Ihm waren die Vorbereitungen für das Attentat vom 20. Juli 1944 bekannt, er wurde selbst kurzzeitig inhaftiert. 1954, zwei Jahre vor Freyas Brief, war seine umfangreiche Goerdeler-Biographie erschienen,[26] mit der sie nicht zufrieden war. Ritter und Rothfels konnten in ihren Augen nichts «erklären». Sie hatten die politische Geschichte im Blick, Freya dagegen ging es um die «gelebten Leben dieser Menschen».

Historiker konnten also ihrer Meinung nach den «Auftrag» des Widerstands nicht erfüllen. Freya fühlte sich gefordert. Herausgefordert? Sie erkannte, dass noch nicht getan war, was ihr zu tun aufgegeben war, nämlich Zeugnis abzulegen vom Widerstand. Die beiden Briefe, in denen Helmuth James von seiner Verhandlung vor dem Volksgerichtshof am 10. und am 11. Januar 1945 berichtete, sind wohl schon im Hinblick auf eine Veröffentlichung geschrieben worden. Daher fühlte sich Freya verpflichtet, sie – anders als die anderen Briefe aus der Haft in Tegel – möglichst bald zu publizieren. Sie hatte diese programmatischen Briefe schon im Juni 1946 in England veröffentlicht und 1950 eine deutsche Ausgabe folgen lassen. Helmuth James betonte darin, dass er als Christ verurteilt worden sei und dass es «der Geist als solcher» war, für den er und seine Mitstreiter verurteilt wurden. Er betonte und seine Briefe legen beredtes Zeugnis davon ab, dass eben dieser Geist von den Nationalsozialisten nicht zu besiegen sei, auch nicht durch den Tod. Daraus, so forderte er, «müsst Ihr eine Legende machen».[27]

Die Situation in Deutschland, die ablehnende Haltung bzw. das Desinteresse gegenüber den Widerstandskämpfern, mag ihr den außerordentlichen Wert der Briefe insgesamt als Medium der Vermittlung für das Vermächtnis des Widerstands vor Augen geführt haben. Sie hatte sie zunächst nur als ihren eigenen, höchstpersönlichen Schatz angesehen: «Ich muss sehen, was nur mir und was auch anderen Menschen gehört»,[28] und betrachtete sie «absolut als meinen kostbarsten materiellen Besitz».[29] Als mit Gero von Gaevernitz im Sommer 1945 der erste Amerikaner nach Kreisau kam, um nach seinem elterlichen Gut zu sehen, gab Freya ihm den ersten großen Packen aus den Bienenstöcken mit. Er gab sie bei Marion Yorck in der Hortensienstraße ab, wo später alle Briefe zwischengelagert wurden. Asta brachte sie 1948 mit nach Südafrika, wo Freya sie aufbewahrte, ohne sie zu lesen. Jetzt, 1956, mag das Vorbild Annedore Lebers, die sich so unermüdlich für die Erinnerung an den Widerstand einsetzte, Freya den Anstoß gegeben haben, selbst aktiv zu werden. Neben der Arbeit mit den Briefen und der Zusammenarbeit mit Annedore Leber an dem Buch *Für und wider* stellte sie sich auch als Zeitzeugin in Schulen zur Verfügung, erst nur in Berlin, dann auch in Westdeutschland. Freya entwickelte sich zur «Botschafterin des Widerstands», wie Clarita von Trott es nannte.[30]

Die vergessenen Frauen des Widerstands

Annedore Leber und Freya von Moltke waren lange die einzigen Frauen aus dem Kreis der Hinterbliebenen, die von sich aus an die Öffentlichkeit gegangen sind. Das hat verschiedene Gründe. Bei vielen Frauen war es sicherlich der Schmerz, der sie abhielt, so wie ihn Erika Canaris, die Witwe von Admiral Wilhelm Canaris, 1958 beschrieb: «Ich habe auch einen richtigen Horror davor, mich nun *wieder* intensiv mit dem ganzen Thema beschäftigen zu müssen, das für uns ja ohne

Herzweh garnicht zu berühren ist.»[31] Zudem war das Klima in der frühen Bundesrepublik, nicht dazu angetan, die Zugehörigkeit zum Widerstand bekannt zu machen. Abgesehen davon fehlte vielen Männern und Frauen anfangs die Zeit dazu, denn sie waren damit beschäftigt, sich eine neue Existenz aufzubauen. Clarita von Trott und Barbara von Haeften gaben in Interviews an, sie hätten sehr wohl gesprochen, wenn sie gefragt worden wären.[32] Zunächst aber wurden sie nicht oder nur selten befragt. Als Annemarie Cordes, Mitarbeiterin in der evangelischen Berufsschularbeit und heute Vorsitzende der Kreisau-Initiative, sich Mitte der achtziger Jahre an Marion Yorck wandte, um sie zu einem Gespräch mit Jugendlichen zu bitten, sagte diese, es sei das erste Mal, «dass uns jemand fragt».[33]

Zu dieser Zeit begann eine neue Generation sich politisch und historisch zu interessieren, die sich dem Widerstand anders annähern konnte als ihre Eltern und Großeltern. Dennoch vergingen Jahre, bevor die Rolle der Frauen in diesem Kontext breiteres Interesse erweckte. Das Buch von Dorothee von Meding über *Die Frauen des 20. Juli* von 1992 trug entscheidend zu diesem neuen Interesse bei.[34] Die Autorin führte Interviews mit elf Frauen aus dem weiteren Umfeld des 20. Juli. Der Schwerpunkt der Gespräche betraf die Jahre der Naziherrschaft, aber von Meding sprach mit ihnen über ihr gesamtes Leben. Die Frauen werden hier in ihren Gemeinsamkeiten und ihren Unterschieden sehr lebendig. Inzwischen sind sie, bis auf Clarita von Trott, alle gestorben.

Seit dem vierzigsten Jahrestag des 20. Juli, 1984, erschienen zahlreiche Interviews und Filme, darunter einer mit demselben Titel: *Die Frauen des 20. Juli.*[35] Diesen Film von Irmgard von zur Mühlen wollte allerdings im Jahr seiner Entstehung keine westdeutsche Sendeanstalt zeigen. Er wurde erstmals im DDR-Fernsehen ausgestrahlt, wo er mit großem Erfolg lief. Daraufhin wurde er auch im Westen angenommen und erhielt später die Goldene Kamera.

Schließlich begannen die Frauen auch von sich aus zu reden.[36] Als Erste hatte Marion Yorck 1984 ihre Erinnerungen publiziert: *Die Stärke der Stille.* 1997 folgten die Bücher von Barbara von Haeften *«Nichts Schriftliches von Politik». Hans Bernd von Haeften. Ein Lebensbericht* und Freya von Moltke *Erinnerungen an Kreisau. 1930–1945.* Zwei Jahre später brachte auch Rosemarie Reichwein ihre Erinnerungen unter dem

Titel *«Die Jahre mit Adolf Reichwein prägten mein Leben». Ein Buch der Erinnerung* heraus, obwohl sie noch 1992 auf die Frage: «Mit wem reden Sie heute über diese Dinge?» geantwortet hatte: «Eigentlich mit niemandem außerhalb der Familie. Ich schneide das Thema noch immer nicht an; wenn es nicht von anderer Seite angesprochen wird, rede ich nicht darüber. Ich weiß, daß der ganze 20. Juli ein heikles Thema ist und daß darüber sehr unterschiedliche Meinungen bestehen. Ich will menschliche Kontakte nicht dadurch zerstören, daß Meinungsverschiedenheiten über Dinge auftreten, die lange zurückliegen. Das ist eine böse Zeit gewesen. Ich bin mehr dafür, vorauszuschauen, für die Enkel zu denken, als immer wieder das Alte aufzuwühlen. Das hat keinen Sinn, das ist vorbei.»[37] Gänzlich stumm blieb die Witwe des Widerstandskämpfers Joseph Wirmer. Sie ist in dem Film über die Frauen des 20. Juli zu sehen, wie sie in der Mitte zwischen ihren beiden Töchtern sitzt, denen sie in der Nacht, so erfährt man, ihre Geschichte erzählt hat. Die Töchter haben sich Notizen gemacht und berichten vom Schicksal ihrer Eltern, von dem auch sie zum ersten Mal Näheres erfahren. Hedwig Wirmer sagte kein einziges Wort.

Die Frauen sind also sehr unterschiedlich mit ihren Erfahrungen umgegangen, jede auf ihre Art und in hohem Maße abhängig von den Umständen, mit denen sie hinterher zu kämpfen hatten. Die jeweilige familiäre Tradition wirkte sich auf den Umgang der Kinder – und Enkel – mit ihrer besonderen Familiengeschichte entsprechend aus.[38] Den Kindern von Helmuth und Freya, Helmuth Caspar und Konrad, blieb die traumatische Erfahrung der Sippenhaft erspart. Sie hatten die unbeschwerten Jahre in Südafrika, und Freya bemühte sich stets, den Grundsatz umzusetzen, den Helmuth in einem seiner Abschiedsbriefe formuliert hatte – «der tote Mann kann nicht regieren».[39] Konrad von Moltke äußerte sich in dem Film *Mein Vater starb als Held*, der ebenfalls zum vierzigsten Jahrestag des 20. Juli entstanden war, sehr unbefangen über sein Verhältnis zu seinem Vater. Der 1941 geborene Sohn konnte sich nicht an den 1945 getöteten Vater erinnern, aber er war ihm nicht fremd: «Der Vater war eigentlich immer da.»[40]

Die Journalistin Katharina Christiansen-Leber hingegen (gestorben 2008 in München), Tochter von Julius und Annedore, beschrieb 1994 in einem Artikel zum fünfzigsten Jahrestag des 20. Juli ihre zunehmend kritische Haltung gegenüber dem «Heldentod» des Vaters: «Als

Vater zum Tode verurteilt worden war, wollte Mutter uns mit einem Satz trösten, den er ihr bei einem ihrer letzten Besuche mit auf den Weg gegeben hatte: ‹Jetzt kann ich für meine Kinder nichts mehr tun, als für sie zu sterben.› Ich war damals sehr jung, sehr unglücklich; aber es war ein erhebendes Gefühl, einen Vater zu haben, der den Tyrannenmord angezettelt hatte. [...] Mit den Jahren wurde ich der ganzen Sache gegenüber immer kritischer. Ich fand heraus, daß Vater am allerwenigsten für meinen Bruder und mich, sondern für die anderen Deutschen, die den Krieg überlebt hatten, gestorben war. Auch für Nazis und Mitläufer. [...] Mein Bruder hat das schlecht verkraftet; er nahm sich später das Leben. Ich selbst hatte meine Last mit den Ansprüchen, die von allen Seiten an mich gestellt wurden. Nichts, was immer ich anfing, war eines Heldenvaters würdig, den ich nicht mal mehr zur Verantwortung ziehen konnte. Hat er doch die Ehre der Nation dem Glück seiner Familie vorgezogen. Eine Nation, die sich zwar heute mit ihm schmückt, aber seine Ziele – Toleranz, Mut, Gleichheit, Brüderlichkeit – nur notgedrungen ernst nimmt. So gesehen, geliebter Vater, bist du umsonst so schrecklich gestorben.»[41] Für Freya und ihre Söhne galt genau die gegenteilige Aussage. Die Überzeugung, dass Helmuth für eine gute, für die richtige Sache sterbe, konnte sie sich in den Monaten von September 1944 bis Januar 1945 mit ihrem Mann zusammen erwerben, fast könnte man sagen: erarbeiten. Im November 1944 schrieb sie in einem der vielen Briefe, die sie täglich mit ihm wechselte: «Was wird aus uns werden! [...] Werde ich die große Kunst besitzen, Dich in mir zu haben, Dein Leben zu spüren, Dich nicht zu verlieren und Dich doch nicht zu hemmen und zu stören. Mein Jäm, denk viel an mein Leben und rüste mich aus dazu, so gut Du kannst, mich und die Söhnchen mit mir.»[42] Im Rückblick kann man ihre Frage mit Ja beantworten. Sie hat Helmuth für sich und ihre Söhne bewahren können: «Er ist nie abwesend gewesen. Das hat sich nie geändert», erläuterte sie in einem unveröffentlichten Filminterview aus dem Jahr 2001. Sie habe das Gefühl seiner Nähe immer behalten. Auf die Frage, wie sie sich das erklären könne, antwortete Freya, das sei nicht zu erklären: «Es gibt Geheimnisse in unserer Existenz.» Sie könne nur berichten, dass andere Menschen ihr bestätigt hätten, dass sie Helmuth bei sich lebendig halte, «aber das reicht nicht aus. Das bin nicht alles ich. [...] Es hat auch mit anderem zu tun und das weiß ich nicht, was das ist.» Ehe er gestorben sei, habe er zu ihr gesagt: «Ich werd' mich schon bemerkbar machen. Mit diesen Worten hat er das gesagt!», bekräftigte sie und lächelte.[43]

Zwölf Jahre später versuchte sie, die Bedeutung der «kostbaren Tegeler Wochen» Eugen Rosenstock-Huessy zu vermitteln, und zwar am Beispiel von Helmuths Tante Leno: «Die Moltke Tante ist eine Frau, wie sie sein soll. Durch ein langes schweres Leben ist sie gut und heiter hindurch gekommen, hat ein ganz junges Herz und lauter Lustigkeit drinnen. Ich habe sie immer bewundert. Als ihr einziger Sohn und die Mitte ihres späteren Lebens in Berlin 1943 mit seiner Frau in einem Bunker erschlagen wurde, mußte ich ihr in Kreisau die Nachricht bringen. Es ist mir wohl nichts bis jetzt so schwer geworden. Es ist mir unvergeßlich, wie sie es hinnahm. 28jährig verlor sie ihren Mann, er starb, nachdem er wahnsinnig geworden war. Als Frau in Kreisau habe ich mich oft gefragt, wie sie es ertrug, ich habe sie auch gefragt, weil ich ja immer wusste, ich würde Helmuth früh hergeben müssen und es mir unverständlich, unmöglich erschien, es zu ertragen. Später habe ich es erfahren, es ist auch unverständlich und bleibt es. Ich habe noch vor wenigen Tagen darüber nachgedacht [...]. Ich habe gedacht, ich müsse Dir sagen, ich habe nicht viel durchlitten. Das ist einfach wahr. Nachdem wir einmal eingesehen hatten, es müsse so sein – vorher, ja da war es stellenweise schlimm, nachdem wir bereit geworden waren, war es gar nicht mehr schwer. Ich kann es ja kaum von mir glauben – rückwärts schauend, aber wenn ich T. Leno ansehe, dann kann ich mich verstehen. Verstehst Du das? Ich wünsche mir, dass Du es verstehst und dann auch weisst, dass ich ein leichtes Leben habe. Worauf es ankommt, das wird immer für mich getan.»[44]

Ein faszinierender Mann

Warum sollte Eugen, den sie bei ihrem ersten Besuch 1949 in den USA noch mit Professor Rosenstock angeredet hatte, ihr Verhältnis zu Helmuth kennen und verstehen? Eugen Rosenstock-Huessy war im Sommer 1956 als Gast der deutschen Bundesregierung in Deutschland. Er hielt Vorträge und Seminare in verschiedenen Städten, unter anderem

«Eugen Rosenstocks Geistes- und Liebeskraft, seine sprühende Lebendigkeit, seine Wärme und Menschlichkeit beeindruckten Freya tief. Er ging auf die Menschen zu, forderte sie heraus, nahm sie ernst, sprach sie mitten in ihre gegenwärtige Lebenslage hinein an, rüttelte sie wach. Geist und Herz hielten sich bei ihm gut die Waage, wie man es auch von Freya sagen kann.» So charakterisierte Ulrike von Moltke Eugen Rosenstock-Huessy.

im Juni in der Evangelischen Akademie Berlin. Freya, seit einem halben Jahr wieder in Berlin, ging hin, um den alten Lehrer ihres Mannes zu begrüßen – und verliebte sich in ihn, zu ihrer eigenen großen Überraschung. Eugen Rosenstock-Huessy war dreiundzwanzig Jahre älter als Freya – und er war verheiratet.

Der 1888 als Sohn eines jüdischen Bankiers in Berlin geborene Eugen Rosenstock war ein Mann von großer Gelehrsamkeit. Er hatte eine umfassende humanistische Bildung genossen und studierte ab 1906 Jura in Zürich, Berlin und Heidelberg. 1909 wurde er in Heidelberg mit einem Thema aus der Rechtsgeschichte promoviert.[45] Nur zwei Jahre später habilitierte er sich in Leipzig[46] und war der jüngste Privatdozent Deutschlands. Nach dem Krieg habilitierte er sich in Darmstadt ein zweites Mal, jetzt in Soziologie, und erwarb im selben Jahr, 1923, einen zweiten Doktorgrad in Heidelberg, einen Dr. phil. Es war unter anderem dieser beeindruckende Intellekt, den Freya an Eugen so anziehend fand. «Ich danke Dir für die Kraft Deines Geistes. Sie ist mir ganz gegenwärtig», schrieb sie ihm wenige Wochen nach ihrer alles umstürzenden Begegnung im Jahr 1956. «Sie ist für mich ein ungeheures Geschenk, das ich dankbar bestaune.»[47] Sie selbst hielt sich für weniger schöpferisch als Eugen: «Ich habe eine so strenge, geradlinige und unschöpferische Art zu *denken*.»[48]

Rosenstock war während des ganzen Ersten Weltkriegs Soldat und kämpfte auch in Verdun. Ihm war klar, dass dieser Krieg eine historische Zäsur darstellte. Es war ihm wichtig, nach neuen Ausdrucksformen zu suchen, um die neu entstehende Gesellschaft mitzugestalten. Daher lehnte er eine Professur in Leipzig ab und begann stattdessen ab Mai 1919 die Daimler Werkszeitung herauszugeben. 1919 konnte ein Vorstandsmitglied der Daimler-Motoren-Gesellschaft, Paul Riebensahm, noch die Auffassung vertreten, «daß der Mensch nicht um der Arbeit willen da ist, sondern die Arbeit um des Menschen willen».[49] Riebensahm und Rosenstock wollten eine «gemeinsame Werkssprache» finden und die Kluft zwischen Arbeitnehmern und Arbeitgebern überwinden. Jeder sollte sich äußern können. So wie der Rationalisierungsexperte über die neue Arbeitsform der Gruppenfabrikation schrieb und der Vorstand das Thema Arbeitszeit diskutierte, so sollten sich auch die Arbeiter zu Wort melden – was aber erst spät und nur in geringem Umfang geschah. Neben ökonomischen Themen gab es Artikel zu Kunst, Kultur, Literatur und Geschichte. Nach dem Ende des Experiments Werkszeitung war Rosenstock von Mai 1921 bis April 1922 Leiter der Akademie der Arbeit in Frankfurt am Main, die Weiterbildungskurse für Arbeiter anbot. Rosenstock blieb zeit seines Lebens sehr an der Erwachsenenbildung interessiert, obwohl er 1923 zunächst doch an die Universität zurückkehrte.

Ein Grund dafür war seine persönliche Situation, denn er hatte eine Familie zu versorgen. 1921 war sein Sohn Hans geboren worden. Eugen Rosenstock hatte 1914 Anna Maria Margaretha (Margrit) Huessy, die Tochter eines Schweizer Fabrikanten aus Säckingen, geheiratet. Das Paar hatte sich 1914 in Florenz kennengelernt, wo Margrit Kunstgeschichte studierte. Margrit Huessy verband seit 1918 eine Liebesbeziehung mit Franz Rosenzweig, einem Freund Rosenstocks. Diese Beziehung, in die Eugen einbezogen war und die er im Rückblick als «gelebte leibliche Trinität»[50] bezeichnete, war die Folie, vor der sich später seine Beziehung zu Freya abspielte.

Rosenstock und Rosenzweig hatten sich 1913 in Leipzig näher kennengelernt. Eugen Rosenstock war als Siebzehnjähriger zum protestantischen Glauben übergetreten. Er war ein aggressiver Konvertit, der seinem Freund vehement zusetzte, ebenfalls Christ zu werden. In einer später als Leipziger Nachtgespräch bekannt gewordenen Auseinandersetzung sagte Rosenzweig den Religionswechsel zu. Er zog aber seine Zusage bald wieder zurück, und es kam zu einer Entfremdung zwischen beiden Männern. Rosenzweig wandte sich in der Folge ganz dem Judentum zu und wurde zum bedeutendsten jüdischen Religionsphilosophen neben Martin Buber. 1916 nahmen Rosenstock und Rosenzweig den Dialog wieder auf. Aber zu einer intensiven Wiederannäherung kam es erst, nachdem 1918 die ausgedehnte Korrespondenz zwischen Margrit und Franz begonnen hatte.[51] Denn Franz gelang es erst über seine Liebe zu Margrit, Eugen «*schranken*los» zu glauben und «*lücken*los» zu lieben.[52]

Beide Männer schärften in ihrem Briefwechsel ihre jeweiligen Positionen im christlich-jüdischen Dialog. Rosenstock entwickelte eine Auffassung vom Christentum, in der Freya später ihre Positionen wiederfand: Gott existiere in der Menschheit, nicht getrennt von ihr, und zwar in der absichtsvollen Interaktion der Menschen untereinander, die Rosenstock als verschiedene Formen von Sprache charakterisierte. Rosenstocks Überlegungen zur Sprache erlangten für Freya eine besondere Bedeutung, «weil mir, wie ich Dir ja schon früher gesagt habe, der Nationalsozialismus allen Glauben an die Sprache zerstört hatte und weil ich mich davon dank Deiner nun erholen kann».[53]

Franz Rosenzweig starb im Dezember 1929, nach langer schwerer Krankheit, die eine Fortsetzung des Briefwechsels nach 1921 immer weiter erschwert hatte. Eugen Rosenstock war unterdessen an der Universität Breslau Professor für Bürgerliches Recht geworden. Helmuth James von Moltke gehörte zu seinen Studenten. Gemeinsam mit vielen gleichgesinnten Studenten, aber nur wenigen Professoren, organisierten sie die sogenannten Löwenberger Arbeitslager. Im September 1927 war Rosenstock für ein paar Tage in Kreisau zu Gast zur Vorbereitung dieser Work Camps, an denen junge Männer aus allen gesellschaftlichen Schichten teilnehmen sollten. Das Ziel war hier, ähnlich wie schon bei der Daimler Werkszeitung, die Überwindung gesellschaftlicher Grenzen durch Dialog, der zur Schaffung einer gemeinsamen

Sprache beitragen sollte.[54] Der spätere Kreisauer Hans Peters war einer der wenigen Breslauer Professoren, die sich für die Arbeitslager-Idee begeistern ließen. Das hing unter anderem damit zusammen, dass deutsche Professoren ihr Wirkungsfeld nur und ausschließlich innerhalb der Universität sahen und, ganz anders als Rosenstock, keineswegs den inneren Drang verspürten, den Elfenbeinturm zu verlassen. Es war gerade diese Arbeitslager-Idee, die sehr bald von den Nationalsozialisten aufgegriffen und pervertiert wurde.

Eugen Rosenstock-Huessy erkannte wie Helmuth James von Moltke von Anfang an den verbrecherischen Charakter des Nationalsozialismus. Zwei Tage nach der Machtübernahme Hitlers beantragte er in der juristischen Fakultät der Universität Breslau «Vertagung wegen Revolution [...]. Dafür wurde ich ausgelacht. Darauf hin sagte ich: Leben Sie wohl, nahm meinen Urlaub [...] und fuhr auf der Deutschland nach Amerika.»[55] Rosenstock sah sich nicht als Emigrant. Es war sein eigener Entschluss, das Land, das ihm keine moralisch einwandfreien Voraussetzungen für sein Leben und seine Arbeit mehr bot, zu verlassen. Er ging, lange bevor er gehen musste. Als Weltkriegsteilnehmer wäre er zwar noch nicht unter die Bestimmungen des Arierparagraphen vom April 1933 gefallen, durch die so viele seiner jüdischen Professorenkollegen aus dem Amt gejagt wurden. Aber in der rassistischen Sichtweise der Nationalsozialisten blieb der Protestant Rosenstock ein Jude, und spätestens die Nürnberger Gesetze von 1935 hätten auch ihn betroffen. Am 4. Mai 1933 trafen sich Helmuth James von Moltke und Eugen Rosenstock zum letzten Mal in Berlin, um sich voneinander zu verabschieden. Freya war dabei. Dies war ihre erste Begegnung mit Eugen, der zu diesem Zeitpunkt nichts anderes für sie war als der Lehrer ihres Mannes.

Rosenstock verließ Deutschland endgültig im November 1933. Er lehrte zunächst als Gastdozent an der Harvard University, wohin ihm seine Frau und sein Sohn Hans im Mai 1934 folgten; Hans, der nie wieder ein Wort Deutsch reden wird in seinem Leben. Margrit und Eugen hingegen sprachen nur Deutsch miteinander, wie auch später Freya und Eugen. Sie redeten jedoch Englisch, wenn die Familie oder nicht Deutsch sprechende Freunde da waren. Von 1935 bis 1957 lehrte er in New Hampshire, am Dartmouth College, Hanover. 1937 kaufte er sich in der Nähe von Hanover ein Grundstück im Dörfchen Nor-

Eugen Rosenstock-Huessy zu Pferde

wich und baute ein Haus, das er Four Wells nannte, mit einem Pferdestall, denn Eugen Rosenstock war ein begeisterter Reiter und ritt hin und wieder zur Universität – auch für amerikanische Verhältnisse eher ungewöhnlich.

1941 nahm Rosenstock die amerikanische Staatsbürgerschaft an. Nach dem Zweiten Weltkrieg gab es Bemühungen seiner Schüler, Rosenstock nach Deutschland zurückzuholen, unter ihnen ehemalige Kreisauer: Theodor Steltzer, den er aus der Jugendbewegung kannte, oder Carl Dietrich von Trotha, ein aktiver Löwenberger. Freya überbrachte deren Grüße, als sie 1949, während ihrer Vortragsreise durch die USA, den kurzen Besuch bei Eugen und Margrit machte. Eugen gab ihr einen Aufsatz[56] von sich mit, und Freya begann sein Werk kennenzulernen. Sie las mit Begeisterung und schrieb ihm: «Ich verstehe ihn sehr gut. Überhaupt bin ich überrascht, wie gut ich das verstehe, was Du sagst, und wie Du das sagst, was uns im Krieg so sehr beschäftigt hat und was nun doch – anscheinend – ohne Kontinuität da liegt.» Und auch sie empfahl ihm: «Geh und lehre das die neuen Deutschen – wenn auch nur für kurze Zeit. So schön Four Wells ist und so sehr

Ihr da festgewachsen seid, zur Ruhe darfst Du Dich da doch noch nicht setzen.»[57] In der frühen Bundesrepublik hatte Rosenstocks Name noch Gewicht. Im Februar 1960 wurde ihm das Bundesverdienstkreuz verliehen, da er mit «seiner wissenschaftlichen Arbeit, die in einer Fülle von juristischen, theologischen, soziologischen und nationalökonomischen Schriften ihren Niederschlag findet», sich einen «bedeutenden wissenschaftlichen Ruf geschaffen und damit das Ansehen seines Geburtslandes wesentlich gefördert» habe.[58] Es war allerdings gerade diese enorme Fülle der Schriften, die dazu führte, dass er später in Vergessenheit geriet. Denn in der fortschreitenden Spezialisierung der Wissenschaften wurde es zunehmend schwerer, dem Universalgelehrten einen Platz in einer Wissenschaftssparte zuzuweisen. Er fiel durch alle Raster und wurde von keiner Disziplin als zugehörig betrachtet, was ihm sehr wohl bewusst war: «Ich habe in Dekaden des Forschens und des Lehrens in scholastischen und akademischen Wissenschaften überlebt. Jeder ihrer ehrwürdigen Gelehrten nahm mich fälschlicherweise als den Typ von Intellektuellen wahr, den er am meisten verachtete. Der Atheist wollte mich in der Theologie verschwinden sehen, der Theologe in der Soziologie, der Soziologe in der Geschichte, der Historiker im Journalismus, der Journalist in der Metaphysik, der Philosoph in der Juristerei und – muß ich es sagen? – die Anwälte in der Hölle, die ich, als Angehöriger unserer existierenden Welt nie verlassen habe.»[59]

Zwar verbrachte Rosenstock bis zu seinem Tod immer wieder Monate in Europa – so nahm er 1950 Gastprofessuren in Göttingen und in Köln wahr –, aber er lebte bis zu seinem Tod 1973 in den USA. In Köln war der deutsche Historiker Hans-Ulrich Wehler als Assistent für seine Betreuung zuständig. Wehler, der Kollegen gemeinhin nicht zu loben beliebt, äußerte sich über Rosenstock bewundernd: «Eugen Rosenstock-Huessy ist der einzige geniale Mann, den ich bisher kennen gelernt habe.»[60]

Eine Eigenschaft des genialen Mannes muss Freya zudem sehr gefallen haben: Rosenstock hatte Humor! Der Publizist und Verleger Walter Hammer schrieb ihm im Dezember 1953, er möge ihm die Frage nicht verargen, doch er habe gehört, dass er – Rosenstock – in Plötzensee erhängt worden sei. Eugen Rosenstock antwortete keineswegs pikiert, er halte dies für «unwahrscheinlich, [...] Pastor Pölchau habe

Eugen Rosenstock-Huessy war ein charismatischer Lehrer, hier am Dartmouth-College in Hanover (New Hampshire), einem der ältesten Colleges der USA.

ich zweimal inzwischen getroffen, und er hat mich nicht darauf angesprochen.»[61]

«Hätte ich nicht selbst ein wildes Herz»

Freya war von ihren Gefühlen buchstäblich überrumpelt worden. Sie sprach von einer «Fügung»,[62] vom «Wunder der letzten Wochen».[63] Eugen sei ihr «zugewendet» worden, und sie sei nun «gezwungen», sich ihm «zuzuwenden».[64] Freya und ihre Söhne fuhren Mitte Juli 1956 mit Freyas Bruder Carl, seiner Frau und ihren Söhnen nach Italien. Die Familien Moltke und Deichmann machten gemeinsam Urlaub am

Freya um 1960

Meer. Freya beschrieb in ihrer ausgedehnten Korrespondenz mit Eugen diese Zeit als «Doppelleben». Da sie selbst noch in ihrer Überraschung verharrte, hielt sie ihre Liebe vor den anderen verborgen. «Heute gehen diese zwei seltsamen Wochen hier zu Ende»,[65] schrieb sie dann am 29. Juli an Rosenstock. Im August wird sie Helmuth Caspar und Konrad die Neuigkeit unterbreiten: «Sie necken mich ein wenig; dann sind sie Söhne ihres Vaters. Ganz verstehen sie es nicht, aber halb.»[66]

Die Formulierungen von Fügung und Wunder, die sie verwendete, machten es ihr einfacher, das Geschehene zu akzeptieren: «Gott hat im Leben der Menschen immer wieder eine so völlig unerwartete Sprache. Wie er uns in diesen Wochen angeredet hat, hätte ich niemals erwartet. Aber er hat gesprochen – das ist keine Frage.»[67] Denn sie wusste, dass das «Wunder» nicht ohne Konsequenzen blieb; in all ihrem Glück war ihr der Gedanke an Margrit Huessy stets gegenwärtig. «Hätte ich nicht

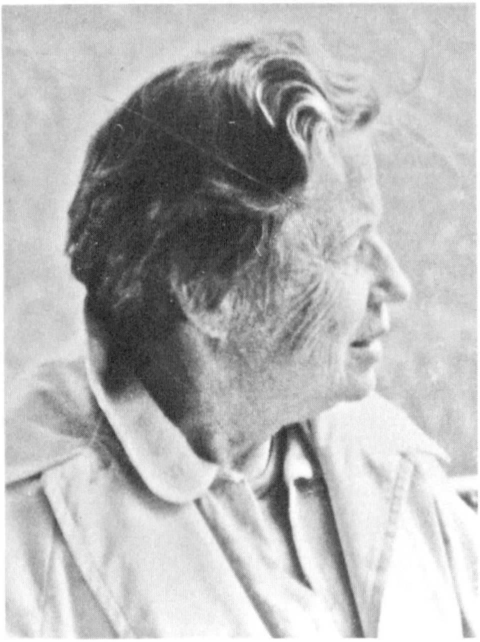

Margrit Rosenstock-Huessy

selbst ein wildes Herz, ich könnte Margrit viel weniger gut verstehen»,[68] schrieb sie im November 1956 an Eugen. Sie selbst wusste sich keinen Rat in dieser Situation: «Nun muss ich glauben, nun müssen wir uns tragen lassen und vertrauen. Willst Du, lieber Eugen? Du bist so frei wie ein Vogel und doch halte ich Dich fest für immer. Du brauchst mich nicht zu spüren, ich belaste Dich nicht, ich zerstöre nichts, so wahr mir Gott helfe, und doch ist Euer Leben mit dem meinen für immer verbunden. Alles ist anders als vor 4 Wochen. Nun müssen wir weiter sehen.»[69] Im Frühjahr 1957 verbrachten Freya und Eugen einige Zeit zusammen in einem Ferienhaus in den nördlichen Niederlanden. Im Juni des Jahres unternahmen sie eine gemeinsame Griechenlandreise. Eugen schrieb an Margrit, Freya schrieb an Margrit, Margrit schrieb, selten, an Freya, und Margrit schrieb an Eugen: «To melt away and make no noise» – lautlos, unbemerkt hinwegschmelzen, so beschrieb sie Eugen ihre Gemütsverfassung. «Es scheint mir dann daß *alles* Leben von mir fort ebbte: a thing forgot.» Margrit als ein vergessener, zurückgelassener Gegenstand? Sie spricht von dem «Reifen ums Herz» (in Anlehnung an

Grimms Märchen vom Froschkönig) und berichtete, sie habe die letzten Tage nicht geschrieben, sei «zu oft im Sumpf steckengeblieben». Aber zugleich schrieb sie, «daß ich Euch von Herzen wünsche daß Ihr Euch recht in frischem Glück übt und die Göttersprache versteht. [...] Ich war ganz ungeteilt mit Euch auf Eurer Reise voller Dankbarkeit, daß es so vollkommen sein durfte. Aber für meine körperliche Abwesenheit müßt Ihr doch ebenso dankbar gewesen sein wie ich.» Ein paar Tage später hieß es: «Wenn Du doch einsehen könntest daß die seeligste Griechenlandfahrt mir kein Herzweh zu machen braucht, aber die Minute, in der ich wissen werde, daß es für Euch soviel glücklicher wäre, wenn ich nicht mit meiner körperlichen Gegenwart dazwischen stünde, steht noch unbezwungen vor mir und dabei weiss ich, daß gerade das das unvermeidliche für uns ist.»[70]

Freya wusste um die schwierige Situation: «Ihr ganzes Wesen wehrt sich gegen mich in Deinem Leben. Objektive Umstände, ach, die gibt es nicht. Was nutzt es, wenn ich sage: sie hat es ja herrlich. Sie hat es eben nicht herrlich. Soll ich nicht doch seltener schreiben? Ist nicht doch jeder Brief ein Stachel, den sie nicht zugibt? Ich denke auch immer, sie leidet unter der Anwesenheit der Briefe im Haus. [...] Aber ihr könnt nicht wieder einen solchen Winter wie den letzten durchmachen. Ist es denn möglich, dass ein solches Himmelsgeschenk wie unsere Liebe so zerstörerisch wirkt? Wir müssen sie anders leben. Aber wie?»[71] Freya selbst war glücklich: «Es wird mir in der Tat jeden Tag leichter und schöner Dich zu lieben.»[72] Auch Eugen war es, wir wissen es aus Margrits Briefen: «Nein, ich wundere mich gar nicht, daß Du Dich so glücklich preist. Keine andere Liebe hat vermocht, was Freya fertig bringt. Deshalb kann ich ja gar nicht anders als einfach dankbar sein.» Margrit stellte fest, «ich denke oft daß Helmuth es leichter hat». Und sie rief Helmuth zu ihrem Schutzheiligen an: «Auf der Fahrt nach Hause kam es mir plötzlich, ob wohl Helmuth mein Schutzheiliger sein möchte, da diese Funktion den Lebenden doch versagt ist.»[73] Dies war keine Dreiecksbeziehung, es gab vier Beteiligte, denn Helmuth war für alle sehr präsent, sogar für Margrit.

Freya machte sich intensive Gedanken, wie diese überraschende Entwicklung in ihr Leben zu integrieren sei. Die wichtigste Überlegung war die, wie sich für sie das Verhältnis von Helmuth zu Eugen gestaltete, und sie kam zu folgendem Schluss: «*Zu*gehören, Eugen, will ich Dir. Über *an*gehören bin ich mir nicht so sicher. Mir scheint angehören tue ich Dir nicht. Angehören tue ich wohl doch nur Helmuth oder verstehe ich das falsch?»[74] Dennoch scheint es in ihren Augen kein hierarchisches Verhältnis der beiden Männer in ihrem Leben gegeben zu haben, eher ein ergänzendes. Eugen ergänzte Helmuth: «Ich verstehe voll, was ich für Dich [...] in Deiner Beziehung zu Deutschland bedeute. Ich habe das alles ganz sorgfältig durchdacht und mein Kopf hat meinem Herzen gesagt, dass meine Liebe zu Dir Helmuths Tat fortsetzt, verlängert, erneut. Was könnte ich wohl tun, was mich mehr beglücken könnte. Du wirst mich recht verstehen, dass mein Kopf sekundär bleibt?»[75] Eugen verlängerte Helmuth in die Zukunft. Nach einer Tagung in der Evangelischen Akademie in Berlin, wo Freya über den Kreisauer Kreis gesprochen hatte, schrieb sie: «Es gelang mir Helmuth zu landen, aber es bleibt mir noch Dich zu landen – denn es ist wirklich wahr: nur dank Deiner vermag ich Helmuth recht zu landen – ohne Dich bleibt er in der Vergangenheit stehen, mit Dir geht er in die Zukunft.»[76] Freya hatte die feste Vorstellung, dass sie über Eugen noch enger mit Helmuth verbunden sei: «Helmuth hatte viel mehr Wurzeln in Dir als ich ahnte. Mit unverschämter Naivität und ganz ohne Grössenwahn bin ich doch davon ausgegangen, sein Leben finge mit unserem gemeinsamen Leben erst an. Ich habe über das Vorher einfach nie nachgedacht. Ich sah ja, was da war. [...] Ich bin ergriffen von Gottes Güte, der mich durch Dich nun Helmuth erst ganz recht sehen lässt – Helmuths wegen *und* Deinetwegen weiss ich das nun.»[77]

Rosenstock verbrachte auch in den Jahren von 1957 bis 1959 jeweils mehrere Monate in Europa. Er hielt Vorlesungen, traf Freunde wie Gerhard und Sabine Leibholz, die Zwillingsschwester von Dietrich Bonhoeffer, die mit ihrem jüdischen Mann in England im Exil gewesen war und jetzt in Karlsruhe lebte; Schüler und Anhänger wie Georg Müller, den Begründer des Eugen-Rosenstock-Huessy-Archivs in Bethel, und Verwandte wie seine Schwägerin Lotti Huessy in der Schweiz, die auch eine Freundin von Freya wurde. 1958 nahm er zum zweiten Mal eine Gastprofessur in Münster wahr. Im gleichen Jahr kam es zu einer ersten Begegnung mit niederländischen Freunden, unter ihnen Bas und Wim Leenman, die später im Neuen Kreisau sehr aktiv werden sollten.

Auch Margrit Huessy war in diesen Jahren in Europa. Zusammen

Lotti Huessy, Margrits Schwester, war eng mit Freya befreundet.

mit Freya verbrachte sie 1957 zwei Wochen in Italien. Beide Frauen versuchten Freyas Schwägerin Dickie beizustehen, die sehr unter der Beziehung ihres Mannes zu einer Italienerin litt. Im Sommer 1958 unternahmen Eugen, Margrit, Freya und Lotti eine gemeinsame Reise nach Jugoslawien. Margrit verlangte von sich, vor dem Hintergrund ihrer eigenen Geschichte, Eugens und Freyas Liebe auszuhalten. Ansonsten lebte Freya weiterhin mit Konrad bei Karl Heinz Henssel in Berlin-Wannsee. Eugen und Margrit blieben in Amerika. Trotz aller Schwierigkeiten, die die Situation mit sich brachte, bewahrte sich Freya ihren so konsequenten positiven Zugang zum Leben: «Weisst Du nicht, dass ich eine selten glückliche Frau bin? *Das Beste*, das ein Mensch erfahren kann, hat mir Gott mit Helmuth geschenkt. Er hat mich befähigt, das jede Minute zu wissen und mich daran zu freuen. In Helmuths grossem Tod hat er mich soweit wie eben möglich hinein genommen. So weit, daß er mich mit meinem ‹ja› dazu beschenkt hat. Aus diesem ‹ja› fliesst mir seither unendlicher Segen. Ich habe ein so leichtes Leben, daß ich oft zutiefst beschämt bin. [...] Dass ich Dich so und mit Helmuth lieben kann – ich fasse es kaum.»[78] Und zwei Tage später schrieb sie: «Du weisst es ja daß ich Helmuths Freya bin und bleibe.»[79]

8
Amerika

1960–2010

«Zwölf wunderbare Jahre mit diesem alten Freund»[1]

Am 1. September 1959 starb Margrit Huessy. Sie erlag einem Krebsleiden, das erst wenige Monate vor ihrem Tod festgestellt worden war. Freya und Eugen sahen diesen Tod als «Opfer» und stellten eine direkte Verbindung zu ihrer Liebe her. Freya suchte nach einem höheren Sinn für Margrits Sterben, konnte ihn aber doch nicht benennen: «Ich glaube, dass ich zwar die ganze Schwere von Margrits Tod und Opfer auf Deinem und auf meinem Leben fühlen muss, dass wir aber doch auch ihren Tod nicht einfach nur so und nicht anders sehen dürfen. [...] Willst Du mein Leben betrachten, lieber Eugen. Er [Gott] hat mich Helmuth willig hingehen lassen. Er hat mir das Kostbarste genommen, als er mir unbeschreiblich kostbar war. Er hat mein Herz am Leben erhalten – trotzdem. Er hat mich Dich lieben lassen. Ich habe mich tausendmal gefragt im Glück und im Unglück, in Deinen Armen und unter bitteren Tränen, ob er mir diese Liebe schenke und sie von mir verlange? Ich habe nie eine andere Antwort bekommen. Auch hat der schwere Weg dieser Jahre nie eine andere Antwort gezeigt. [...] Ich sehe Margrits Sterben, aber der Sinn ist größer und anders als nur so. Ich weiss ihn nicht.»[2] Vom 17. Oktober 1959 bis zum 24. November 1959 war Freya bei Eugen in Norwich, flog aber dann wieder nach Berlin zurück. Von April bis August 1960 kam Eugen nach Europa. Drei Monate verbrachten beide in Putten in den nördlichen Niederlanden, im Ferienhaus einer befreundeten Familie Kohnstamm. Eugen erhielt Besuch von seinen niederländischen Schülern, hielt Vorträge in Deutschland und traf Freunde wie das Ehepaar Leibholz. Im Juli schloss sich ein Besuch in der Schweiz an, bei dem sie unter anderem Margrits Schwester Lotti Huessy trafen. Dann, Anfang September 1960, im Alter von neunundvierzig Jahren, zog Freya schließlich in die

USA, zu Eugen nach Norwich, wo sie weitere neunundvierzig Jahre ihres Lebens verbringen sollte.

Freya war in Four Wells wieder, wie in Kreisau, der Mittelpunkt einer großen Familie. Trotz der tragischen Umstände, die ihre Ankunft begleiteten, wurde sie bald von der Familie Huessy akzeptiert. Denn Freya hatte sich anfangs sehr vorsichtig verhalten. Sie erinnerte sich nur zu gut und ungern an die Reaktion der Moltke-Kinder auf das Erscheinen der zweiten Frau von Vater Moltke nach dem Tod der über alles geliebten Mutter Dorothy. Die «Rentenannie» war nicht willkommen gewesen und hatte zudem durch ihre ungeschickte und fordernde Art bald jede Annäherung zwischen ihr und der Familie ihres Mannes unmöglich gemacht. Freya hingegen konnte durch ihre Zurückhaltung Eugens Sohn Hans, dessen Frau Mariot und deren elf Kinder für sich einnehmen. Sie veränderte nichts in Four Wells, sodass es für die Huessys das Haus ihrer Mutter und Großmutter Margrit blieb und doch allmählich auch zu Freyas und Eugens Haus werden konnte, in das Kinder und Enkel gerne kamen. Sie sei «socially wise» gewesen, erinnert sich Mariot Huessy. Aber nicht nur die große Huessy-Familie kam. Neben Rosenstocks vielen Freunden und Schülern aus Europa und Amerika waren auch die zahlreichen Moltkes regelmäßig zu Gast: «Es ergoss sich ein Strom meiner Nächsten durch und nach Four Wells»,[3] schrieb sie im Oktober 1961 an Willo.

In den Jahren von 1961 bis 1965 waren Freya und Eugen jeweils für mehrere Monate in Deutschland. Freya hatte bis 1967 in Heidelberg eine kleine Wohnung im Haus der Mutter von Barbara von Haeften gemietet. Rosenstock hielt Vorlesungen, sie besuchten Verwandte und Freunde und machten gemeinsam Urlaub bei Freyas Bruder Hans in Italien. Den Winter 1965 verbrachten sie, wie in den folgenden Jahren, bis 1968, in Kalifornien, wo Rosenstock an der University of California in Santa Cruz las. 1969 kam er einundachtzigjährig zum letzten Mal nach Deutschland, dann wurde ihm das Reisen zu beschwerlich. Freya und Eugen verlebten noch vier ruhige Jahre in Norwich, bis Eugen Rosenstock-Huessy am 24. Februar 1973 starb. An Carl Zuckmayer, der in Vermont im Exil gelebt hatte und Eugen kannte, schrieb Freya im April 1973: «Lieber Zuck, [...] natürlich stimmt alles, was Sie in Ihrem sehr schönen Brief über Eugen schreiben. Und *danke* für alles! [...] Ich will hier bleiben; hier umgeben mich Haus und Land liebevoll und ich habe Wurzeln bekommen und ich möchte noch für Eugen und den Sinn seines grossen Lebens weiter arbeiten. Aber ich kann natürlich gehen und kommen und hoffe das zu tun. Ich bin auch traurig und froh zugleich. Ich hatte ein gutes, ein sehr glückliches Leben mit Eugen, viele kostbare Jahre – ein wahres Geschenk des Himmels und ich atmete alles ein – lernte und finde mich reich, dankbar und doch mit Recht traurig.»[4]

Das Erbe zweier «querliegender» Männer

Beim Tode Rosenstocks war Freya zweiundsechzig Jahre alt. Zu Beginn ihrer Beziehung, 1956, hatte sie an ihn geschrieben: «Mein einziger Ruhm besteht darin, daß ich Helmuths Frau bin.»[5] Damals begann sie, sich mit dem Erbe des Widerstands zu beschäftigen. Aber sie war mehr als nur Witwe, in ihren Augen sowieso immer nur «Helmuths Frau» oder «Helmuths Freya». Sie hatte sich zu einer Persönlichkeit aus eigenem Recht entwickelt. Zum einen hatte sie sich die «Stabilität, die sie von Hause aus hat»,[6] wie Helmuth James von Moltke es genannt hatte, in den schwierigen Situationen ihres Lebens nicht nur bewahrt, sie war in und an der Krise gewachsen und vermochte im Laufe der Jahre ihre ganze Kraft zu entfalten. Dessen war sie sich bewusst.

Im März 1959 hatte sie im Auftrag der Bundesregierung in Südafrika insgesamt sechzehn Vorträge über die politische Situation in Deutschland, insbesondere in Berlin, gehalten, um südafrikanische Unterstützung einzuwerben. Sie sprach vor großen Gruppen von bis zu hundert Zuhörern und stellte fest: «Ich fühle in solchen Lagen zum ersten Mal in meinem Leben, daß ich Kraft habe und sie gebrauchen muss. Das sind, mein Lieber, die letzten 3 Jahre», schrieb sie an Rosenstock. «Das ist mir hier sehr deutlich geworden.»[7] Zum anderen war es der fruchtbare intellektuelle Austausch mit Rosenstock-Huessy, wie sie ihn hier andeutete, der sie ihre Kraft erkennen ließ. Sie war ihm gewachsen, nicht nur als Gesprächspartnerin, sondern auch als Lebenspartnerin, denn der «geniale» Mann war ein kraftvoller Charakter, «der es einem nicht leicht machte».[8]

1973 sah sie sich der Situation gegenüber, dass sie das Erbe zweier «querliegender»[9] Männer zu verwalten hatte, und sie nahm die Auf-

Freya in ihrem Arbeitszimmer in Four Wells

gabe an. Sie war vertraut mit Rosenstocks Werk und daran interessiert, es weiter zu verbreiten und lebendig zu erhalten. Daher gründete sie 1976 den Eugen Rosenstock-Huessy Fund neu, den es in wechselnden Erscheinungsformen bereits seit den fünfziger Jahren gegeben hatte.[10] Unterstützt wurde sie dabei von Clinton C. Gardner, dem Bruder von Mariot Huessy, also dem Schwager von Eugens Sohn Hans. Gardner, der als amerikanischer Soldat die Befreiung Buchenwalds erlebt hatte und sich für die deutsch-amerikanische und später im Kalten Krieg auch für die russisch-amerikanische Verständigung einsetzte, war ein Schüler Rosenstocks am Dartmouth College gewesen. Fasziniert von dem Lehrer und seinem Werk, wurde er ein Freund Rosenstocks und auch Freyas, der sich in unmittelbarer Nachbarschaft ein Haus baute. Er engagiert sich bis heute im Fund, aus dem auch der Verlag Argo Books hervorging.[11] Fund und Verlag legen Bücher von Rosenstock wieder auf; sie unterstützen inhaltlich und materiell Übersetzungen, und sie geben Mitschnitte von Rosenstocks Vorlesungen heraus, die von ehemaligen Studenten stammen. Außerdem gibt es das «Norwich Center», das von Freya und Clinton Gardner 1977 als organisatorische Basis für die Arbeit an Rosenstocks Werk geschaffen worden war.[12] Freyas Sohn Helmuth Caspar arbeitet mit im Rosenstock-Fund, andere Familienmitglieder engagieren sich für die Eugen Rosenstock-Huessy Gesellschaft, die ihren Sitz in Bethel bei Bielefeld hat.[13] Eugens Enkel wiederum setzen sich für das Neue Kreisau ein, über das noch zu sprechen sein wird. Clinton C. Gardner berichtet, dass es sich sehr gut mit Freya zusammenarbeiten ließ, «she was easy to work with». Ihre juristische Ausbildung habe sich in ihrer Arbeitsweise widergespiegelt.

«Soll ich die Historiker heranlassen?»

Freya setzte die in Deutschland begonnene Arbeit des Abschreibens von Helmuths Briefen in den USA fort. Während sie bei der Arbeit mit Rosenstocks Erbe auf bestehende Strukturen zurückgreifen konnte und Unterstützung in ihrer unmittelbaren Umgebung fand, war sie bei der Auseinandersetzung mit den Briefen allein. Die Zusammenarbeit mit Annedore Leber bezog sich auf andere Projekte, die sich der Erinnerung an den Widerstand allgemein widmeten. Sie diskutierte die Frage, was sie mit den Briefen tun solle, zwar mit Rosenstock,[14] aber sie konnte keinen rechten Entschluss fassen. Ihr Misstrauen gegenüber «den Historikern» war zu groß: «Die Historiker sind sehr darauf erpicht, sich des Lebens anzunehmen und selbst da werden sie neben manchem, das festgehalten werden sollte, *allein* am wesentlichen vorbeigehen, denn sie verstehen und erkennen das Nicht-faktische garnicht.»[15] Sie traute ihnen nicht zu, in ihrem, Freyas, Sinne mit dem ihnen anvertrauten Material arbeiten zu können, um das in ihren Augen Wichtige an Helmuth herauszuarbeiten. Clarita von Trott kommt zu einem ähnlichen Schluss. Sie hatte, angestoßen durch den englischen Freund David Astor, ein Erinnerungsbuch an ihren Mann verfasst. Clarita hatte aus ihren Briefen und den von ihr zusammengetragenen Dokumenten heraus gearbeitet. Ihr Fazit: «Später habe ich mein Widerstreben manchmal bedauert, weil mein Manuskript durch die vielen Zitate wahrscheinlich mehr von Adams Wesen vermittelt als die in erster Linie an der Politik orientierten Biographien.»[16] Die Frauen wollten ihre Männer als Menschen porträtiert sehen, was der noch in den Fünfzigern und darüber hinaus geltenden Auffassung von Geschichtsschreibung tatsächlich nicht entsprach. Gerhard Ritter schrieb die Biographie Goerdelers in der Tradition der Geschichte großer Männer, dem Alltag und damit dem Leben entrückt. Freya hielt dies nicht nur für nicht gut, sondern für «schädlich. [...] Alles das macht mich sehr sorgenvoll über eine weitere Veröffentlichung, aber nötig erscheint sie mir immer noch.»[17] Sie selbst wollte jedoch nicht als Autorin auftreten: «*Ich* will keine Biographie schreiben. Ich will unbedingt nicht.»[18] Im Grunde wusste sie schon 1947, wie sie sich gegebenenfalls eine Darstellung Helmuths vorstellte. An ihren Schwager Willo schrieb sie, die Briefe sollten nicht zerstückelt oder von anderen Geschichten eingerahmt werden. Helmuths Briefe sollten abgedruckt werden, um ihn vorzustellen, «to introduce Helmuth»,[19] Freya wollte Helmuth selbst sprechen lassen. Aber wie?

Da kam ihr Mitte der sechziger Jahre ein junger niederländischer Historiker zu Hilfe, der seine Dissertation über den Kreisauer Kreis schreiben wollte. Eine seiner Qualifikationen war die, dass er kein Deutscher war und sich mit dem Blick von außen ganz anders als seine deutschen Kollegen dem Thema widmen konnte. Er überzeugte Freya und erhielt als erster Historiker Einsicht in ihr privates Archiv. 1967 veröffentlichte Ger van Roon mit *Neuordnung im Widerstand* das erste grundlegende Werk über den Kreisauer Kreis, in dem auch die Biographie von Helmuth in Ansätzen sichtbar wird. Doch auch bei van Roon ist der politische Aspekt dominant.

Daher entschloss sich Freya doch, selbst aktiv zu werden. Zusammen mit ihrem und Helmuths englischem Freund, dem Historiker Michael Balfour, gab sie eine Biographie heraus, die 1972 auf Englisch, 1975 auf Deutsch erschien.[20] Dafür wurden aus dem umfangreichen Briefcorpus Helmuths lange Zitate ausgewählt, die nur durch einleitende Passagen verbunden waren. Es ist eine kommentierte Briefedition als Biographie, so wie Freya sie 1947 Willo skizziert hatte. Der Protagonist kommt selbst zu Wort, der Historiker und die Herausgeberin spielen nur eine untergeordnete Rolle, leisten Hilfestellung beim

Verständnis. Der Freund Julian Frisby, der als Mitautor genannt ist, übersetzte Freyas Begleittexte ins Englische.

Die deutsche Ausgabe trug nicht umsonst den Untertitel: «Anwalt der Zukunft». Er verrät Freyas Verständnis vom Umgang mit der Vergangenheit: «Zukunft und Vergangenheit gehören zusammen. Ich wollte dazu beitragen, meinen Mann und seine Freunde für die Zukunft sprechen zu lassen, dafür zu sorgen, daß sie ‹benutzt› werden. Wir Menschen sind keine Eintagsfliegen, sondern kommen woher und gehen wohin. Und da, wo wir hingehen, habe ich das Gefühl, ist mein Mann noch wichtig.» Die Sätze stammen aus dem Jahr 1992. Es illustriert sehr schön Freyas gewachsenes Selbstbewusstsein, dass sie diese Passage mit einem Satz enden lässt, den sie noch zehn Jahre zuvor wohl nicht einmal gedacht hätte: «Und es ist nicht nur mein Mann, den ich in die Zukunft bringen will, sondern auch mich.»[21]

In den achtziger Jahren fand Freya in Beate Ruhm von Oppen endlich die Historikerin, die sie gesucht hatte. Die 1918 geborene Tochter eines Schauspielers und einer Opernsängerin verließ das nationalsozialistische Deutschland 1935, um in Birmingham zu studieren. Während des Krieges arbeitete sie zeitweise als Übersetzerin im Außenministerium. 1954 ging sie in die USA, wo sie für die American Historical Association im Krieg erbeutete deutsche Dokumente sichtete, dann wurde sie Professorin am St. John's College in Annapolis. Beate Ruhm von Oppen hatte erstmals während ihrer Tätigkeit im Foreign Office vom deutschen Widerstand erfahren, und ihr Interesse an diesem Thema war geweckt. 1971 hielt sie darüber eine Vorlesungsreihe an der Princeton University in New Jersey, die, so lesen wir es in einem Nachruf auf sie, «Sensibilität für die Sprache und ihre Vieldeutigkeit, ihre Nuancen und ihre Feinheiten» erkennen ließ und ein «Beharren auf der grundlegenden Bedeutung des Individuums».[22] Damit waren Freyas Prämissen erfüllt, und sie gab Helmuths Briefe aus der Zeit vor seiner Verhaftung an Beate Ruhm von Oppen, die fast ein Jahrzehnt, bis 1988, an der Edition der *Briefe an Freya* arbeitete, für die sie schließlich das Bundesverdienstkreuz erhielt. Von Ruhm von Oppen stammt auch die Auswahledition der Briefe von Dorothy von Moltke, in denen diese mit wachem Blick und der Außenperspektive einer Südafrikanerin auf ihre preußische Umwelt blickt und sie kritisch und oft sehr witzig beschreibt.

Helmuth James von Moltke erhielt 1989 für seine Briefe postum den

Geschwister-Scholl-Preis, den Freya in München entgegennahm. Klaus von Dohnanyi, der ehemalige Hamburger Bürgermeister und selbst ein Sohn des hingerichteten Widerstandskämpfers Hans von Dohnanyi, hielt die Laudatio. Auch für ihn liegt der Kern der Briefe nicht in ihrer Bedeutung für die historische Forschung, die unbestritten ist, sondern in ihrer Aussage für das Heute: «Der Widerstand der Selbstbehauptung wird für uns heute in einer Zeit, in der physischer Mut von niemandem eigentlich verlangt wird, vorbildlich, in einer Zeit, in der ganz andere Gefahren der Anfechtung durch Anpassung bestehen. Und das ist es, so scheint mir, warum Moltke heute noch einmal besonders zählt. Ich habe das auch erst durch diese Briefe begriffen.»[23] Die Briefe sind bis heute im Handel erhältlich, sie werden «benutzt», so wie Freya es sich gewünscht hatte. Sie sind eine unersetzliche Quelle für die Geschichte des deutschen Widerstands. Aber sie verraten darüber hinaus auch viel über den Schreiber und die Adressatin, die ihre eigenen Briefe, bis auf den Jahrgang 1940, unglücklicherweise vernichtete in der irrigen Annahme, sie seien nicht wichtig.

1997 veröffentlichte Freya ihre *Erinnerungen an Kreisau*, aus denen schon zitiert wurde.[24] Der Göttinger Historiker Rudolf von Thadden, dessen Tante Elisabeth ebenfalls im Widerstand war und ermordet wurde, verfasste eine positive Rezension für die *Berliner Zeitung*. Der zuständige Redakteur, Jan Roß, strich jedoch die Passagen, die dem Rezensenten wichtig waren. Rudolf von Thadden hatte nämlich herausgestellt, dass Freyas Erinnerungen «liberal und kritisch im Blick auf die konservative Widerstandsideologie der Bundesrepublik» seien. Freya las die gekürzte Rezension mit Enttäuschung, die sich in der veröffentlichten Version auf eine Inhaltsangabe beschränkte, ohne zu kommentieren. Als ihr der Verlag jedoch den vollständigen Text zusandte, fühlte sie sich richtig verstanden. Sie bedankte sich brieflich beim Autor, und dieser wiederum wies in seinem Antwortschreiben auf die Parallelen in seiner eigenen Biographie hin, denn Thadden hatte in Pommern den Einmarsch der Russen und die Ankunft der Polen erlebt. Er habe die «gleichen Empfindungen» gehabt und sei zu vergleichbaren «Schlußfolgerungen» gekommen.[25] 1999 erhielt Freya die Ehrendoktorwürde des Dartmouth College, an dem Eugen Rosenstock-Huessy gelehrt hatte, für ihre Bemühungen um das Erbe des deutschen Widerstands.

2007 erschien eine Biographie über Helmuth James von Moltke anlässlich seines hundertsten Geburtstags. Autor ist der Bochumer Theologe und Historiker Günter Brakelmann. Im selben Jahr erschien auch die Arbeit des ehemaligen Lehrers und Berliner Kreisau-Aktivisten Jochen Köhler, der jedoch nur Kindheit und Jugend darstellen konnte und noch vor der Publikation dieses Teils verstarb.[26] Beide Autoren kannten Freya, und sie hat ihnen bis dahin unbekanntes Material zugänglich gemacht. Während Köhler an einer atmosphärisch dichten, literarischen Darstellung lag, hat Brakelmann vor allem «die inneren Motive des Widerstands» dargestellt,[27] um «den Menschen und den Politiker Moltke in Verschränkung» zu erklären, wie er im Mai 2006 an Freya schrieb.[28]

Freya hatte inzwischen ihre Meinung über Historiker revidiert und war froh, dass durch die Biographien nicht nur Helmuths Lebensleistung gewürdigt wird, sondern auch das Vermächtnis der Kreisauer insgesamt lebendig bleibt. «Ich bin ja nicht bescheiden. Ich finde, dass die Kreisauer mit dem gesamten Widerstand in Deutschland von und durch die Historiker gut und solide ‹erhalten› bleiben müssen – um der deutschen Seele willen, die es ja gibt.»[29] Über die Frage der Religiosität von Helmuth James entspann sich jedoch ein intensiver Dialog zwischen der Witwe und dem Wissenschaftler. Die zunehmende Hinwendung Moltkes zum Christentum faszinierte den Theologen. Freya aber warf ihm vor: «Sie wollen ihn zum Sohn der lutherischen Kirche machen.» Zu Beginn habe der Glaube in seinem Widerstand gegen den Nationalsozialismus noch keine große Rolle gespielt; er habe sich erst «unter dem ständigen Druck seiner konspirativen Existenz» verstärkt. Zur Tiefe seines Glaubens, die ihn vor Freisler bestehen ließ, kam Helmuth, so Freya, nicht über die Kirche, sondern «als zutiefst geforderter Mensch».[30]

Eine engagierte Amerikanerin

Freya engagierte sich aber nicht nur zum Thema Widerstand, sondern nahm auch aktiv Einfluss auf die Gestaltung des Lebens in ihrer unmittelbaren Umgebung. In den sechziger Jahren trat sie der «Hanover Consumer Cooperative Society» bei, einer Kooperative, die in der

Freya als politisch engagierte Amerikanerin: Der Button fordert ein «nuclear moratorium».

Stadt Hanover einen Supermarkt betreibt. Die Co-op (1996 fast 18 000 Mitglieder), die 1936 gegründet worden war, ist der Idee des gemeinsamen Wirtschaftens verpflichtet, wie sie im frühen neunzehnten Jahrhundert ursprünglich von dem Briten Robert Owen entwickelt worden war. Jeder kann Mitglied der Konsumgemeinschaft werden und sich für sie einsetzen. Freya arbeitete im Vorstand mit und wurde schließlich sogar zur Präsidentin gewählt. Tatsächlich bescheinigte Clinton C. Gardner Freya «leadership qualities». Er, der mit ihr im Rosenstock-Huessy Fund zusammenarbeitete, stellte fest: «She was able to bring out the best in everybody.»[31] Sie war damit eine ausgezeichnete Wahl für das Amt einer Präsidentin. Jedoch musste sie es bald wieder aufgeben, weil im Staat New Hampshire Ausländer nicht in einer Organisation arbeiten durften, die Alkohol verkauft. Freya wohnte zwar im kleinen Norwich in Vermont, arbeitete aber in Hanover, jenseits des Flusses, der die Grenze zu New Hampshire bildet. Beide Bundesstaaten gehören zu den Neuenglandstaaten, deren puritanischer Ursprung bis heute spürbar ist und sich zum Beispiel in verschärften Bedingungen für den Alkoholverkauf und -konsum in der Öffentlichkeit – bis hin zum Alkoholverbot – äußert. Die Aufregung in der Hanover Food Co-op über den Verlust ihrer Präsidentin war groß, der Einsatz für sie enorm. Die Kooperativen gingen mit ihrem Protest bis vor das Parlament. Freya wurde zum Präzedenzfall: Das Gesetz wurde geändert.

Die Arbeit der Kooperative erinnert an die Kreisauer Idee der kleinen Gemeinschaften, wenn sie auch in dieser Form den Ideen Moltkes und seiner Mitstreiter nicht entspricht. Aber der Gedanke des verantwortlich handelnden Einzelnen ist beiden Vorstellungen gemeinsam – eine Idee, von der Freya so überzeugt war wie Helmuth. Noch heute wird Freya auf der Homepage der Hanover Food Co-op zitiert, weil ihre Definition der Kooperative so zutreffend und überzeugend ist. Sie lobt die Kooperative als «the most perfect form of democracy». In einer Co-op sei es möglich, Ziele durch demokratische Mitwirkung und den Glauben an Ideen gemeinsam zu erreichen.[32]

Nach der Beendigung ihrer Mitarbeit in der Lebensmittel-Kooperative gründete Freya 1990 – im Alter von neunundsiebzig Jahren – mit ein paar Mitstreitern, die sie über ihre bisherige Arbeit kennengelernt hatte, den «Twin Pines Housing Trust». Dies ist eine gemeinnützige Organisation, die im Upper Valley, das sich auf Vermont und New Hampshire erstreckt, erschwingliche Wohnungen und Häuser baut.[33] Das war notwendig, erläuterte Freya, «weil in der Umgebung von Hanover die Wohnungsverhältnisse sehr ungerecht sind. Es ist zwar ein wunderschönes Land, und man kann auch weit weg von seiner Arbeitsstätte wunderbar wohnen, aber dann ist man darauf angewiesen, mit dem Auto unter schwierigen Witterungsverhältnissen und meistens mit schlechten Autos lange Strecken zurückzulegen, um zur Arbeit zu kommen, während die wohlhabenden Leute hier in der Nähe wohnen. Deswegen wollten wir auf einem schönen Stück Land, das der Co-op gehörte, kooperative Wohnungen bauen für Familien, die in unserem Städtchen arbeiten, so daß die hier wohnen und gleich zur Arbeit konnten.»[34] Viele Jahre lang – bis zu ihrem Tod – war Freya auch im Vorstand der Spring Lake Ranch. Hier leben und arbeiten psychisch kranke Menschen mit dem Ziel, allmählich zu einem selb-

Doppelhochzeit: Konrad von Moltke heiratete im August 1965 in Heidelberg Ulrike von Haeften (rechts). Zugleich wurde die Hochzeit von Helmuth Caspar von Moltke und Keri Oddy gefeiert, die kurz zuvor in Australien geheiratet hatten. In der Mitte die beiden glücklichen Schwiegermütter Freya von Moltke und Barbara von Haeften.

ständigen Leben zurückzufinden. In Four Wells lebten immer wieder zumeist jüngere Menschen, Kinder von Freunden oder Verwandten, die sich in Krisensituationen befanden und denen Freyas Ruhe und Stärke guttat.

Freya fühlte sich wohl in Amerika. 1986 nahm sie die amerikanische Staatsbürgerschaft an. Nach Deutschland reiste sie allerdings gern mit ihrem abgelaufenen deutschen Reisepass. Es machte ihr Spaß, den Zollbeamten freundlich zuzulächeln, ihren Pass hochzuhalten und darauf zu vertrauen, dass sie als alte Frau sowieso nicht richtig kontrolliert werden würde. Und sie hatte Recht! Wenn einer der Beamten doch den Pass aufschlug, half der Name von Moltke und verhinderte jede weitere strenge Prüfung der Papiere. Ein Grund für den Wechsel der Staatsbürgerschaft war die Möglichkeit, als Amerikanerin ihre politischen Aktivitäten auszudehnen. Sie wurde Mitglied der League of Women Voters. Die 1920 gegründete unabhängige politische Lobby-Organisation, die längst nicht mehr nur Frauen offensteht, hat

Freyas Mutter Ada Deichmann zu Besuch in Four Wells, Mitte der sechziger Jahre (v. l. n. r.): Freya, Eugen Rosenstock-Huessy, Ada, Helmuth Caspar von Moltke mit Sohn Nicholas und Ehefrau Keri.

das Motto: «Making Democracy Work».[35] Die Liga, die das bürgerschaftliche Engagement des Einzelnen fördern will, kümmert sich heute um so unterschiedliche Themen wie Klimawandel, Gesundheitsreform oder Finanzmarktreform.

Freya genoss die politische Arbeit: «Es hat mir unerhört viel Spaß gemacht [...] wie wunderbar es ist, in Amerika in einem Team zusammenzuarbeiten. Das waren Menschen, die man respektierte und schätzen lernte, wie sie einander nachgaben und sich gegenseitig anhörten. Wieviel wir da gelacht und zusammengearbeitet haben, das ist ein wirklicher, schöner Schatz in meinem Leben hier geworden, für den ich sehr dankbar bin.»[36]

Freya war nach wie vor mit Begeisterung Mutter, wurde Großmutter und Urgroßmutter. Helmuth Caspar von Moltke hatte Anfang August 1965 die Australierin Keri Oddy geheiratet. Drei Wochen später wurde sein Bruder Konrad in Heidelberg mit Ulrike von Haeften getraut, der

Tochter von Hans Bernd und Barbara von Haeften, Kreisauer Weggefährten. Das australische Brautpaar stieß dazu, und es wurde eine Art Doppelhochzeitsfeier. Für Freya war dies, so erzählte ihr Sohn Helmuth, einer der glücklichsten Tage in ihrem Leben.[37]

Ihre Söhne lebten ab Mitte der siebziger bzw. achtziger Jahre in ihrer Nähe. Der Jurist Helmuth Caspar wurde, wie sein Vater, 1960 in die Anwaltsvereinigung Inner Temple in London aufgenommen.[38] 1961 trat er in die BASF ein; in deren Auftrag arbeitete er eine Zeitlang in Australien, wo sein ältester Sohn Nicholas geboren wurde. Von 1967 bis 1971 lebte die Familie in Deutschland, dort kam sein zweiter Sohn James in Heidelberg zur Welt. Seine Frau Keri, die damals gerade erst Deutsch lernte, hat zwiespältige Erinnerungen an ihre Zeit als Ausländerin mit zwei Kindern in der dichten Atmosphäre einer nur mittelgroßen Stadt im Nachkriegsdeutschland. Nach einigen Jahren in Amerika und England war Helmuth Caspar von Moltke dann ab 1974 in der Geschäftsleitung der BASF Canada in Montreal tätig, wo er – mit Unterbrechungen – noch heute lebt. Montreal liegt etwa drei Autostunden von Norwich entfernt.

Konrad ging 1960 mit seiner Mutter nach Amerika, um am Dartmouth College Mathematik zu studieren. Nachdem er dort 1964 seinen Bachelor gemacht hatte, studierte er Geschichte in Göttingen und München und wurde bei Hermann Heimpel, der damals am renommierten Max-Planck-Institut für Geschichte in Göttingen lehrte, über ein mittelalterliches Thema promoviert.[39] Von 1968 bis 1974 arbeitete er als Historiker an der University of New York in Buffalo, bevor er 1976 das Institut für Europäische Umweltpolitik (IEUP) in Bonn gründete. Dies war ein privates Institut, das sich der Untersuchung von politischen Alternativen zur Lösung der europäischen Umweltprobleme widmete. 1984 zog die Familie in die USA. Konrad war als Umweltlobbyist in verschiedenen Positionen gleichzeitig tätig. Seine Arbeit konzentrierte sich auf die Wechselbeziehungen zwischen internationaler Wirtschafts- und Umweltpolitik. Konrad und Ulrike von Moltke bauten für sich und ihre vier Kinder – Johannes, Dorothea, Daniel und Jakob – Eugen Rosenstocks ehemaligen Pferdestall, direkt neben Freyas Haus, zu einem Wohnhaus um. 1996 trennte sich Ulrike von Moltke von ihrem Mann. Nach einigen Übergangsjahren zog sie mit einer Frau zusammen. Obwohl dies für Freya sehr schwierig war, hielt sie am vertrauten Umgang mit ihrer ehemaligen Schwiegertochter fest. Sie fühlte sich «in dem anfänglichen Versuch von uns dreien», so Ulrike, «eine Form zu finden, die uns nicht trennen müsste», an ihr eigenes Leben mit Eugen und Margrit erinnert.[40] Konrad heiratete 2001 Annabelle Winograd. Er starb am 19. Mai 2005, mit dreiundsechzig Jahren, überraschend an Krebs.[41] Vier Jahre lang ließ sich Freya die Haare nicht mehr schneiden – ihre Art, der Trauer Ausdruck zu verleihen. Aber ihre Lebenszugewandtheit, ihre Arbeit und ihre Disziplin halfen ihr, sich von ihrer großen Trauer nicht überwältigen zu lassen.

Der Strom der Besucher war auch nach Rosenstocks Tod nicht abgerissen. Freya beherbergte und bewirtete bis kurz vor ihrem Tod Verwandte und Freunde aus Deutschland, den Niederlanden, England und den verschiedensten Teilen Amerikas. Sie war eine gut organisierte und großzügige Gastgeberin – wie schon in Kreisau. Außerdem war das Haus Four Wells von Anfang an auf viele Gäste ausgerichtet. Links und rechts waren kleine Gästeflügel an das Haupthaus angebaut. Wie schon in Kreisau gab es einen Blumen- und Gemüsegarten, den Freya mit Begeisterung bewirtschaftete und der so groß war, dass er auch noch die Familie mitversorgen konnte.

Eine vertraute Freundin, die öfter zu Besuch kam, war die in Boston lebende Pianistin Veronica Jochum von Moltke. Die Tochter des Dirigenten Eugen Jochum hatte 1961 Freyas Schwager Willo, den hartnäckigen Junggesellen, geheiratet. Das Paar hatte sich bei Veronicas Lehrer Rudolf Serkin kennengelernt, den Willo aus dem Schwarzwaldkreis kannte. Willo von Moltke starb 1987, im selben Jahr wie Rosenstocks Sohn Hans Huessy.

Seine Witwe Mariot Huessy, die etwa anderthalb Stunden nördlich von Norwich in Jericho lebt, erinnert sich an eine lange gemeinsame Reise mit Freya gen Westen, in deren Verlauf sie zahlreiche Freunde besuchten. Um einen Abend nicht zu Gast zu sein, sondern sich etwas von der kommunikativen Anstrengung erholen zu können, mieteten sie sich in einem Motel vor den Toren des Yellowstone-Nationalparks ein. Der allerdings war am anderen Morgen gesperrt, es hatte geschneit. Alle Besucher mussten warten, bis die Wege geräumt waren. Nur die beiden älteren Damen mit dem kleinen Auto aus Vermont durften hinter dem Räumfahrzeug herfahren, denn in Vermont

Veronica und Willo von Moltke

ist man Schneemassen gewöhnt und kann als Autofahrerin damit umgehen. Freya und Mariot erlebten einen einsamen Yellowstone-Park voller erwachender Tiere im unberührten, sonnenbeschienenen Schnee.

«Sie gehören zu den Blühenden»

«Ich habe kolossal Weihnachten gefeiert!» Nur wer Freya kannte oder wer sie in einer Filmaufnahme erlebt hat, kann sich vorstellen, mit welcher emotionalen Intensität sie diesen Satz aussprach. Er stammt aus dem Dezember 2009, aus einem Telefonat mit ihrer Schwägerin Veronica in Boston. Die ganze Familie war zu Gast gewesen, sogar eine Schwiegermutter der Enkelkinder war aus Deutschland gekommen. Ein Fest mit vielen Menschen, «kolossal»! Denn Menschen waren das Wichtigste in Freyas Leben, und die Liebe sei «tatsächlich das Wichtigste zwischen uns Menschen überhaupt», betonte sie in einem bisher unveröffentlichten Filminterview aus dem Jahr 2001.[42]

Die würdige alte Dame mit dem schlohweißen Haar, die uns von Photos oft ernst entgegenblickt, sie hatte, nach eigenem Bekunden, «ein wildes Herz».[43] Sie sei ein leidenschaftlicher Mensch gewesen, betonte vor allem anderen ihr Sohn Helmuth Caspar in seiner Traueransprache. Freya selbst hatte es Rosenstock gegenüber am Anfang ihrer Beziehung so formuliert: «[...] denn was wichtig ist kommt bei mir ja doch aus dem Herzen und mein Kopf ist gerade noch verständig genug es kommandieren zu können.»[44] Emotionalität sei ihr «Lebenselixir» gewesen, sagt ihr Vetter Ulrich Busch.[45] Edward Wąsiewicz, von 1993 bis 2003 Generalsekretär des Neuen Kreisau, bestätigte diese Einschätzung, wenn er ihr zum neunzigsten Geburtstag schrieb: «Ihre Bescheidenheit, Ihr strahlendes Lächeln, Ihr Mut, die Tolpatschigen in eigene Obhut zu nehmen, Ihre Ehrlichkeit und Kühnheit, gegen die Populären aufzutreten, haben mir gezeigt und bewiesen, daß man viel weiter kommt, wenn gewisse Sachen mit dem Herzen gemessen werden.»[46] Frances, die Frau von Eugen Rosenstocks Enkel Mark, beschreibt Freyas «Loyalität den Menschen gegenüber».[47] Jeder Mensch sei ihr wichtig gewesen, sie habe ihn gelten lassen, auch wenn sie nicht mit ihm einer Meinung war oder den anderen nicht mochte, ergänzt ihre Schwiegertochter Ulrike von Moltke;[48] sehr vielen Menschen habe sie das Gefühl vermittelt, dass sie etwas ganz Besonderes in ihrem Leben seien. Und Caspars Frau, Keri von Moltke, sagt, noch immer mit Staunen in der Stimme: «She was the most evolved person I have ever met»[49] – sie war emotional und kommunikativ hochbegabt. Keri beschreibt eine Szene in Berlin, um dies zu illustrieren. Freya kam 2007 zum letzten Mal nach Deutschland anlässlich der Feierlichkeiten zum hundertsten Geburtstag von Helmuth James. Es gab eine Gedenkfeier im Französischen Dom und abends ein Konzert, an dem auch die Bundeskanzlerin Angela Merkel teilnahm. Die Medien berichteten darüber, Freya wurde interviewt, und ein Fotograf sollte Bilder machen. Der junge Mann, der wahrscheinlich nicht einmal so genau wusste, wer Freya von Moltke war, hatte demonstrativ wenig Lust, sich allzu lange in der Gesellschaft einer uralten Dame zu langweilen. Keri, die bei dem Interview dabei war, beschreibt die Faszination, die Freya allmählich auf ihn ausübte. Als sie anfing, ihre Geschichte zu erzählen, zog sie mit ihrer Lebendigkeit alle Zuhörer unweigerlich in ihren Bann. Frances Huessy bezeichnet sie mit ihrem Talent für Menschen

Freya im Gespräch

als eine «Zauberin». «Sie gehören zu den Blühenden (das ist sehr selten); auch wenn Sie sprechen, blüht es»,[50] schrieb ihr im November 1956 die deutsche Journalistin Margret Boveri, die Freya in Berlin kennengelernt hatte.

Diese «Zugewandtheit», wie Friedrich von Moltke, ein Patensohn von Helmuth James, es nennt, die «Kontaktfreudigkeit», die ihr Schwager Henssel betont, zusammen mit der Fähigkeit, «offen zu bleiben», die Eugens Enkel Ray Huessy hervorhebt[51] – all dies hat sie sich bis ins hohe Alter bewahren können. Im Neuen Kreisau legte sie selbst großen Wert auf die Begegnung mit Jugendlichen, so wie sie sich in Amerika immer wieder als Zeitzeugin an Schulen zur Verfügung stellte. Mit ihrer «Lebendigkeit»[52] und ihrer «Authentizität»[53] gelang es ihr, die jungen Leute zu erreichen. Sie konnte überzeugen, weil sie «echt» war und «klar».[54] Klarheit war für sie Maßstab in allen Lebensbereichen: Ulrike von Moltke erinnert sich, dass im Apfelmus, das sie

Freya ab und zu brachte, schon Zimt oder Zitrone die nötige Klarheit störten.

Freya suchte aber nicht nur das Gespräch mit der Jugend. Dialog war für sie überhaupt eines der zentralen Elemente im menschlichen Zusammenleben, auch in der Form von Streit. «Streit ist auch wichtig», betonte sie. Sie hatte zuvor in einem Interview von Zank gesprochen; aber Freya, die bis zuletzt sehr genau auf ihre Sprache achtete und die präzise und auch schönste Formulierung suchte, sagte, laut denkend, nein, Zank sei kein gutes Wort. Als der Interviewer «Auseinandersetzung» anbot, antwortete sie lachend: «Man soll sich nicht auseinandersetzen, sondern zusammensetzen.»[55]

Helmuth Caspar von Moltke beschreibt seine Mutter als dynamisch, praktisch, tatkräftig, «down-to-earth», was zugleich nüchtern und bodenständig bedeuten kann, dazu «unbefangen und bescheiden».[56] Sie war bescheiden, aber ohne dabei in den Hintergrund zu treten, denn sie war stets «präsent», ein Wort, das vielen, die sie kannten, sofort zu Freya einfällt. Sie hatte eine «selbstverständliche, klare Präsenz», so beschreibt es die Vorsitzende der Kreisau-Initiative Berlin, Annemarie Cordes.[57] Sie konnte resolut sein, wenn es die Situation erforderte, im privaten wie im öffentlichen Bereich, und sei es Bundeskanzler Helmut Kohl gegenüber, dem sie im Kontext des Neuen Kreisau begegnete. Denn sie war, darauf legt ihr Enkel James Wert, «irreverent», was mit «respektlos» falsch und mit «unehrerbietig» holprig übersetzt ist. Freya hatte keine Angst vor Autoritäten. Sie wusste, sie konnte ihnen als erkennbar selbständige Persönlichkeit gegenübertreten, dies wurde von ihrem jeweiligen Gesprächspartner honoriert. «Irreverent» beinhaltet für James, was Ulrich Busch als «unabhängig» und Friedrich von Moltke als «innerlich frei»[58] beschreiben. Letzterer konstatiert dabei zu Recht: «Freya war nicht unkonventionell.» Annemarie Cordes bemerkt, sie legte «sehr viel Wert auf den richtigen Stil, ohne sich jemals den Konventionen zu unterwerfen».[59] Sie hatte es nicht nötig, Konventionen demonstrativ zu brechen, weil schon ihr Habitus vermitteln konnte, wie wenig Bedeutung gesellschaftlich festgesetzte Normen für sie selbst hatten.

Maria Lauper, die Tochter von Freyas Bruder Hans, mehr Freundin als Nichte, weist auf den «kritischen Geist» der Deichmann-Familie hin, den sie auch bei Freya wiedererkannte. Sie sehe «die Fehler der

Menschen, ob sie klein oder groß sind», behauptete Freya von sich, viele Fehler halte sie allerdings für klein, fügte sie an.[60] Wenn etwas ihr Missfallen erregte, erinnert sich Maria Lauper, «dann konnte sie einem das sehr deutlich zeigen».[61] Zugleich konstatierte Freya bei sich und ihren Brüdern die sehr positive «Fähigkeit zum Freuen»[62] und beschreibt damit eine ihrer hervorstechendsten Eigenschaften: Sie hatte nicht nur die Fähigkeit, sondern auch den unbedingten Willen zur Freude. «Es ist wahr, daß sie [es ging um Margarete von Trotha] Leiden sammelt, wie *ich* z. B. Freuden»,[63] schrieb sie einmal an Rosenstock. In allen ihren Briefen und Büchern, in Zeitungs- oder Filminterviews wurde sie nicht müde, zu betonen, dass sie ein gutes und glückliches Leben gehabt habe: «Ich habe ein volles, reiches Leben: Die Menschen liebe ich und meine wirkliche Liebe weckt in ihnen immer ein Echo ihrer eigenen Güte.»[64]

9
Das Neue Kreisau, ein Lebensgeschenk

1989–2010

Freyas Anliegen war es, die Vergangenheit mit der Zukunft zu verknüpfen. Sie wollte die Saat, die Helmuth durch sein Handeln gelegt hatte, für das Heute fruchtbar machen. Die Erinnerung an Kreisau hat sie immer begleitet, auch wenn sie es dreißig Jahre lang nicht wiedergesehen hat. Die Verhaftung von Marion Yorck und ihrer Schwägerin Irene Anfang 1946 hatte Ada Deichmann dazu veranlasst, ihre Tochter zu bitten, nie wieder nach Schlesien zu reisen. 1975 starb Ada. Ein Jahr später reiste Freya mit der Familie ihres älteren Sohnes Helmuth Caspar zum ersten Mal wieder nach Kreisau, heute Krzyżowa, 1978 dann mit Konrad und seiner Familie. Sie lernte dabei den Pfarrer von Krzyżowa, Kałuża, kennen. Er hatte sich schon sehr früh für die deutsch-polnische Verständigung eingesetzt. Später sollte Freya jedes Mal, wenn sie nach Krzyżowa kam, bei ihm im Pfarrhaus übernachten.

Abschied vom alten Kreisau

Nach der Rettung durch die Engländer im Oktober 1945 hatte Freya Weihnachten mit den Kindern bei ihrem Bruder Carl in der Schweiz verbracht. Sie war in Sicherheit, aber sie fühlte sich weiterhin verantwortlich für das Schicksal der schlesischen Flüchtlinge: «Ich möchte dabei mithelfen, die Leute auch rauszuholen, um sie irgendwo anzusiedeln, daher habe ich das Gefühl, daß ich zurück muß, um zu sehen, was ich tun kann»,[1] schrieb sie am 10. Januar 1946 an Willo. Die Rückkehr nach Schlesien war allerdings so gut wie unmöglich. Nach Abschluss des Potsdamer Abkommens Anfang August 1945 hatten die systematischen Evakuierungen der Deutschen aus den jetzt polnischen Westgebieten begonnen, wie sie schon 1943 in Teheran diskutiert worden waren.[2] Jede Bewegung von Deutschen gen Osten wurde verhin-

Zurück in Kreisau/Krzyżowa: Freya zu Besuch bei Pfarrer Kałuża

dert. Als Freya im August 1945 von Kreisau nach Berlin gereist war, um von dort aus Kontakt zu ihrer Mutter und zu den englischen und amerikanischen Freunden aufzunehmen, hatte sie dies selbst erlebt. Schon damals hatte man ihr dringend von dem Versuch einer Rückkehr abgeraten. Sie fuhr trotzdem, brauchte allerdings drei Tage und drei Nächte für die abenteuerliche Reise.[3]

Auf dieser Fahrt muss sie das Flüchtlingslager in Cottbus gesehen haben, auf das sie in einer Denkschrift Bezug nahm, die sich heute unter den Papieren ihres Schwagers Willo befindet: «Bericht eines Augenzeugen aus Schlesien. Vorschläge für die Evakuierung der deutschen Bewohner im Osten.»[4] Das fünfseitige, eng beschriebene Papier war möglicherweise im Januar 1946 verfasst worden, denn die Autorin betonte, sie habe die Gelegenheit gehabt, das Beschriebene «in Berlin, Frankfurt am Main und in der Schweiz» zu verifizieren – auf den Stationen von Freyas Evakuierungsreise von Kreisau über Frankfurt, wo Hans wohnte, zu Carl in die Schweiz. Der Text richtete sich an die Westalliierten. Er beschrieb die schreckliche Situation der Flüchtlinge und Vertriebenen und machte sehr konkrete Vorschläge zur Verbesserung ihrer Situation.[5] Es ist aber unklar, ob er je seine Adressaten erreicht hat. Im Februar 1946 verließ Freya die Schweiz und fuhr nach Deutschland: zurückgehen, «um zu sehen, was ich tun kann», meint zunächst wohl eher die Rückkehr nach Berlin und nicht nach Kreisau. Aber Freya wollte Kreisau zu diesem Zeitpunkt noch nicht völlig aufgeben. Sie hatte es gedanklich und emotional noch nicht ganz verlassen. Über Marion Yorck hatte sie Nachrichten aus Kreisau, wo alles ziemlich unverändert zu sein schien: «Noch immer ist die Stimmung: ‹wir hoffen, dass es deutsch bleibt.› Diesem Gefühl kann man sich ja einfach nicht entziehen, schon weil das Ganze solch ein Wahnsinn ist, und auch ich bin in den tiefsten Tiefen meines Herzens eigentlich sicher, dass wir noch mal wieder ins Berghaus kommen.»[6] Kreisau war ihre Heimat geworden, sie hatte sich ganz auf Kreisau eingelassen. «Ich weiss genau, daß Du mich gern am Rhein denkst», schrieb sie 1956 an Rosenstock-Huessy. «Aber ich bin hier nicht mehr zu Hause. Seit ich aus Kreisau weg bin, wo ich vollkommen zu Hause war, bin ich noch nicht wieder angekommen.»[7] Kreisau war Helmuths Ort: «Jahrein, jahraus, mit Helmuth allein stundenlang ‹über die Felder› zu gehen, das sind die glücklichsten Erinnerungen meines Kreisauer Lebens.»[8] Kreisau war der Ort ihres Familienlebens mit den Söhnchen und mit den Moltkes, die ihr Bezugspunkt geworden waren. Es war der persönliche und politische Gegenentwurf zum Nationalsozialismus, der symbolische, ja fast mythische Ort, der für alles stand, wofür sie bisher gelebt hatte.

1946 hoffte sie mehr, als dass sie es wirklich glaubte, denn sie war keine Träumerin, Kreisau und «unser Berghäuschen, das so getränkt mit Moltkeschem Leben ist»,[9] könnte gehalten werden. Sie schrieb an Willo: «Ich hoffe immer noch es halten zu können: Ich möchte immer noch nach Schlesien zurück, obwohl die Polen die Herren dort sind und eine polnische Familie in fast jedem Haus lebt; die Deutschen sind außerdem auch noch da. Das Gut wird von den Polen verwaltet, aber sie sind noch nicht im Berghaus. Ich möchte ein Zertifikat, das besagt, daß Du ein amerikanischer Bürger bist und möchte es [das Berghaus] kaufen und so für uns alle behalten. Ich will jetzt nicht dort leben – das wird im Moment ziemlich unmöglich sein, aber ich möchte das kleine Haus, das uns allen so wertvoll ist, behalten.»[10] Aber dieser Plan tauchte nur an dieser einen einzigen Stelle auf. Er wurde nie wieder erwähnt. Es muss Freya schnell klar geworden sein, dass er nicht zu verwirklichen war. Die Gestaltung der unmittelbaren Zukunft hatte Vorrang. Später, von Südafrika aus, wäre eine solche Transaktion ohnehin nur schwer zu bewerkstelligen gewesen und war wohl auch nicht mehr aktuell. 1960, im Zusammenleben mit Eugen Rosenstock-Huessy, hatte sie in Four Wells eine neue Heimat gefunden: «Seitdem ich das Berghaus verlassen habe, habe ich mich so nicht mehr umfangen gefühlt.»[11] Im Jahre 2002 konnte sie deshalb in einem Interview auf die Frage nach dem Verlust der schlesischen Heimat antworten: «Ich bin aus dem Rheinland und für mich war dieses [Schlesien] ein wunderbares Land, in das ich hineinheiratete, in eine wunderbare Familie. Aber ich bin nie so verwurzelt hier gewesen, wie die eigentlich hier Geborenen, und der Abschied ist mir leichter geworden, weil ich schon das Schlimmste hinter mir hatte. Im Verhältnis zu dem Tode meines Mannes war der Abschied von Kreisau sekundär.»[12]

Nach der Ankunft in Amerika veränderte sich für sie die Bedeutung von Kreisau. Die Erinnerung an ihr persönliches Kreisau war nicht länger bestimmend, sondern Kreisau/Krzyżowa entwickelte sich zu einem symbolischen Ort, der das Erbe ihres Mannes umfasste und der damit zugleich zu einem politischen Ort wurde. Schrieb sie noch 1956 «Seit Kreisau bin ich immer unterwegs, vorläufig bin ich völlig entwurzelt»,[13] so hieß es zehn Jahre später an Rosenstock: «Es wird jetzt hier schon von Manchen von KREISAU als einem Ort für Zusammenkommen von Polen und Deutschen gesprochen.»[14] Ein Jahr später wurde sie konkreter: «Denn in der Tat, ich habe noch Zukunftspläne mit Kreisau. Ich denke immer noch, eines Tages wird noch einmal aus Kreisau ein Haus für polnisch-deutsche Verständigung. [...] ich kann mir doch vorstellen, daß es einmal soweit sein wird, daß man Helmuth als einen Europäer ansehen wird, so sehr als einen Europäer, daß auch die Polen bereit sein werden, ihm in Polen einen [Gedenk-]Stein zu setzen.»[15] Dieser Stein sollte tatsächlich aufgestellt werden, aber erst gut zwanzig Jahre später: am 1. September 1989, zum fünfzigsten Jahrestag des deutschen Überfalls auf Polen, nach zwanzig schwierigen, ereignisreichen Jahren auf dem Weg der deutsch-polnischen Verständigung.

Krzyżowa

Heute gibt es in der restaurierten Gutsanlage von Kreisau/Krzyżowa eine Internationale Jugendbegegnungsstätte, eine Gedenkstätte, eine Akademie, die sich der Erwachsenenbildung widmet, und mittlerweile sogar ein Hotel für private Reisende.[16] Bei Freyas erstem Besuch 1976 war nicht abzusehen, ob es je einen Gedenkstein, geschweige denn ein Neues Kreisau geben könnte. Der Anblick des verfallenen Staatsgutes mitten im Kalten Krieg machte jeden Gedanken an Veränderung zur Utopie. Niemand konnte zu diesem Zeitpunkt ernsthaft glauben, dass diese Utopie Wirklichkeit werden würde. Doch Freya war entschlossen, das Erbe, das sie angetreten hatte, für die Zukunft nutzbar zu machen. Deshalb gab sie den Glauben an ein Neues Kreisau nicht auf. Sie sollte Recht behalten: Geschichte verläuft nicht zwangsläufig, sondern kann immer wieder unvorhersehbare Wendungen nehmen. Betrachtet man die Vorgeschichte dessen, was heute Normalität geworden ist, so wird umso deutlicher, wie utopisch und unvorstellbar ein Neues Kreisau 1976 im Grunde noch erscheinen musste.

So war der Kreisauer Kreis in Polen völlig unbekannt. Als Pfarrer Kałuża 1975 in seine neue Gemeinde Krzyżowa kam, hatte er den Namen Moltke noch nie gehört. Der Breslauer Professor Karol Jonca, der sich ab und zu in Kreisau aufhielt, klärte ihn über die Bedeutung des Ortes auf. Er war einer der wenigen polnischen Historiker, die sich für die deutsche Geschichte dieser Region interessierten, was ungewöhnlich war, denn im kommunistischen Polen begann die Geschichte 1945. Es entstand der Mythos der «wiedergewonnenen Gebiete», so die offizielle Sprachregelung.[17] Alles Deutsche wurde ausgeblendet, und man berief sich darauf, dass die nun ehemaligen deutschen Ostgebiete ursprünglich polnisch waren, dass es sich also nur um eine historisch legitimierte Rückkehr der Polen in die ihnen zustehenden Gebiete handele. Damit sei der jahrhundertealte Drang der Deutschen nach Osten endlich gestoppt und die Deutschen seien gewissermaßen hinter die natürliche Grenze, nämlich die Oder-Neiße-Linie, zurückgedrängt. Die Sicherheit dieser Grenze und damit die Sicherheit vor den Deutschen sei nur durch das Bündnis mit der Sowjetunion zu garantieren.

Ein Teil der heutigen Jugendbegegnungsstätte wurde in einem ehemaligen Kuhstall untergebracht.

So lautete, etwas verkürzt, die Argumentation der neuen kommunistischen Machthaber.

Deutsche und Polen

Um ermessen zu können, welche Bedeutung das Neue Kreisau im deutsch-polnischen Dialog erlangt hat, muss man sich klarmachen, welche Barrieren der Verständigung im Weg standen. Das Feindbild Deutschland war nicht von den Kommunisten erfunden worden, sondern das deutsch-polnische Verhältnis war historisch überaus belastet. Es sei nur mit einem Satz daran erinnert, dass sich zwei deutsche Staaten, Preußen und Österreich, bei den polnischen Teilungen seit 1771 die polnische Beute mit Russland geteilt hatten, sodass es bis zum Ende des Ersten Weltkriegs keinen bzw. keinen ernstzunehmenden unabhängigen polnischen Staat mehr gab. Die Zeit des Nationalsozialismus bildete schließlich nur den grausamen Schlusspunkt deutscher

Dominanz auf polnischem Territorium. Die Nazis haben insgesamt fünf Millionen Polen ermordet, drei Millionen polnische Juden und zwei Millionen nichtjüdische Polen.[18] Zahlreiche Polen wurden Opfer der nationalsozialistischen ethnischen Säuberungen, bei denen die Polen vertrieben wurden, um Platz zu schaffen für die Auslandsdeutschen, die man «heim ins Reich» holen wollte.[19]

Schon das Verhältnis der Republik Polen (1918–1939) zur Weimarer Republik war nicht gut gewesen. Teilen der konservativen deutschen Bevölkerung war «Polens Existenz [...] unerträglich, unvereinbar mit den Lebensbedingungen Deutschlands. Es muß verschwinden und wird verschwinden durch eigene Schwäche und durch Rußland, mit deutscher Hilfe.»[20]

Zum einen war es Polens enges Verhältnis zu Frankreich, das dem Deutschen Reich unbehaglich war, aber auch und vor allem spielten Gebietsfragen eine große Rolle: Teile Oberschlesiens gingen an Polen; im Rest der Region sollten laut Versailler Vertrag die Bewohner selbst entscheiden, ob sie zu Deutschland oder zu Polen gehören wollten.[21] Diese Bestimmung führte zu blutigen Auseinandersetzungen. Polnische Truppen versuchten vor der Abstimmung, vollendete Tatsachen zu schaffen. Deutsche Selbstschutz- und Freikorpsverbände leisteten ihnen erbitterten Widerstand. Dorothy schrieb 1921 an ihre Eltern in Südafrika, dass zwei Moltke-Vettern an diesen Auseinandersetzungen teilnahmen: «Der deutsche *Selbstschutz* besteht aus Studenten (es gibt Regimenter von Studenten) und Arbeitslosen, und C[arl] V[iggo] hat uns viel Interessantes über diesen Guerillakrieg erzählt. Er sagt, beide Seiten verüben schreckliche Greuel, denn diese Sondertruppen und Aufständischen sind sehr schwer zurückzuhalten.»[22] Am 20. März 1921 fand die Volksabstimmung statt und wurde zugunsten Deutschlands entschieden. Das Votum wurde jedoch ignoriert, und weite Teile Oberschlesiens wurden Polen zugeschlagen. Daher setzte man die Kämpfe fort; dabei fügten die Deutschen den polnischen Aufständischen am Annaberg eine schwere Niederlage zu.[23] Aus diesem Grund wurde 1989 der Vorschlag der Regierung Helmut Kohl, das erste deutsch-polnische Treffen nach der Wende dort stattfinden zu lassen, auf polnischer Seite entschieden abgelehnt. Kreisau, das bald ins Spiel kommen sollte, war nicht nur unvermintes Gelände, sondern als Erinnerungsort des deutschen Widerstands gegen den Nationalsozialismus ein ausgesprochen geeigneter Ort für die Polen, sich einem «anderen Deutschland» zu nähern.

Dies war umso wichtiger, als das feindliche Deutschland in den Köpfen allgegenwärtig war, in Geschichte und Gegenwart: Nicht nur im deutsch-russischen Vertrag von Rapallo wurde 1921 die aktive Beseitigung des neuen polnischen Staates mitgedacht, auch 1925 in Locarno verzichtete Stresemann zwar auf die Gebietsansprüche im Westen, behielt sich jedoch die Revision der Ostgrenze vor.

Der Hitler-Stalin-Pakt von 1939 machte wahr, wovon die Weimarer Politiker nur zu träumen wagten: Es kam zu einer erneuten Aufteilung Polens zwischen Russen und Deutschen. Bis zum Abschluss des Warschauer Vertrags 1970/72 war die bundesdeutsche Regierung nominell nicht bereit, auf die Wiederherstellung der deutschen Ostgrenzen von 1937 zu verzichten – erst 1973 entsandte die Bundesrepublik einen Botschafter nach Warschau –, immer unter Verweis auf einen noch abzuschließenden Friedensvertrag, den es 1945 nicht gegeben hatte. Es bestand also ein Kontinuum der Bedrohung, das die deutsch-polnischen Beziehungen vergiftete.

Die Anfänge des Neuen Kreisau

Als 1989 wieder Deutsche nach Krzyżowa kamen, die sich am Aufbau des Neuen Kreisau beteiligen wollten – Freya war noch nicht dabei –, wurde das im Dorf zunächst nicht gern gesehen, denn die Grenzfrage war noch immer nicht abschließend geklärt. Erst am 12. September 1990, fünfundvierzig Jahre nach Kriegsende, wurde mit dem Zwei-plus-Vier-Vertrag eine Art Friedensvertrag zwischen den vier ehemaligen Siegermächten und den beiden deutschen Staaten abgeschlossen.[24]

Zu diesem Zeitpunkt war der Aufbau des Neuen Kreisau längst in vollem Gang. Der wichtige symbolische Ausgangspunkt für die Arbeit war die sogenannte Versöhnungsmesse im November 1989 im Hof des ehemaligen Staatsgutes Krzyżowa. Dieses Treffen der Regierungschefs Helmut Kohl und Tadeusz Mazowiecki war von eminenter politischer Bedeutung, markierte es doch den Beginn einer neuen Ära im deutsch-polnischen Verhältnis.[25]

Im Vorfeld waren zahlreiche unterschiedliche Gruppen und Persönlichkeiten aus Ost und West, aus Polen, den Niederlanden, den USA und Deutschland, sozusagen auf Kreisau gestoßen, und jede für sich war entschlossen, «irgendetwas mit Kreisau zu machen».[26] Freya und die Familie von Moltke hielten sich zunächst sehr im Hintergrund, weil sie auf jeden Fall den Eindruck vermeiden wollten, sie kämen mit eigenen Ansprüchen wieder zurück nach Kreisau.

Ein erster wichtiger Schritt, der, eher zufällig, Interessierte zusammenbrachte, war eine Konferenz anlässlich des hundertsten Geburtstages von Eugen Rosenstock-Huessy. Sie fand im Juli 1988 in Vermont statt, der gelehrte Teil am Dartmouth College, der gesellige Teil bei Freya in Four Wells. Einer der Teilnehmer war der Ostberliner Theologe und Bürgerrechtler Wolfgang Ullmann, ein Rosenstock-Anhänger, der diesen für einen «Vordenker der Friedlichen Revolution» hielt.[27] Ullmann lag viel daran, auf die Aktualität Rosenstock-Huessys in der politischen Situation der DDR hinzuweisen. Im Schutz der evangelischen Kirchengemeinde von Altpankow hielt er im Juni 1988 drei Seminare zu den Kreisauern und zu Rosenstock-Huessy. Hier entstand die Idee, Kreisau «als Stätte des Friedensdienstes im Sinne Rosenstocks»[28] zu nutzen. Mit diesem Vorschlag wandte er sich auf der Konferenz einen Monat später in Amerika an Freya, die, wie wir wissen, ähnliche Pläne hatte und sich daher aufgeschlossen zeigte, allerdings unter zwei Bedingungen: Die polnische Seite müsse in zukünftige Aktivitäten einbezogen werden, und diese dürften auf keinen Fall den Eindruck erwecken, die Familie von Moltke versuche auf diesem Wege, sich Kreisau zurückzuholen.

In Ostberlin waren es unter anderem Wolfram Bürger, Andre Sikojev und Stephan Steinlein, drei Ullmann-Schüler und Rosenstock-Adepten, die sich auf Anregung Ullmanns mit dem Kreisauer Kreis beschäftigt hatten. Kreisau war die geeignete Plattform, um angesichts des nahenden Endes der DDR die Zukunft zu planen: «Wir waren vorbereitet!», resümierte Stephan Steinlein.[29]

Den Studenten aus der DDR war die Reise in die USA verwehrt worden. Sie bekamen kein Visum für die Jubiläumskonferenz und nahmen daher im September 1988 an einer Veranstaltung der Evangelischen Akademie Ostberlin zu Rosenstock teil, gemeinsam mit Ullmann. Dort trafen die Ostberliner auf den Jesuiten Adam Żak, einen polnischen Rosenstock-Spezialisten, dem sie ihre Kreisau-Ideen vorstellten. Żak kannte die historischen Hintergründe, aber er wusste nicht, dass aus Kreisau das polnische Krzyżowa geworden war. Er zeigte sich jedoch sogleich interessiert und sagte Unterstützung zu. Er schrieb an polnische katholische Journalisten, von denen er annahm, dass sie an diesem Projekt deutsch-polnischer Verständigung Interesse haben könnten, erhielt jedoch keine Antwort.[30]

Das muss allerdings nicht als symptomatisch angesehen werden, hatte sich doch die Situation seit Mitte der sechziger Jahre allmählich geändert. Die jüngere Generation in Polen, die nicht mehr unmittelbar von den Erfahrungen des Krieges geprägt war, zeigte Interesse an der deutschen Vergangenheit ihres Landes. Aber auch unter den Älteren gab es immer mehr, die der Überzeugung waren, dass nur eine deutsch-polnische Aussöhnung auf Dauer das Verhältnis beider Länder normalisieren und die Situation in Europa stabilisieren könne. «Wir sind Christen»,[31] sagt Wanda Czaplińska. Die Kinderärztin und ihr Mann, der Ingenieur Kazimierz Czapliński, setzten sich für ihre christlichen Ideale ein.[32] Sie sollten im Laufe des Aufbauprozesses für das Neue Kreisau gute Freunde Freyas werden. Wanda Czaplińska berichtet, dass sie unsicher gewesen sei, wie die erste Begegnung mit der fremden Dame aus dem Westen verlaufen würde. Als Freya sie das erste Mal besuchte, kochte Wanda gerade Sülze. Freya war begeistert, seit Kreisau habe sie keine Sülze mehr gemacht, sie würde gerne helfen. Alle Fremdheit löste sich auf, als Wanda und Freya gemeinsam in der Küche standen. Das rasche Handeln zur Rettung Kreisaus 1989 wurde durch die christlichen Netzwerke, die sich für die deutsch-polnische Versöhnung einsetzten, erst ermöglicht.[33]

In Krzyżowa war Pfarrer Kałuża aktiv, der in seiner Kirche Informationsmaterial über den Kreisauer Kreis auslegte. Zusammen mit dem Historiker Karol Jonca kümmerte er sich um den Familienfriedhof der Moltkes am Ortsausgang, den Kapellenberg, der für Helmuth James so wichtig gewesen war und der immer wieder verwüstet wurde. Als in den achtziger Jahren, während oder bald nach der Ausrufung des Kriegsrechts (1981–1983), staatlicherseits Bulldozer anrückten, um die Gräber einzuebnen, verhinderten dies die Dorfbewohner. Sie benachrichtigten den Pfarrer, der die Staatsanwaltschaft verständigte. Das Unternehmen wurde abgebrochen. Kałuża wertete dies als einen Erfolg seiner Aufklärungsarbeit: Einige Jahre zuvor hätte sich niemand in Krzyżowa für den deutschen Friedhof eingesetzt.[34]

Freya zu Besuch in Breslau: vorne rechts mit Brille Wanda Czaplińska, neben ihr Mark Huessy, links im Bild mit Bart Andrej Sikojev

Der Krakauer Jesuit Adam Żak ahnte wohl nicht, dass er den Stein schließlich ins Rollen bringen sollte, als er im Januar 1989 auf Anregung aus Ostberlin im Breslauer KIK, Klub der Katholischen Intelligenz, von Kreisau erzählte. Das war einer von fünf Vereinen (neben Warschau, Krakau, Posen, Thorn) katholischer Laien, die 1956 in einer kurzen Tauwetterperiode von der kommunistischen Regierung zugelassen worden waren. Im KIK fing man sofort Feuer. Er sollte zum Träger der Umgestaltungsmaßnahmen vom ehemaligen Staatsgut Krzyżowa zur europäischen Begegnungsstätte des Neuen Kreisau werden. Seit 1958 engagierte sich dort auch Ewa Unger, die – wie Hunderttausende von Polen – Anfang der vierziger Jahre in ein sowjetisches Lager deportiert und nach sechs Jahren Sibirien zufällig nach Breslau geraten war. Sie wurde später zur langjährigen Vorsitzenden des Kreisauer Stiftungsrates.

Michał Czapliński, auch er ein Mitglied des KIK Breslau und mit seinen Eltern im deutsch-polnischen Dialog aktiv, wusste aus der Schule gar nichts über den Kreisauer Kreis. Er fand aber Informationen in den Büchern von Karol Jonca. Er fuhr nach Krzyżowa, das nur 60 Kilometer von seiner Heimatstadt Breslau entfernt liegt, und sprach mit dem dortigen Leiter des Staatsgutes. Dann fuhr er zu seinem Freund Ludwig Mehlhorn nach Ostberlin. Auch dieser hatte von Kreisau in der Schule nichts gehört, aber die Seminare von Wolfgang Ullmann besucht. Gemeinsam mit dem Ullmann-Kreis diskutierten sie den Vorschlag, der wohl von Karol Jonca stammte, in Krzyżowa eine Konferenz abzuhalten. Es sollte besprochen werden, wie die Zukunft einer Begegnungsstätte aussehen könnte.

Anfang Juni 1989 war es endlich so weit: Die Konferenz konnte stattfinden. Sie hatte rund dreißig Teilnehmer, die aus den Kreisen der polnischen katholischen Intelligenz kamen, aus Ostberliner Oppositionellen-Kreisen, auch Mitglieder von Aktion Sühnezeichen und Angehörige des Bensberger Kreises, einer westdeutschen katholischen Laienorganisation, fehlten nicht.[35] Aus den Niederlanden waren mit Wim Leenman und seiner Frau Mitglieder der niederländischen Rosenstock-Huessy-Gesellschaft gekommen. Neben Karol Jonca nahm Ger van Roon aus Amsterdam teil. Aus den USA kam Mark Huessy, ein Enkel von Rosenstock-Huessy, im Auftrag der Familie von Moltke. Die Tagung fand in Breslau statt, denn in Krzyżowa gab es keinen Ort, an dem man sich hätte aufhalten können. Die Gebäude waren in schlechtem Zustand, das Schloss beinahe einsturzgefährdet. Die meisten Teilnehmer – sie waren noch nie auf dem ehemaligen Moltke'schen Gut gewesen, und daher war abschließend eine Busfahrt für alle nach Kreisau organisiert worden – waren entsetzt über den baulichen Zustand.

Ergebnis der Tagung war ein Brief an die Regierungen in Bonn und Warschau, in dem man die offiziellen Stellen über die neue Initiative und ihre Ziele informierte.[36] Geplant seien, so hieß es, eine internationale Jugendbegegnungsstätte und eine Gedenkstätte für den europäischen Widerstand. Und dann ging alles ganz schnell. Die Konferenz hatte an dem Wochenende stattgefunden, als in Polen die ersten freien Wahlen abgehalten wurden. Im August wurde Tadeusz Mazowiecki Ministerpräsident. Die Rahmenbedingungen für die Nachfolgekonferenz, die für Dezember geplant war, veränderten sich in rasendem Tempo. Die Teilnehmer erkannten die ungeheure Gunst der Stunde und wollten sie nutzen. Das Staatsgut Krzyżowa löste sich auf. Man

Schloss Kreisau vor der Sanierung, Aufnahme aus dem Jahr 1960

war sich schnell einig, dass die Gebäude gekauft werden mussten, um sie vor dem sicheren Verfall zu retten. Aber woher sollte das Geld dafür kommen?

Kreisau-Unterstützer aus Ost- und Westberlin fanden sich zusammen und gründeten im September 1989 die «Kreisau-Initiative Berlin».[37] Es ging nicht nur darum, in relativ kurzer Zeit das nötige Geld aufzutreiben – was schließlich gelang –, sondern auch darum, andere Begehrlichkeiten abzuschmettern: Ein Wurstfabrikant zum Beispiel soll sein Auge auf das Staatsgut Krzyżowa geworfen haben. Annemarie Cordes schildert ihren Besuch bei dem besagten Unternehmer, den sie zusammen mit Jochen Köhler aufsuchte, um ihm klarzumachen, dass hier höhere Werte zum Tragen kämen als Fleisch und Wurst und er sich deshalb von diesem Projekt zurückziehen müsse. Der überraschte Fabrikant, der noch nie etwas vom Kreisauer Kreis gehört hatte, bat um Stillschweigen über dieses Gespräch. Aber Jochen Köhler schleuderte ihm selbstbewusst entgegen: «Öffentlichkeit ist unser Geschäft!»[38] Ob es diese kühne Drohung war oder welche Gründe auch immer eine Rolle spielten: Der Unternehmer gab sein Engagement auf. Auch ein Berliner Finanzier bemühte sich um das Schloss. Er wollte dort ein Hotel für die Touristen errichten, die zum Grab des Feldmarschalls von Moltke pilgern wollten. Aber auch er konnte seine Pläne nicht verwirklichen.[39]

«Erst, wenn die Polen uns einladen»: Die Stiftung Kreisau

Die Teilnehmer der Juni-Konferenz hätten es sich wohl nicht träumen lassen, dass ihre nächste Zusammenkunft, nur ein halbes Jahr später, in einer völlig veränderten Welt stattfinden würde. Dazwischen lagen der Fall der Mauer und die Versöhnungsmesse in Kreisau, die einen Neuanfang in den deutsch-polnischen Beziehungen darstellt. Da Tadeusz Mazowiecki selbst Mitglied im Warschauer Klub der Katholischen Intelligenz war, hatte er inzwischen von den Aktivitäten rund um Kreisau erfahren. Aus seinem Umfeld stammte wohl die Idee, Kreisau als Ort der Versöhnung vorzuschlagen.[40] Zwar fragte der deutsche Kanzlerberater Horst Teltschik genauso wie der Wurstfabrikant: «Was ist Kreisau?» Aber er wurde aufgeklärt, der Vorschlag wurde geprüft, und die deutsche Seite erkannte seinen Wert. Am 12. November 1989 traf man sich in Kreisau.[41] Schon wenige Tage später gaben Kohl und Mazowiecki, von der Authentizität des Ortes überzeugt, vom besonderen Geist der Versöhnungsmesse erfüllt, eine Erklärung ab, dass sie das Ihrige zur Entstehung einer internationalen Jugendbegegnungsstätte beitragen wollten.[42]

Im Kanzleramt war kurz zuvor die Idee aufgekommen, dass ein Mitglied der Familie Moltke an der Messe teilnehmen sollte. Der einzige in Europa verfügbare Moltke aus Freyas Familie war zu diesem Zeitpunkt ihr Enkel James, der soeben in Oxford sein Studium begonnen hatte. Dieser allerdings war sich sehr wohl bewusst, dass er der überraschenden Einladung aus Bonn nicht zustimmen konnte, ohne mit seiner Familie Rücksprache zu halten. Und tatsächlich: Freya verbot ihm die Teilnahme. Ein New Yorker Journalist, der über den Kohl-Besuch in Polen berichtete, hatte von ihrer Absage erfahren und kam nach Vermont, um sie zu interviewen. Sie bestätigte ihm, dass sie Helmut Kohls Einladung abgelehnt habe, und wiederholte, was sie schon Kohl gegenüber geäußert hatte: «Wir Moltkes kommen erst nach Kreisau, wenn die Polen uns einladen.»[43]

Dieser Satz war Freyas Eintrittskarte in das Neue Kreisau. Über die amerikanischen und die deutschen Zeitungen drang er bis nach Polen, wo Freyas explizite Zurückhaltung gewürdigt wurde. Die Weigerung, als Teil der offiziellen deutschen Delegation des Bundeskanzlers nach Kreisau zu kommen, flankiert von so eindeutigen Sätzen wie: «Wie gut, dass Kreisau heute polnisch ist. Das nimmt es heraus aus einer möglichen deutschen Enge und macht es von vornherein zu einem europäischen Ort»,[44] machten allmählich klar, dass es ihr ernst war mit ihrer Zurückhaltung. Sie zeigten, dass es ihr um die Sache ging und sie nicht als Gutsherrin nach Schlesien zurückkehren wollte. Der KIK Breslau lud sie noch im November 1989 ein, an der Dezember-Konferenz, auf der die Weichen für die zukünftige Arbeit gestellt werden sollten, teilzunehmen. Sie musste zunächst absagen, weil die Einladung zu kurzfristig kam, aber im darauffolgenden Sommer kam Freya nach vielen Jahren erstmals wieder nach Kreisau. Am 9. Juli 1990 war sie bei der offiziellen Gründung der «Stiftung Kreisau für Europäische Verständigung» dabei.

Es begann die harte Arbeit des konkreten Aufbaus. Die wichtigste Aufgabe der neuen Stiftung war es zunächst, die Gebäude zu sichern. Das allererste Geld dafür kam im Februar 1990 noch von der Regierung der DDR, in der Wolfgang Ullmann zu diesem Zeitpunkt Minister ohne Geschäftsbereich war. Die südpolnische Provinz der Jesuiten spendete eine hohe Summe. Über die bundesdeutsche Botschaft in Warschau kamen Gelder aus dem Auswärtigen Amt, die zum Beispiel für die dringende Reparatur des Schlossdaches benötigt wurden. Schließlich wurden 29 Millionen Euro aus einem Fördertopf für die Verbesserung der deutsch-polnischen Verständigung bewilligt.[45] Die erste Bauphase war überwiegend dem Bau von Wohnungen für diejenigen gewidmet, die noch auf dem Gut und im Berghaus lebten. Sogar im Schloss, vor dessen Betreten ein Schild warnte, soll noch eine alte Frau gewohnt haben. Für sie alle wurde im Nachbardorf neuer Wohnraum geschaffen; das ehemalige Staatsgut bekam neue Wirtschaftsgebäude.

Freya nahm regelmäßig an den Sitzungen des Stiftungsrates teil. Sie kam trotz ihres hohen Alters – 1990 war sie neunundsiebzig Jahre alt, und da fing die Arbeit gerade erst an! Bis 2007, zur Gedenkveranstaltung zum hundertsten Geburtstag Helmuth James von Moltkes im

Französischen Dom in Berlin,[46] trat sie fast jedes Jahr die lange Reise von Vermont nach Europa an. Sie war Vorsitzende des Ehrenrates der Stiftung, dem auch der spätere polnische Außenminister Władysław Bartoszewski angehörte. Wenn sie kam, übernachtete sie bei den Czaplińskis oder bei Pfarrer Kałuża. Damit war sie Gast in Kreisau und hielt sich weiterhin im Hintergrund. Sie überließ denjenigen das Feld, die von Anfang an dabei waren: Kreisau war jetzt deren Sache. Sie begleitete das ambitionierte Projekt, das zu verwirklichen schien, was sie sich seit Jahrzehnten vorstellte, aber sie wollte niemandem ihre Ansichten aufdrängen. Sie erhob ihre Stimme nur, wenn es ihr nötig erschien. Dabei kam Freya ihr kommunikatives Talent zugute: Unisono und unabhängig voneinander erinnern sich die Ur-Kreisauer, die mit ihr im Stiftungsrat zusammengearbeitet haben, an ihr Geschick, in schwierigen Situationen mit wenigen Worten das Richtige zu sagen, um die Lage zu entschärfen. Freya war der «gute Geist» von Kreisau, so beschrieb es der polnische lutherische Bischof Ryszard Bogusz.[47] Der Jesuit Adam Żak verglich ihre Arbeit mit der eines «Schutzengels»: «Du bist unauffällig und doch sichtbar; machtlos und doch wirkungsvoll; unaufdringlich und doch prägend; erhaben und doch sehr nah; deutlich und doch vermittelnd.»[48]

«Was wollen wir schaffen?»

Die Kreisau-Aktivisten waren voller Tatendrang. Sie wollten und konnten mit ihrer inhaltlichen Arbeit nicht warten, bis die Gebäude fertig renoviert sein würden. In Breslau, Berlin und Amsterdam entstanden Denkschriften, die die Vorstellungen der einzelnen am Aufbau des Neuen Kreisau beteiligten Teilgruppen festhalten. Was soll das Neue Kreisau ausmachen? Worum soll es gehen? Es ging um Völkerverständigung. Dabei war der Rückgriff auf die Geschichte des Ortes von großer Bedeutung: Kreisau sollte nicht bloß Kulisse sein, sondern war als Ort bewusst gewählt worden, gerade weil er gedankliche Anknüpfungspunkte bot. Konrad von Moltke betonte in diesem Zusammenhang: «Wir haben auch keine Ansprüche darauf, zu bestimmen, wie das wird.»[49]

Auf die Frage «Was wollen wir schaffen?» antwortete Michał

Czapliński: «Es geht um die Gründung einer internationalen Gemeinschaft von Menschen, die an den Grundlagen eines dauerhaften Friedens und der zukünftigen Einheit Europas arbeiten wollen.»[50] Man war sich einig, dass nicht nur Jugendliche die Zielgruppe der Kreisauer Arbeit sein sollten, sondern auch Erwachsene. Erweiterte Bildungsarbeit leistet Kreisau heute unter dem Dach der Europäischen Akademie,[51] die neben der Gedenkstätte[52] für die europäischen Widerstandsbewegungen das dritte Standbein der Stiftung geworden ist.

«Wer kommt nach Krzyżowa? Warum? Wie packen wir das an?», fragten sich die Möckels aus Würzburg und die Meijers aus Rotterdam: «Menschen, die zusammen arbeiten, kommen einfacher miteinander ins Gespräch als Menschen, die um einen ungewohnten Tisch sitzen. Darum kommen die Krzyżowa-Freiwilligen ausdrücklich zum Arbeiten, und zwar an der Restauration des Gutes und am Aufbau des Zentrums: Sie arbeiten gegen Umweltschäden und an der Verbesserung der Lebensbedingungen in der Umgebung des Landguts und im Lande und für eine Lebensgemeinschaft von Leuten, die sich stark voneinander unterscheiden, aber ihre Gemeinsamkeiten finden wollen.»[53] Während Czapliński stärker die Sommercamps der Aktion Sühnezeichen als Vorbild im Blick hatte, an denen er zusammen mit Ludwig Mehlhorn teilgenommen hatte, standen die westdeutschen und niederländischen Autoren in der Tradition von Eugen Rosenstock-Huessy. Ihr Bezugspunkt waren die Löwenberger Arbeitslager.[54]

Parallel zur Work-Camp-Idee Rosenstocks beriefen sich die Papiere auch auf das Kreisauer Gedankengut. Es war insbesondere die Idee der «kleinen Gemeinschaften», wie sie in der Kreisauer Denkschrift formuliert wurde, die im Neuen Kreisau verwirklicht werden sollte. Die von der Diktatur entmündigten Menschen sollten lernen, in kleinen Gemeinschaften wieder Verantwortung zu übernehmen, für sich und für das, was sie umgibt.

Durchaus auch unter Rückgriff auf Rosenstock, aber gleichzeitig gespeist aus den Erfahrungen der Achtundsechziger, wollte die Kreisau-Initiative Berlin die Dorfbevölkerung von Anfang an in die Arbeit für das Neue Kreisau einbeziehen, hatte dabei aber keinen durchschlagenden Erfolg.[55] Aber die Sommerlager fanden statt. Das erste Work Camp konnte schon im August 1990 durchgeführt werden. Bis zum Sommer 1996 wurden jedes Jahr oben am Berghaus die Zelte aufgeschlagen,

Einweihung der Internationalen Jugendbegegnungsstätte am 11. Juni 1998 (v. l. n. r.): Bundeskanzler Helmut Kohl, Freya von Moltke, Clarita von Trott zu Solz, Rosemarie Reichwein, Ewa Unger, die langjährige Vorsitzende der Stiftung Kreisau, sowie der polnische Ministerpräsident Jerzy Buzek.

und Jugendliche aus bis zu neun verschiedenen Ländern halfen mit beim Aufbau des Neuen Kreisau.[56]

Auch das Dorf profitierte davon, denn im Oktober 1992 wurde eine Wasserleitung in Betrieb genommen. Bis zu diesem Zeitpunkt hatte es im Dorf Kreisau kein fließendes Wasser gegeben. In der Gutsanlage entstand eine Kindertagesstätte, in Anlehnung an Schwesters Spielschule, die allerdings inzwischen mangels Nachwuchses wieder eingestellt werden musste. 1994 entstand eine Kläranlage. Im gleichen Jahr wurde im ehemaligen Pferdestall die Jugendherberge eröffnet; 1996 waren die Rezeption und die Büros fertig. Zwei Jahre später wurden die Bauarbeiten im Kuhstall, in der Scheune und im Berghaus abgeschlossen. Am 11. Juni 1998 konnte die offizielle Einweihung der Internationalen Jugendbegegnungsstätte gefeiert werden. Hier traf Freya schließlich auch Kanzler Kohl sowie den polnischen Ministerpräsidenten Jerzy Buzek. Durch den zufälligen Besuch eines New Yorker Journalisten habe sich ihr Weg nach Krzyżowa gebahnt, und «darum bin ich heute in Polen zu Hause. Glückssache!», resümierte sie Jahre später erfreut.[57]

1999 erhielt Freya den Brückepreis der Stadt Görlitz für ihren Einsatz in der deutsch-polnischen Verständigung. Władysław Bartoszewski, 2002 selbst Brückepreisträger und scharfer Beobachter der deutsch-polnischen Beziehungen, bescheinigte ihr in seiner Laudatio: «Ihr Leben selbst ist mit Sicherheit eines der schönsten Beispiele dafür, mit wieviel Mut und Stärke man normal, anständig und sogar beispielhaft leben kann.»[58] Im Jahr 2000 verlieh ihr die Gemeinde Schweidnitz, heute Świdnica, die Ehrenbürgerwürde, worauf Freya sehr stolz war.

Der Kreis schließt sich

Zu guter Letzt und erst nach einigem Zögern tat Freya einen Schritt in die erste Reihe: 2004 wurde die «Freya von Moltke-Stiftung für das Neue Kreisau»[59] gegründet, deren Schirmherr der Bundespräsident ist. Kreisau ist wieder zum Leben erweckt worden – aber es erfordert weiterhin großen Einsatz und verschlingt ungeheure finanzielle Mittel, schon allein für den Unterhalt der riesigen Anlage. Die Stiftung wollte und will mit Öffentlichkeitsarbeit und Fundraising die Arbeit in Krzyżowa unterstützen, und dafür brauchte sie Freya als Gallionsfigur. Obwohl der Tod ihres Sohnes Konrad erst wenige Wochen zurücklag, fuhr sie zur offiziellen Gründungsveranstaltung im Sommer 2005 nach Berlin, weil sie wusste, wie wichtig ihre Anwesenheit dort war. Sie war nicht nur Namensgeberin und Ehrenvorsitzende (neben Clarita von Trott zu Solz und Renate Harpprecht),[60] sie verkörperte das Alte und das Neue Kreisau. Ihre Person schlägt die Brücke von der Vergangenheit in die Gegenwart. Sie machte und macht Kreisau dadurch über ihren Tod hinaus anschaulich, lebendig und für die Zukunft nutzbar.

Das Neue Kreisau ist eine Weiterentwicklung der Gedanken und Themen, die Helmuth James von Moltke, Peter Yorck und ihre Mitstreiter diskutiert haben. Die Satzung der Stiftung beruft sich explizit darauf.[61] Nicht gesondert genannt, aber doch allgegenwärtig sind die Ideen Eugen Rosenstock-Huessys. Gabriella Sarges von der Kreisau-

Initiative Berlin fasste beide Traditionslinien in ihrer Denkschrift vom April 1990 prägnant zusammen: «Die Begegnungsstätte, deren Aufgabe es ja sein soll, Ideen der Demokratie, der Selbstverwaltung und der friedvollen europäischen Verständigung zu dienen, wäre durch die organische Verbindung mit seiner Umgebung zugleich mit konkreten Lebensproblemen vertraut. Nur so hat man die Chance, an diesem Ort ein Milieu zu entwickeln, wo der Bauer zum Professor hereinkommen kann, ohne sich zu genieren, daß er nach Gülle stinkt. Die beiden o. g. Aspekte, nämlich Selbstverwaltung in kleinen Gemeinschaften und der Aspekt des Näherkommens von Intellektuellen und der arbeitenden Bevölkerung, entspringen den konzeptionellen Ideen des H. J. v. Moltke und seinem Lehrer Eugen Rosenstock.»[62]

Für Freya schloss sich hier der Kreis. Das Neue Kreisau war ihr «Lebensgeschenk»,[63] wie sie selbst es nannte. Die Ideen ihrer «beiden großen Männer», die sie bewusst mitgetragen und deren Erbe sie engagiert gefördert hat, stehen im Neuen Kreisau gleichberechtigt nebeneinander und finden praktische Anwendung. Eine Konstante ihrer Arbeit im Neuen Kreisau war das Gespräch mit den Jugendlichen, denen sie Rede und Antwort stand, die sie als Gesprächspartner ernst nahm, mit denen sie diskutierte, so auch in den USA. Im Sommer 2004 sprach sie vor Schülern der Hartford Highschool in Hanover, Vermont: «Now, you think this is all past and it is», sagte sie. «Aber ihr seid demselben Druck, denselben Anforderungen ausgesetzt wie wir damals, denn wir haben im Deutschland dieser Zeit festgestellt, wie schnell es gehen kann, dass man Rechte und Privilegien verlieren kann, und wie schnell die Ergebnisse eines langen zivilisierten Zusammenlebens verspielt werden können. Ich glaube nicht, dass zurzeit eine wirkliche Gefahr besteht, dass die Vereinigten Staaten ihre Rechte verlieren. [Das Gespräch fand mitten in der Ära von George W. Bush statt.] […] Was die Deutschen verloren haben, das war das Gefühl dafür, dass sie für ihre eigene Gesellschaft verantwortlich sind. Ihr besitzt dieses Gefühl und ihr müsst es euch bewahren. […] Ihr laßt euch nicht meine Geschichte erzählen, weil es eine interessante Geschichte ist, sondern weil es eure Geschichte ist. Das war's!»[64]

Freya von Moltke starb am 1. Januar 2010 im Alter von 98 Jahren im Kreise ihrer Familie in ihrem Haus in Vermont. Sie ist auf dem nahe

gelegenen Hillside Cemetery, dem Friedhof der Gemeinde Norwich, begraben, auf dem auch Eugen und Margrit, deren Sohn Hans, Freyas Bruder Carl, ihr Schwager Willo und ihr Sohn Konrad ihre letzte Ruhe gefunden haben.

Epilog: «Find me upstairs»

Mit neunzig Jahren wurde Freya in einem Interview gefragt: «Haben Sie noch Ziele?» Sterben sei ihr Ziel, antwortete sie. Der Alltag im Alter war beschwerlich geworden, und sie war im Grunde der Ansicht, sie habe genug gelebt. Dies hatte sie bereits ihrer Familie mitgeteilt: «Ich werde die erste Gelegenheit nutzen, um zu sterben.» Und deshalb hatte sie auch ein großes Schild an ihren Kühlschrank geklebt: «Do not resuscitate!» – Nicht wiederbeleben!

Sie hatte keine Angst vor dem Sterben, auch wenn sie an einem Leben nach dem Tod zweifelte: «Ich gehöre ja zum christlichen Glauben», erklärte sie. «Da wird einem gesagt, dass noch was kommt, aber ich bin dann doch etwas sehr skeptisch. [...] Aber ich glaube, dass da vieles ist, was man nicht sehen kann.»[1]

Nach ihrem Tod am 1. Januar 2010 erschienen Nachrufe in Zeitungen auf der ganzen Welt: In allen großen deutschen und englischen Zeitungen, in vielen amerikanischen Gazetten von der *New York Times* bis zur *Los Angeles Times*, im *Sydney Morning* bis hin, wir erinnern uns, zur *Prawda* in Moskau. Der Senator des Staates Vermont, Patrick Leahy, verlas im US-Senat einen Nachruf auf Freya von Moltke, der anschließend zu Protokoll gegeben wurde.[2] Die Bundeskanzlerin und der Außenminister der Bundesrepublik Deutschland schickten schwarz-rot-goldene Kränze, die vor dem sehr schlichten Holzsarg schon fast zu üppig wirkten. Die Trauerfeier fand am 8. Januar 2010 in der Congregational Church in Norwich statt. Veronica Jochum von Moltke spielte ein Stück von Wolfgang Amadeus Mozart, Allegro & Andante für Klavier in F-Dur (KV 533), das Freya immer sehr geliebt hatte, und die Enkel erinnerten sich an ihre «Reia», wie sie bisweilen im Kreise der Familie genannt wurde. Helmuth Caspar von Moltke hielt eine Trauerrede, die von Dankbarkeit für die lange und gute gemeinsame Zeit mit seiner Mutter geprägt war.

Seine Rede schloss Helmuth Caspar von Moltke mit einer Anekdote, die Freya sicher Vergnügen bereitet hätte: Diese nämlich habe, so berichtete er, ihr Haus Four Wells niemals abgeschlossen; es soll überhaupt keinen Schlüssel gegeben haben, und deshalb habe immer ein Zettel an der Tür gehangen:

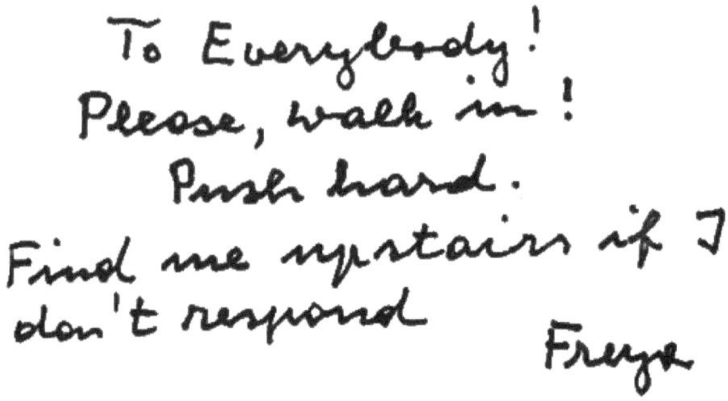

To Everybody!
Please, walk in!
Push hard.
Find me upstairs if I
don't respond
Freya

Dank

Mein besonderer Dank gilt den Familien von Moltke und Huessy für ihre Unterstützung dieses Projektes, für ihre Bereitschaft, mir uneingeschränkten Zugang zu dem Archiv von Freya von Moltke und Eugen Rosenstock-Huessy in Norwich zu gewähren, für ihre Offenheit im Gespräch und für ihre große Gastfreundschaft, für heitere Tage in Vermont: Helmuth Caspar und Keri von Moltke, James von Moltke, Ulrike von Moltke, Veronica Jochum von Moltke, Frances Huessy, Mariot Huessy, Mark Huessy und Ray Huessy.

Ich danke dem Deutschen Literaturarchiv in Marbach für ein Stipendium, das es mir ermöglicht hat, dort unter exzellenten Bedingungen zu arbeiten.

Ein großer Dank geht auch an Frauke Agena, Renata Bardzik-Miłoz, Jonathan Bauerschmidt, Marie-Luise Bauerschmidt, Albrecht Bergold, Günter und Ingrid Brakelmann, Ulrich von Bülow, Ulrich und Dorothee Busch, Annemarie Cordes, Tanja Cummings, Kazimierz und Wanda Czapliński, Hildegard Dieke, Ina Farwick, Heidrun Fink, Engelbert Flügel, Annemarie Franke, Clinton C. Gardner, Lotte und Wolfgang Geßmann, Friedrich Geyken, Hans Helmut Grotjahn, Gruppe Göttinger Historikerinnen, Karl Heinz Henssel, Elisabeth Herkens, Gottfried Hoffmann, Arne Hoffrichter, Deborah Holmes, Dorothy und Mathias von Hülsen, Judith A. Huenneke, Olaf Jessen, Ingo Köhler, Angelika von der Lahr, Maria Lauper, Ingrid Laurien, Marcel Lepper, Arne Lietz, Vera und Friedrich von Moltke, Gebhardt von Moltke, Dietrich Graf von Nesselrode, Thomas Noll, Bob Potter, Ulrich Raulff, Petra Rehder, Jan Schleusener, Hellmut Sitó Schlingensiepen, Andreas Schreck, Schwester Maria-Theresia (Karmel Regina Martyrum, Berlin), Ulrich Soénius, Uwe Spiekermann, Barbara Stahlenbrecher, Antje Starost, Stephan Steinlein, Jürgen Telschow, Rudolf von Thadden, Cordula Tollmien, Ewa Unger, Inga Wagner, Britta Waldschmidt-Nelson, Philipp Wendland, Ortrud Wörner-Heil, Agnieszka von Zanthier.

Ein Extra-Dank gebührt Benigna von Krusenstjern, Ulrich Nolte vom Verlag C. H. Beck und Wilfried Enderle!

Zeittafel

29. März 1911	Freya Deichmann wird in Köln geboren.
1913	Umzug der Familie Deichmann an den Georgsplatz 16 in Köln, wo Freya ihre Kindheit und Jugend verbringt
1927	Mittlere Reife. Freya verlässt die Schule mit 16 Jahren.
1927–1928	Verschiedene Beschäftigungen, die sich nicht mehr rekonstruieren lassen («Ich hab kurz verschiedene Sachen gemacht.»)
ab April 1928	Besuch der landwirtschaftlichen Frauenschule in Löbichau in Thüringen. Die Schule wurde von der Deutschen Adelsgenossenschaft betrieben und war dem Reifensteiner Verband angeschlossen.
ab April 1929	Private Vorbereitung auf das Abitur in Köln
Sommer 1929	Erste Begegnung mit Helmuth James von Moltke bei Eugenie Schwarzwald in Österreich am Grundlsee.
Okt. 1929	Freya und Helmuth treffen sich in Berlin, als Freyas Vater eine Geschäftsreise dorthin unternimmt.
April 1930	Freya kommt zum ersten Mal nach Kreisau.
Aug. 1930	Freya und Helmuth sind für drei Wochen am Grundlsee.
Anf. Okt. 1930	Freya macht ihr Abitur.
Mitte Okt. 1930	Zweiwöchige Italienreise mit den Eltern
7.–9. Nov. 1930	Besuch in Kreisau
März 1931	Für etwa eine Woche bei Verwandten in Paris
Ende März 1931	Freya besucht Kreisau.
Frühjahr 1931	Beginn des Jurastudiums in Köln
1931	Das Bankhaus Deichmann wird geschlossen.
Aug. 1931	Freya kommt für die Hochzeitsvorbereitungen mit ihrer Mutter nach Kreisau.
Sept. 1931	Sommerferien auf dem Giersberg in der Eifel, dem Sommersitz der Großeltern Schnitzler
18. Okt. 1931	Heirat mit Helmuth James von Moltke in Köln
21. Okt. 1931	Tod des Vaters Carl Theodor Deichmann
ab Okt. 1931	Umzug nach Kreisau, Jurastudium in Breslau
Jan. bis Juni 1932	Während einer längeren Südafrikareise ihrer Schwiegermutter Dorothy ist Freya die Hausfrau in Kreisau.
Juni 1932	Acht Tage Urlaub nach Dorothys Rückkehr, Fahrt zu Verwandten nach Pommern; Besuch bei Helmuths Vetter Hans-Adolf von Moltke, Botschafter in Warschau, und seiner Frau Davida, geb. Yorck von Wartenburg.
Aug./Sept. 1932	Besuch am Grundlsee und auf dem Giersberg
Okt. 1932	Freya und Helmuth beziehen in Berlin eine Wohnung in der Bendlerstraße 42.
Febr.–Sept. 1934	Reise nach Südafrika zu Helmuths Großeltern
1. Okt. 1934	Ankunft in London
11. Okt. 1934	Bei ihren Großeltern auf dem Giersberg, Helmuth in London
Nov.–Dez. 1934	Abschließende Arbeiten an ihrer juristischen Dissertation

Juni 1935	Promotion (Verteidigung der Doktorarbeit allerdings erst am 20. Januar 1936)
11. Juni 1935	Tod von Dorothy von Moltke
1935–1945	Als Gutsherrin in Kreisau
Sept. 1935	Besuch von Mutter und Großmutter in Godesberg
Frühjahr 1937	Zweite Südafrikareise
2. Nov. 1937	Geburt des Sohnes Helmuth Caspar in Godesberg
Juni 1938	Mit Helmuth James in London
27. März 1939	Tod des Schwiegervaters Helmuth von Moltke
April 1939	Freya besucht mit Asta von Moltke für ein paar Tage München, während Helmuth in London ist.
Juni 1939	Freya und Helmuth in London, anschließend Besuch in Frankfurt bei ihrem Bruder und in Godesberg bei ihrer Mutter
Febr.–März 1941	Vierwöchige Urlaubsreise mit Helmuth James: in die Dolomiten, zu Verwandten in Rom und nach Süditalien, wo sie den jüngsten Moltke-Bruder, Carl Bernhard, ein letztes Mal sehen. Er wird bald darauf von der Wehrmacht als vermisst gemeldet.
23. Sept. 1941	Geburt des zweiten Sohnes Konrad in Kreisau
22.–25. Mai 1942	Erste Tagung des Kreisauer Kreises in Kreisau
16.–18. Okt. 1942	Zweite Tagung des Kreisauer Kreises in Kreisau
12.–14. Juni 1943	Dritte Tagung des Kreisauer Kreises in Kreisau
19. Jan. 1944	Verhaftung von Helmuth James in Berlin
11. Febr. 1944	Verlegung Helmuths in das Gefängnis des Konzentrationslagers Ravensbrück. Freya sieht ihn etwa einmal im Monat in der nahe gelegenen Polizeischule in Drögen.
20. Juli 1944	Attentat auf Adolf Hitler
Aug. 1944	Die Kreisauer Widerstandsarbeit wird entdeckt.
28. Sept. 1944	Verlegung Helmuths in das Justizgefängnis Berlin-Tegel
29. Nov. 1944	Helmuth und Freya feiern ein letztes gemeinsames Abendmahl mit Harald Poelchau im Gefängnis.
9.–11. Jan. 1945	Helmuths Prozess vor dem Volksgerichtshof. Die Anklage lautet auf Hochverrat.
23. Jan. 1945	Hinrichtung Helmuths im Gefängnis Plötzensee
25. Jan. 1945	Freya kehrt nach Kreisau zurück.
Febr. 1945	Asta gelingt die Flucht zu Tante Leno nach Schleswig-Holstein.
6. April 1945	Freya und Rosemarie Reichwein verlassen Kreisau mit ihren Kindern und ziehen ins Gebirge.
Pfingsten 1945	Rückkehr nach Kreisau
Aug. 1945	Reise nach Berlin auf einem Kohlewagen, um mit Verwandten und Freunden im Westen Kontakt aufzunehmen
Ende Sept. 1945	Zwei englische Offiziere kommen nach Kreisau.
29. Okt. 1945	Freya verlässt mit Hilfe der britischen Armee Kreisau und das Berghaus.
Nov. 1945	Bei ihrem Bruder Hans in Frankfurt am Main, kurzer Besuch bei der Mutter in Godesberg
Weihnachten 1945	Bei ihrem Bruder Carl in der Schweiz
Febr.–Mai 1946	Besuche bei Eugen Gerstenmaier in Stuttgart, bei Poelchaus in Berlin, bei Barbara von Haeften in Mecklenburg, bei Asta in Schleswig-Holstein
Okt. 1946	In England bei Lionel Curtis

23. Jan. 1947	Ankunft in Südafrika, auf den Tag genau zwei Jahre nach der Hinrichtung Helmuths in Berlin
Jan.–März 1947	In Kapstadt
März–Juni 1947	Besuch auf der Farm Nan van Heerdens im Oranje-Freistaat
ab Juni 1947	Freya lässt sich in Kapstadt nieder.
Frühjahr 1948	Freya beginnt, für die Organisation Cripple Care zu arbeiten.
1948	Helmuths Geschwister Asta und Joachim Wolfgang kommen mit ihren Familien ebenfalls nach Südafrika.
Aug.–Sept. 1949	Besuch in Deutschland
Okt.–Dez. 1949	Vortragsreise in den USA. Dort trifft sie ihren Bruder Carl, ihren Schwager Wilhelm Viggo sowie Eugen und Margrit Rosenstock-Huessy.
Jan.–März 1953	Europareise: Besuch in Italien bei ihrem Bruder Hans und bei den Freunden in England und Deutschland
Jan. 1956	Freya und ihre Söhne kehren nach Berlin zurück. Beginn der Transkription von Helmuths Briefen. Beginn der Zusammenarbeit mit Annedore Leber, aus der 1961 das Buch *Für und wider* hervorgeht.
Juni 1956	Begegnung mit Eugen Rosenstock-Huessy in Berlin
Sept. 1959	Tod Margrit Rosenstock-Huessys
Sept. 1960	Freya zieht zu Eugen Rosenstock-Huessy in den US-Bundesstaat Vermont.
1961–1969	Wiederholte längere Deutschland-Aufenthalte von Freya und Eugen, die eine Wohnung in Heidelberg gemietet haben.
Aug. 1965	Hochzeiten der Söhne: Helmuth Caspar heiratet die Australierin Keri Oddy. Konrad heiratet Ulrike von Haeften.
1967	Das Buch *Neuordnung im Widerstand* des niederländischen Historikers Ger van Roon, der als Erster in Freyas Archiv arbeiten durfte, erscheint.
1972	Freya veröffentlicht zusammen mit ihren englischen Freunden Michael Balfour und Julian Frisby die erste Biographie über ihren Mann: *Helmuth von Moltke – A leader against Hitler*. Die deutsche Ausgabe erscheint 1975 unter dem Titel *Helmuth von Moltke: Anwalt der Zukunft*.
24. Febr. 1973	Eugen Rosenstock-Huessy stirbt in seinem Haus in Vermont.
1976	Neugründung des Eugen Rosenstock-Huessy Funds in Norwich
1977	Gründung des «Norwich Center» zusammen mit Clinton Gardner als organisatorische Basis für die Arbeit an Rosenstocks Werk
1975	Tod der Mutter Ada Deichmann
1976	Erster Besuch in Kreisau nach mehr als dreißig Jahren mit der Familie von Helmuth Caspar von Moltke
1978	Zweiter Besuch in Kreisau mit der Familie von Konrad von Moltke
1986	Freya wird amerikanische Staatsbürgerin.
1980er Jahre	Mitarbeit in der Hanover Consumer Cooperative Society, deren Präsidentin sie wird
1988	Der Band *Briefe an Freya* mit den Briefen Helmuths vor seiner Verhaftung erscheint.
1989	Helmuth James von Moltke erhält postum den Geschwister-Scholl-Preis für seine Briefe, den Freya in München entgegennimmt.

12. Nov. 1989	Versöhnungsmesse in Kreisau in Anwesenheit der Regierungschefs Helmut Kohl und Tadeusz Mazowiecki
1990	Freya gründet mit Freunden den «Twin Pines Housing Trust».
10. Juli 1990	Gründung der Stiftung Kreisau für Europäische Verständigung
1990–2007	Freya reist fast jährlich zu den Stiftungsratssitzungen des Neuen Kreisau.
1997	Die *Erinnerungen an Kreisau 1933–1945* erscheinen.
11. Juni 1998	Eröffnung der Jugendbegegnungsstätte in Kreisau/Krzyżowa
1999	Freya von Moltke erhält den Brückepreis der Stadt Görlitz für ihren Einsatz für die deutsch-polnische Verständigung.
2000	Die Gemeinde Schweidnitz, heute Świdnica, verleiht Freya von Moltke die Ehrenbürgerwürde.
Dez. 2004	Gründung der Freya von Moltke-Stiftung in Berlin
19. Mai 2005	Konrad von Moltke stirbt in Norwich.
1. Januar 2010	Freya von Moltke stirbt im Kreise ihrer Familie in ihrem Haus in Norwich, Vermont, USA.

Stammtafeln

Stammtafel der Schnitzlers

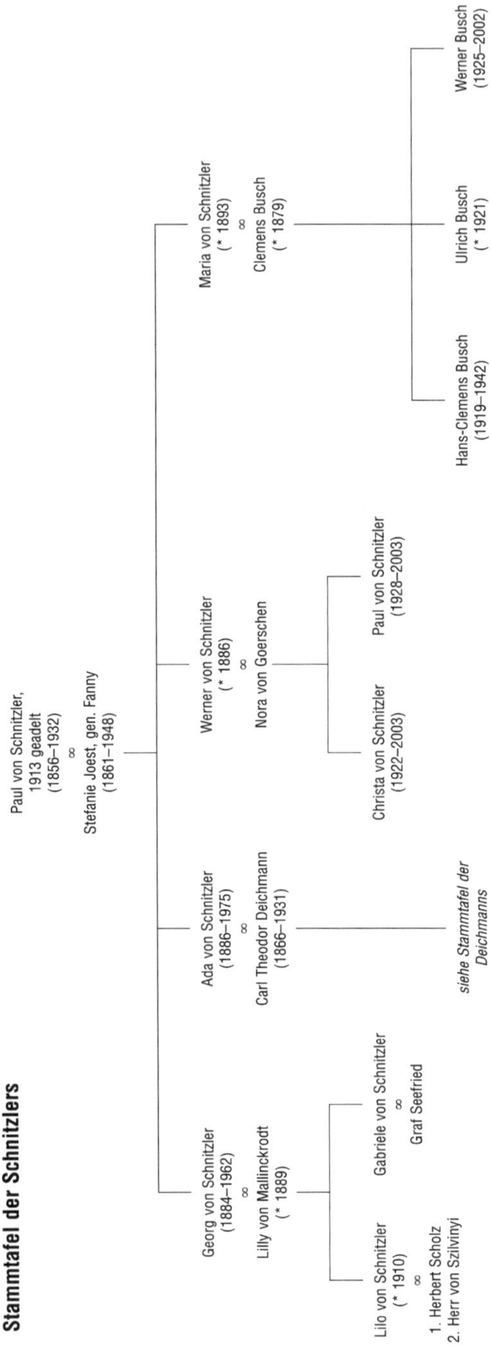

Stammtafel der Deichmanns

Wilhelm Ludwig Deichmann
(1798–1876)
∞
Elisabeth Jacobine Eleonore Schaaffhausen,
gen. Lilla (1811–1888)

- Theodor Adolf Deichmann (1837–1895) ∞ Maria Joest (1843–1901)
  - Wilhelm Theodor von Deichmann, 1908 geadelt (1864–1929) ∞ Adrienne Freiin von Heyl zu Herrnsheim (1868–1949)
  - Carl Theodor Deichmann (1866–1931) ∞ Ada von Schnitzler (1886–1975) *(siehe auch Stammtafel der Schnitzlers)*
    - Carl Paul Theodor Ludolf Deichmann (1906–1985) ∞ Daphne Freifrau von Holtzing, geb. von Grunelius (* 1912)
    - Hans Ludwig Otto Deichmann (1907–2004) ∞ Senta Fayan-Vlielander-Hein (1912–1978)
    - Freya Deichmann (1911–2010) ∞ Helmuth James Graf von Moltke (1907–1945)
      - *siehe Stammtafel der Moltkes*
  - Emma Deichmann (1870–1944) ∞ Bruno Frhr. von Schröder (1867–1940)
  - Helene Deichmann (1872–1907) ∞ Georg Frhr. von Schröder
- Friedrich Wilhelm Otto Deichmann (1838–1911) ∞ Augusta Meurer (1850–1931)
  - Ella Deichmann (1875–1972) ∞ Arnold von Guilleaume
  - Max Deichmann (* 1877)
  - Artur Deichmann (* 1879)
  - Paul Deichmann (* 1882)
- 2 weitere Söhne u. 7 Töchter

Stammtafel der Moltkes

Die Stammtafel beschränkt sich auf die wichtigste männliche Abstammungslinie.

Friedrich Philipp Victor von Moltke (1768–1845), dän. Generallt. ∞ Henriette Paschen (1776–1837)

- Helmuth Gf. von Moltke (1800–1891), preuß. Generalfeldmarschall, Chef d. GenStabs ∞ Mary Burt (1826–1868)
- Adolph von Moltke (1804–1871), preuß. Landrat ∞ Auguste von Krohn (1814–1902)
  - Wilhelm Gf. von Moltke (1845–1905), preuß. Genlt. ∞ Ella Gfn. von Bethusy-Huc (1856–1924)
    - Leonore von Moltke (1875–1961) ∞ Ehregott Wilhelm von Hülsen (1859–1903)
    - Helmuth Gf. von Moltke (1876–1939), Gutsbesitzer ∞ Dorothy Rose Innes (1884–1935)
      - Helmuth James Gf. von Moltke (1907–1945), Rechtsanwalt u. Gutsbesitzer ∞ Freya Deichmann (1911–2010)
        - Helmuth Caspar Gf. von Moltke (* 1937), Rechtsanwalt ∞ Keri Oddy (* 1943)
          - Nicholas von Moltke (* 1966)
          - James von Moltke (* 1969)
        - Konrad von Moltke (1941–2005), Dr. phil., Historiker, Prof. am Dartmouth College in Hanover/New Hampshire ∞ 1. Ulrike von Haeften (* 1944) gesch. 1999 2. Annabelle Winograd (* 1940)
          - Johannes von Moltke (* 1966)
          - Dorothea von Moltke (* 1968)
          - Daniel von Moltke (* 1968)
          - Jakob von Moltke (* 1980)
      - Joachim Wolfgang von Moltke (1909–2002), Kunsthistoriker, Dir. d. Kunsthalle Bielefeld ∞ 1. Ingeborg von Dippe (1913–2000), gesch. 1967 2. Renate von Hülsen (* 1932)
      - Wilhelm Viggo von Moltke (1911–1987), Prof. f. Städteplanung a.d. Harvard-Univ., Cambridge/Mass. ∞ Veronica Jochum (* 1932)
      - Carl Bernhard von Moltke (1913–1941), Kaufmann
      - Asta von Moltke (1915–1993) ∞ 1. Wend Wendland, Bibliothekar (1912–1979), gesch. 1961 2. Karl Heinz Henssel, Verleger (* 1917)
    - Margarete von Moltke (1879–1946) ∞ Dietrich von Trotha (1857–1914)
    - Joachim Peter von Moltke (1880–1963), Major ∞ Hertha-Lotte Heine (1900–1958)
    - Monika von Moltke (1886–1975) ∞ Friedrich Wilhelm Graf von Rittberg (1875–1944)
    - Carl Viggo von Moltke (1897–1990), LandgerPräs. ∞ Frede-Ilse von Goßler (1897–1976)
  - Helmuth von Moltke (1848–1916), preuß. GenOberst, Chef d. GenStabs d. Feldheeres, GenAdj. d. Kaisers ∞ Eliza Gfn. von Moltke-Huitfeldt (1859–1922)
    - Wilhelm von Moltke (1881–1949), Major ∞ Gertrud Haffer (1891–1967)
    - Astrid von Moltke (1882–1961) ∞ Heinrich Graf von Bethusy-Huc

4 weitere Söhne
u. 2 Töchter

Friedrich von Moltke
(1852–1927),
preuß. StMin. u. OPräs.,
Mitglied d. preuß. Herrenhauses
∞
Julie Zuckschwerdt
(1862–1943)

Else
von Moltke
(1885–1964)
∞
1. Richard
Koennecke
gesch. 1932
2. Friedrich-
Wilhelm Deodat
von Rothkirch
und Panthen
(1884–1953)

Adam
von Moltke
(1887–1963),
Hauptmann
∞
Gertrud
Buchholz
(1891–1946)

July-Margarethe
von Moltke
(1884–1976)
∞
Magnus
Freiherr von
Mirbach
(1875–1955)

Hans-Adolf
von Moltke
(1884–1943),
dt. Botschafter
∞
Davida
Gfn. Yorck von Wartenburg
(1900–1989)

Maria
von Moltke
(1889–1956),
vorm. Ghzgl.
oldenb. HofD.

Monika
von Moltke
(1927–1946)

Maria
von Moltke
(* 1929)

Friedrich
von Moltke
(* 1931),
Bankdir.
∞
Vera
Gfn. von Kanitz
(* 1937)

Heinrich
von Moltke
(* 1933),
GenDir. für
Unternehmens-
politik bei der
EU
∞
Christa-Maria
Krumeich
(* 1933)

Wulf
von Moltke
(* 1935),
kaufm. Vorstand
∞
Maria Atriaskin
(* 1936)

Gebhardt
von Moltke
(* 1938),
dt. Botschafter
∞
Dorothea Bräuer
(* 1940)

Angelika
von Moltke
(* 1940),
Prof. f. Neuro-
logie a. d. Univ.
London, Ontario

Renate
von Moltke
(* 1942),
Kunsthisto-
rikerin

Anmerkungen

1 Eleganz und verfeinerte Lebensgewohnheiten

1 Kunsthaus Lempertz, Auktionskatalog: Nachlass C. Th. Deichmann/Köln und anderer Besitz, Köln 1931.
2 Freya von Moltke an Dietrich Graf von Nesselrode anlässlich eines Besuchs in Hombusch 1992.
3 Soénius, 29. September 2002, http://www.kirche-koeln.de/doc/soenius.pdf, 25. Mai 2010.
4 Krüger, 1925, S. 80 ff.
5 Köhler, 2000, S. 116.
6 Köhler, 2000, S. 119. Die Mehrzahl der Bankiers dieser reichsweiten Erhebung nahm zwischen 15 und 20 Mandaten wahr.
7 Köhler, 2000, S. 127.
8 http://han.sub.uni-goettingen.de/han/OxfordDictionaryofNationalBiography/www.oxforddnb.com/view/article/48178/?back=,48948, 17. September 2010.
9 Ada Deichmann über ihre Großmutter, maschinenschriftliches Manuskript, das sie anlässlich des Todes ihrer Großmutter verfasst hatte, o. O. 1919, S. 4; Archiv Maria Lauper, Zürich.
10 Zitiert nach Oepen-Domschky, 2003, S. 287.
11 Bodsch 2007. Siehe auch Angela Steidele, Geschichte einer Liebe: Adele Schopenhauer und Sibylle Mertens, Berlin und Frankfurt 2010.
12 Sibylle Mertens hatte sich zu einer ernstzunehmenden Expertin auf dem Gebiet der Archäologie entwickelt. In Italien hatte Sibylle einen Amazonenfries entdeckt, den das Deutsche Archäologische Institut in Rom nicht erwerben wollte, deshalb hängt er heute im British Museum in London. Er war Bestandteil des Mausoleums von Halikarnassos, das eines der Sieben Weltwunder der Antike war. Katalog der bedeutenden Bibliothek der Frau Mertens-Schaaffhausen (gest. zu Rom am 22. Oktober 1857), welche nebst einigen Musikalien den 20. Dezember 1858 [...] bei J. M. Heberle (H. Lempertz) öffentlich [...] versteigert werden, o. O. [1858]. Weitere Versteigerungen fanden 1859 und 1860 statt.
13 Deichmann, 1996. Zitate auf den Seiten 11, 12, 14, 18, 21, 22, 23, 25.
14 Martin, 1913.
15 Hermann, 1992, S. 22.
16 Freya von Moltke im Gespräch mit Jonathan Bauerschmidt am 15. Januar 2001.
17 «Mama hatte inzwischen in Köln in der Kleingedankstraße 12 unsere Mietwohnung fertig eingerichtet, und das Haus war reizend geworden. Mit ihr hatten wir im Sommer bei Pallenberg den Salon bestellt. Chippendale-Möbel, cremefarbig gestrichen. Darin stand das Hochzeitsgeschenk der Geschwister, ein herrlicher Steinway-Flügel. Mein Schreibzimmer hatte Arnold bei Liberty in London machen lassen, modern englisch, in hellgrün poliertem Ahorn mit großem Kamin. Das Herrenzimmer hatte er aus seiner Jungesellenwohnung mitgebracht, ebenso das Eßzimmer. [...] Dort [auf dem Ernich] und in Köln war unser Haushalt inzwischen enorm angeschwollen. Fräulein Brüggemann als Lehrerin, Fräulein Schütte als Erzieherin bei den vier gro-

ßen Kindern, Nanna bei den Zwillingen mit Mimy Haas als Kindermädchen, die vorzüglich dicke Köchin, Mamsell genannt, seit Erwins Geburt bei uns, drei Küchenmädchen, zwei Diener, der Hausdiener Franz, der im Winter die Heizung besorgte und im Sommer den Kölner Garten instand hielt, dann die Haushälterin, die Jungfer, einige Hausmädchen, der Kutscher mit Familie, zwei Stallburschen, der Gärtner Horschel mit Frau und zwei Kindern, der Maschinist Winkler mit Frau und Sohn im Pförtnerhaus unten an der Chaussee an der Einfahrt zum Ernich und nahe davon der Förster Knust mit sechs Kindern in der alten Mühle. Für all diese war die Arbeit einzuteilen oder zu besprechen. Wenn irgend möglich, unternahm ich in der Früh mit dem Kutscher Benecke meinen Morgenritt. Nach Bad und Frühstück war ich bei den Babys, dann bei den Schulkindern. Nähzimmer- und Küchenbesprechungen, Gärten, Treibhäuser inspiziert, Telefonate, Schreibereien – die Zeit ging im Fluge dahin. Unsere Bekannten lebten im gleichen Stil wie wir. […] Herbert von Mumm, Diplomat, Bruder meiner Schwiegertochter, besuchte uns öfters. Jetzt war er in Berlin als eine Art von, sagen wir, «Zeremonienmeister». Er mußte die Empfänge bei Hitler arrangieren, das Vorstellen der Gäste bei offiziellen Empfängen besorgen, Menüs abgeben, die Placements machen; denn von alledem hatten die derzeitigen Machthaber ja keine Ahnung. Er erzählte uns dégoutiert von den «KZ» und den furchtbaren Greueltaten, die dort verübt wurden.» Guilleaume, 1968, S. 51 ff.

18 Freya von Moltke im Gespräch mit ihrem Enkel James von Moltke, 1987.

19 Freya von Moltke im Gespräch mit ihrem Enkel James von Moltke, 1987.

20 Freya von Moltke im Gespräch mit Jonathan Bauerschmidt am 15. Januar 2001.

21 «We loved her and admired her greatly. She had very independent ways and made us independent.» Freya von Moltke im Gespräch mit ihrem Enkel James von Moltke, 1987. Die Übersetzungen aus dem Englischen stammen von der Autorin.

22 «We know that you are a powerful person: Who was the most influential woman in your life and why? I've never thought of it. I think my mother. She was a very strong person. […] My mother had an influence both […] positive and negative. I had a very good relationship with her for many years. Then I got very critical. Then it was balanced.» Freya von Moltke im Gespräch mit Schülern der Hartford Highschool in Hanover, VT, im Sommer 2004.

23 Freya von Moltke im Gespräch mit Jonathan Bauerschmidt am 15. Januar 2001.

24 Hermann, 1992, S. 19 f.

25 «I was childish. I wanted nothing. I didn't think about it. Looking what I wanted to do with my own life, it never occurred to me at all.» Freya von Moltke im Gespräch mit ihrem Enkel James, 1987.

26 «She did not have enough education, because of her parents, who had this very intelligent daughter and did not push her on. She should have done it herself. […] She should have had a more important task in her life.» Freya von Moltke im Gespräch mit ihrem Enkel James, 1987.

27 Hermann, S. 19 f.

28 Heydekampf, 1927, S. 11.

29 Wörner-Heil, 1997, S. 22.

30 Hermann, 1992, S. 19.

31 Staatsarchiv Bückeburg D 21, Nr. 1038.

32 Wörner-Heil, 1997, S. 52.

33 Heydekampf, 1927, S. 51.

34 Es gab Reifensteiner Schulen im Rheinland oder im nahen Sauerland, z. B. die Landfrauenschule Selikum auf Schloss Reuschenberg bei Neuß, die Elly-Hölterhoff-

Böcking-Stiftung in Honnef am Rhein oder die Landfrauenschule Wittgenstein im Sauerland.

35 Staatsarchiv Bückeburg D 21, Nr. 1038.
36 Hermann, 1992, S. 19 f.

2 Eine große Liebe – erster Teil

1 Herdan-Zuckmayer, 1979, S. 46.
2 Zweig, 2009, S. 46.
3 Zweig, 2009, S. 49.
4 Herdan-Zuckmayer, 1979, S. 45.
5 Göllner, 1996, S. 44.
6 Herdan-Zuckmayer, 1979, S. 37.
7 Siehe hierzu Hans Deichmann, 1988.
8 «I didn't have an aim in life.» Freya von Moltke im Gespräch mit ihrem Enkel James von Moltke, 1987.
9 Jochen Köhler im Gespräch mit Freya von Moltke im Januar 2006, zitiert nach «Die Zeit» 32 (31. Juli 2008), S. 48.
10 Freya von Moltke im Gespräch mit Jonathan Bauerschmidt am 15. Januar 2001.
11 Helmuth James an Freya Deichmann, Berlin, 1. September 1929.
12 Freya an Helmuth James, 9. November 1944, Abschiedsbriefe 2011, S. 160.
13 Freya von Moltke im Gespräch mit ihrem Enkel James von Moltke, 1987.
14 Helmuth James von Moltke an Freya Deichmann, Breslau, 22. November 1929.
15 Helmuth James von Moltke an Freya Deichmann, Breslau, 22. November 1929.
16 Helmuth James von Moltke an Freya Deichmann, undatiert, ca. April 1930.
17 Helmuth James von Moltke an Freya Deichmann, Kreisau, 4. Mai 1930.
18 Helmuth James von Moltke an Freya Deichmann, Kreisau, 8. Februar 1931.
19 Helmuth James von Moltke an Freya Deichmann, Kreisau, 12. Dezember 1930.
20 Helmuth James von Moltke an Freya Deichmann, Kreisau, 19. April 1930.
21 Hermann, 1992, S. 19.
22 «You cannot image what a nice place it was. [...] I loved everything. They had no money, but I didn't see it.» Freya von Moltke im Gespräch mit ihrem Enkel James, 1987.
23 Zwei neue Biographien beschäftigen sich mit der Geschichte der Familie von Moltke: Olaf Jessen, Die Moltkes. Biographie einer Familie, München 2010. Jochen Thies, Die Moltkes. Von Königgrätz nach Kreisau. Eine deutsche Familiengeschichte, München, Zürich 2010.
24 Freya von Moltke im Gespräch mit ihrem Enkel James, 1987.
25 Helmuth James von Moltke an Ada Deichmann, Creisau, 6. November 1929.
26 Freya von Moltke im Gespräch mit ihrem Enkel James von Moltke, 1987.
27 Helmuth James von Moltke an Freya Deichmann, Creisau, 29. Oktober 1929.
28 Helmuth James von Moltke an Freya Deichmann, Berlin, 28. September 1929.
29 Helmuth James von Moltke an Freya Deichmann, Berlin, 28. September 1929.
30 Helmuth James an Freya, Kreisau, 19. November 1934.
31 «Freya Deichmann passed her Abitur last week und got ‹good› for all 5 subjects; which considerung that she had left school some time ago is really an excellent performance.» Dorothy von Moltke an James und Jessie Roses Innes, Stettin, 10. Oktober 1930.
32 Freya von Moltke im Gespräch mit ihrem Enkel James, 1987.

33 «[...] then I wanted to go to university and I had to chose and I didn't quite know (and neither did Helmuth tell me), what to choose and I chose history and Germanistik.» Freya von Moltke im Gespräch mit ihrem Enkel James von Moltke, 1987.

34 Hermann, 1992, S. 20.

3 Eine große Liebe – zweiter Teil

1 Balfour, Frisby, Freya von Moltke, 1984, S. 51 f.

2 Helmuth James von Moltke an Freya Deichmann, Kreisau, 9. Juli 1931.

3 Helmuth James von Moltke an Freya Deichmann, Kreisau, 30. Juli 1931.

4 Helmuth James von Moltke an Freya Deichmann, Kreisau, 18. Juli 1931.

5 «Bist du inzwischen für volljährig erklärt?», erkundigte sich der besorgte Helmuth James am 22. September 1931, denn sonst wäre die Hochzeit gefährdet gewesen.

6 Freya von Moltke im Gespräch mit Jonathan Bauerschmidt am 15. Januar 2001.

7 Hermann, 1992, S. 21.

8 Hermann, 1992, S. 21.

9 «Freya is in Kreisau. She came with her mother, who has already left 4 days ago. She is acting as the real daughter of the house and Erna quite ‹selbstverständlich› puts the tea on her side, so that she has to pour out the tea; Mamsell taps her on the back, as she does with us, and is proud, if she does something well, ‹der alte Herr› shouts for her, to make his mathematic school-work, she has to bring Asta to bed, she helps me with my work, writes things for me etc. So in reality she has already become part of the family.» Helmuth James von Moltke an seine Großeltern James und Jessie Rose Innes, 16. August 1931.

10 Helmuth James von Moltke an Freya Deichmann, o. O., 17. September 1931.

11 Helmuth James von Moltke an Freya Deichmann, Kreisau, 6. Oktober 1931.

12 «We had a quiet, but very nice wedding. I suppose mother has written and told you all about it.» Helmuth James von Moltke an James und Jessie Rose Innes, Kreisau, 1. November 1931.

13 Dorothy von Moltke, Köln, 17. Oktober 1931, Briefe 1999, S. 189 f.

14 «I can see that you are already completly at home there.» Freya von Moltke im Gespräch mit ihrem Enkel James von Moltke, 1987.

15 Archiv Maria Lauper, Zürich.

16 Freya an Helmuth James, Kreisau, 19. Januar 1940.

17 «Freya wrote today to tell me that more snow had fallen and that on the way to Nieder-Gräditz she had to pass through high walls of snow on either side. It is an experience for her, because on the Rhine the snow always melts away and never lies high on the roads or fields. During Xmas when the snowfall had just come to a temporary stop Freya said, lets go out and build a snowman; we all laughed because we all [k]new, that you can only build a snowman after thaw has set in, while Freya remembering her childhood had never realised, that there was snow meant to stay for some time.» Helmuth James von Moltke an James und Jessie Rose Innes, Berlin, 11. Januar 1938.

18 «Dear Granny, Frau Deichmannn, her mother and Herr Müller have again departed from Kreisau, and I am glad to know, that they were pleased with their stay. They have had perfect weather throughout and they found the landscape to their liking, they were delighted about the friendly atmosphere of the country as a whole, the nice villages and the pleasant towns. They had suffered from the general prejudice of Westerners that east of the Elbe wilderness begins. Freya's family always has a little

bit the feeling, that they have lost her completely to the Moltkes and that she is really wasted there, a feeling, which I suppose you are easily able to understand. It is inevitable that Freya will have to stick to Kreisau more solidly than was contemplated at first if we want to maintain it as a centre-home for the family, and therefore I was particularly anxious to impress the three visitors with the feeling, that this aim was really worthwhile, and that the sacrifices in mobility which it entails are not in vain. Therefore I am particularly glad that the visit was a success.» Helmuth James von Moltke an James und Jessie Rose Innes, Berlin, 7. Juli 1938.

19 Freya von Moltke an Willo von Moltke, Kapstadt, 22. März 1952. Archiv Veronica von Moltke.

20 «And yet there was such a wonderful openess. Not only Mami Moltke, I came to see that they had been for a long time unorthodox, not very Prussian. They were ready to do the unexpected and they had a quite flexible warmth with which I also was received.» Freya von Moltke im Gespräch mit ihrem Enkel James von Moltke, 1987.

21 Ihre Briefe sind ursprünglich in Englisch geschrieben. Deutsche Begriffe, die sie im englischen Text benutzte, sind kursiv gesetzt. Dorothy von Moltke, 23. November 1911, Briefe 1999, S. 26.

22 «Yesterday I spent the evening at the Pücklers at Weisstütz, very pleasant, and tomorrow the children and I are going to spend the afternoon at the Ploetz's.» Dorothy von Moltke an James und Jessie Rose Innes, Creisau, 18. Januar 1930.

23 Dorothy von Moltke, Creisau, 3. Mai 1910, Briefe 1999, S. 22 f.

24 Dorothy von Moltke, Creisau, 13. Dezember 1923, Briefe 1999, S. 85.

25 «Schwester has just been spending an hour here, she really is a brick und such good company too. I call her the Creisau Chronicle, und she has been giving us all the news.» Dorothy von Moltke an James und Jessie Rose Innes, Creisau, New Year's eve [1930?].

26 1909 stammt von Brakelmann, Biographie, S. 341. Helmuth James von Moltke schrieb in dem letzten Brief an seine Söhne, sie sei seit 1907 in Kreisau, zitiert bei Brakelmann, Biographie, S. 384.

27 «Er ist ein merkwürdiges Kind, aber wir haben ihn liebgewonnen, und er sieht Kreisau als seine zweite Heimat an.» Dorothy von Moltke, Kreisau, 15. November 1931, Briefe 1999, S. 195.

28 Dorothy von Moltke, Kreisau, 25. Oktober 1931, Briefe 1999, S. 191.

29 Dorothy von Moltke, Creisau, 17. September 1926, Briefe 1999, S. 125.

30 Zitiert nach Brakelmann, Biographie, S. 383.

31 Vgl. Brakelmann, Biographie, S. 383 ff.

32 Ich stütze mich im Folgenden auf die ausführliche Darstellung von Britta Waldschmidt-Nelson, 2009, bes. S. 14.

33 Britta Waldschmidt-Nelson, 2009, S. 14.

34 Sie war 1894 über die Heilung einer Freundin auf die Christian-Science-Bewegung aufmerksam geworden. Nach dem Studium der Schriften Eddys und einem mehrmonatigen Aufenthalt in den USA gründete sie 1898 in Hannover die «Erste Christian Science Kirche in Deutschland».

35 Dorothy von Moltke, Kreisau, 12. Dezember 1909, Briefe 1999, S. 16.

36 Ulla selbst war durch Freunde auf die Christian-Science-Bewegung gestoßen und war möglicherweise diejenige, die Helmuth von Moltke mit Bertha Günther-Peterson in Hannover bekannt gemacht hatte. Sie hatte Klassen in Boston und Hannover besucht. Ullas Vater, ein evangelischer Theologe, hatte schließlich die Idee, die Mary Baker Eddy überzeugte: Analog zur Übersetzung des Neuen Testaments aus dem Griechischen ins Deutsche wurde «Science and Health» links auf Englisch und

rechts auf Deutsch abgedruckt. Die Arbeit machte eine dreiköpfige Kommission, Helmuth von Moltke, Ulla Schultz und eine weitere Angehörige von Christian Science, Renata Hermes. Jeder erstellte eine eigene englische Textversion, die dann ab August 1911 in Boston von Dorothy von Moltke als Muttersprachlerin geprüft wurden. Sie fertigte Rückübersetzungen an, die innerhalb eines größeren Komitees erneut durchgesehen wurden, bis schließlich im März 1912 eine gemeinsame Version vorlag.

37 Dorothy von Moltke, Kreisau, 4. Mai 1909, Briefe 1999, S. 9.

38 Dorothy von Moltke, Kreisau, 11. Februar 1922, Briefe 1999, S. 75.

39 «Heute früh ist der Y. T. nach Köln abgefahren, im großen und ganzen sehr erfreut über diesen kleinen Ausflug, obwohl er wahrscheinlich recht langweilig sein wird, wenn er erst einmal alles gesehen hat. Die ‹Pressa› wird am 12. eröffnet. Stresemann soll sprechen, Furtwängler und die Berliner Philharmoniker spielen, und überhaupt soll es eine großartige und würdige Veranstaltung werden.» Dorothy von Moltke, Creisau, 10. Mai 1928, Briefe 1999, S. 143 f. Die «Pressa» war eine weltweit beachtete Zeitungsschau, die hier zum ersten Mal in Köln stattfand. Die moderne Presse wurde als das führende Massenmedium der Zeit gefeiert und vorgestellt in teilweise höchst modernen Präsentationen. So war der russische Pavillon von El Lisitzky gestaltet worden. Der Berliner Zeitungsverleger Rudolf Mosse hatte Erich Mendelsohn mit dem Bau eines eigenen Pavillons beauftragt. Die Christliche Wissenschaft betrieb selbst eine Zeitung und war aus diesem Grund auch auf der «Pressa» vertreten, um diese Werbeplattform zu nutzen. Tatsächlich wurden innerhalb von sechs Monaten fünf Millionen Tickets verkauft. Holzer, 2009, S. 35.

40 Wie in vielen anderen Fällen hatte die freiwillige Anpassung nur vorübergehend Erfolg. Die Christian Science wurde im Juli 1941 von der Gestapo aufgelöst und ihr Vermögen beschlagnahmt.

41 Zitiert nach Balfour, Frisby, Freya von Moltke, 1984, S. 23.

42 Freya von Moltke im Gespräch mit ihrem Enkel James von Moltke, 1987.

43 Helmuth James an Freya, Berlin, 19. September 1937.

44 Freya von Moltke an ihren Schwager Willo von Moltke, Kreisau, 2. April 1939. Archiv Veronica von Moltke.

45 «The death of father Deichmann was not so sad, as could be thought, as his bank had just gone more ore less bankrupt, and he would never in his life have had a good work again; he would not have been able to live in his old house, so he died in his house, and he died quite quieted.» Helmuth James von Moltke an James und Jessie Rose Innes, Kreisau, 1. November 1931.

46 Helmuth James von Moltke an James und Jessie Rose Innes, Kreisau, 2. April 1932.

47 Freya an Helmuth James, Kreisau, 13. November 1940.

48 Als ihr Sohn sich für das Kohlerevier in Waldenburg engagierte, um die dortigen Verhältnisse zu verbessern, schrieb sie ihren Eltern: «[He] has a knack of getting what he needs for his future work, the ultimate aim of which is politics.» Dorothy von Moltke an James und Jessie Rose Innes, Kreisau, 1. November 1927; vgl. auch S. 54.

49 «Natürlich wäre sein Wirken bedeutend gewesen, denn er hatte sich schon vor dem letzten [...] Jahre zu einer Fülle und Potenz entwickelt, die Du an ihm wohl noch nicht gekannt hast.» Freya von Moltke an Eugen Rosenstock-Huessy, Roccolo, 2. August 1956.

50 Helmuth James von Moltke an Freya Deichmann, Kreisau, 21. August 1930.

51 Helmuth James an Freya, Kreisau, 26. November 1934.

52 «I am very glad that I have found this possibility, although I do not yet know if I

will be able to make a good living out of it; but the furtherance of International Law is something worth-while working for, and gives one the feeling of doing something really important for the world and for Europe especially. So, that is, what I hope for me of the oncoming year 1935.» Helmuth James von Moltke an James und Jessie Rose Innes, Kreisau, 10. Dezember 1934.

53 Moltke wurde *barrister*, der im Gegensatz zum *solicitor* im englischen System allein bei höheren Gerichten zugelassen wird.

54 Ich stütze mich im Folgenden auf die Arbeit von Anna-Maria von Lösch, 1999.

55 Lösch, 1999, S. 106.

56 Helmuth James an Freya, o. O., 22. November 1934.

57 Gleichzeitig mit ihm wurde der Katholik jüdischer Abstammung, Ernst Rabel, vertrieben. Lösch, 1999, S. 363.

58 «Entpflichtet» aufgrund §4 BBG per Erlaß vom 3. Juli 1935. So lautete die offizielle Bezeichnung der Vertreibung von der Universität, Lösch, 1999, S. 363.

59 Freya von Moltke im Gespräch mit ihrem Enkel James von Moltke, 1987.

60 Freya von Moltke, Beglaubigung und öffentlicher Glaube: zur Auslegung des § 1155 BGB (Archiv für die civilistische Praxis. N. F. 22,3), Tübingen: Mohr, 1936, zugleich Berlin, Univ., Diss., 1936.

61 Helmuth James an Freya, Kreisau, 3. August 1938.

62 Helmuth James an Freya, Kreisau, 17. Juli 1935.

63 Helmuth James an Freya, o. O., 25. November 1934.

64 Balfour, Frisby, Freya von Moltke, 1984, S. 53.

65 Ihre Zustimmung zu seiner Heirat als (fast) mittelloser Student kommentierte Helmuth James: «Das ist schon ein ungeheurer Fortschritt für Mutter Moltke, die sich eine Heirat nur vorstellen konnte mit einem erheblichen eigenen Hausstand, in dem die Frau im Wesentlichen aufgeht.» Helmuth James an Freya, Kreisau, 27. Juli 1931.

66 «The material foundation of this marriage is, that I have just enough money to live for two or three years, at any rate to the time of my exam, and Freya has, independent from her parents enough money too, or, better to say a little more then enough, even if her parents would not give her anything, which they certainly will do», schrieb Helmuth James von Moltke an James und Jessie Rose Innes, Kreisau, 16. August 1931.

67 Hermann, 1992, S. 25.

68 Karl Heinz Henssel im Gespräch mit der Autorin, Berlin, den 13. April 2010.

69 Helmuth James von Moltke, Abschiedsbrief an Ada Deichmann, Tegel, 4. November 1944. Deutsches Literaturarchiv Marbach.

70 Freya von Moltke an Eugen Rosenstock-Huessy, San Felice Cicero, 24. Juli 1956.

71 Isa Vermehren im Interview mit Tanja Cummings, November 2007–April 2008.

72 Deutsches Literaturarchiv Marbach. Siehe hierzu auch Brakelmann, Biographie, S. 368: «An Kapstadt erinnere ich mich nur wie an ein angenehmes Märchen.»

73 «We got this place [a little suite at Half-Moon Street, just off Piccadilly] through Mrs. Baillie-Hamilton, who suddenly wrote to me, and told me that she would like to see us. So we had tea together and than she showed us the flat, where she was staying, and we took one in the same house. The queer thing is, that she has the most intimate knowledge of Kreisau and our whole family, and that I after several days of meeting have not the faintest idea, who she is, or how she is connected with you. But that does not matter.» Helmuth James von Moltke an James und Jessie Rose Innes, London, 11. Oktober 1934.

74 Balfour, Frisby, Freya von Moltke, 1984, S. 62.

75 Balfour, Frisby, Freya von Moltke, 1984, S. 61.

76 Helmuth James von Moltke an Freya Deichmann, Kreisau, 17. September 1931.
77 Ausführliche Biographie von Willo von Moltke bei Friedrich, 1995.
78 «Am 29., also am Donnerstag hat Hans Adolf [sein Vetter] seinen 50. Geburtstag. Telegraphiere Du und rege an, dass Papi aber auch die Hülsens pp. [seine Tante] sich rühren.» Helmuth James an Freya, o. O., 25. November 1934.
79 Helmuth James an Freya, Kidlington, 7. Juli 1935.
80 Helmuth James von Moltke an Jessie Rose Innes, London, 11. Oktober 1934.
81 Helmuth James von Moltke an Freya Deichmann, Kreisau, 14. Juli 1931.
82 Helmuth James an Freya, Kreisau, 17. Mai 1935.

4 Die Gutsherrin

1 Helmuth James an Freya, Tegel, 23. November 1944, Abschiedsbriefe 2011, S. 232.
2 Freya von Moltke im Gespräch mit ihrem Enkel James von Moltke, 1987.
3 «Somebody had to do it. I never questioned it.» Freya von Moltke im Gespräch mit ihrem Enkel James von Moltke, 1987.
4 «I always feared that the fact that our work is miles apart not only in distance but in its subject would tend to estrange us [Jowo]; but up till now the reverse is the case. It is the great bond which Mami has created and which somehow seems still more important now that she has left us and that the responsibility of keeping it up rests solely on ourselves. Of course I do not know, how we could manage without Freya; so in a way it is owing to her; but all the others have done their share better than I would have thought at first.» Helmuth James von Moltke an James und Jessie Rose Innes, Berlin, 11. Oktober 1937.
5 Hermann, 1992, S. 24.
6 Freya an Helmuth James, Kreisau, 11. Januar 1940.
7 Freya an Helmuth James, Kreisau, 27. Januar 1940.
8 Freya an Helmuth James, Kreisau, 7. Oktober 1940.
9 Freya an Helmuth James, Godesberg, 14. Oktober 1940.
10 Freya an Helmuth James, Kreisau, 23. August 1940.
11 Freya an Helmuth James, Kreisau, 14. Oktober 1940.
12 Freya an Helmuth James, Kreisau, 24. August 1940.
13 Freya an Helmuth James, Kreisau, 28. Oktober 1940.
14 Freya an Helmuth James, Kreisau, 28. Januar 1940.
15 Freya an Helmuth James, Kreisau, 18. Februar 1940.
16 Freya an Helmuth James, Kreisau, 7. September 1940.
17 Helmuth James an Freya, o. O., 11. Januar 1938. «Die Stadt hier ist fürchterlich. Ein Jahrmarkt.» Helmuth James an Freya, Berlin, 30. September 1937. – «Ich habe die Stadt mal wieder gründlich satt.» Helmuth James an Freya, Berlin, 11. Oktober 1937.
18 Nach einem Besuch bei dem Ehepaar Yorck von Wartenburg, die ein kleines Haus in der Hortensienstraße in Berlin-Lichterfelde bewohnten, schrieb Helmuth: «Gestern mittag war ich bei Yorcks. [...] Es war, wie immer, sehr nett. Ich freue mich schon auf die Zeit, wenn ich mit Dir gleichfalls so friedlich leben kann. Vielleicht kommt sie doch einmal. Es muß nur in Kreisau sein und nicht in der Stadt.» Helmuth James an Freya, Berlin, 11. November 1940.
19 Freya an Helmuth James, Kreisau, 13. November 1940.
20 Helmuth James an Freya, London, 7. September 1938.
21 Helmuth James an Freya, Berlin, 13. Juli 1938.

22 Helmuth James an Freya, Berlin, 9. Mai 1937.
23 «Freya is very well indeed. She is much better since she lives altogether in Kreisau. It is their life which keeps one's nerves in a better state and this town is certainly not a place improving nervous conditions.» Helmuth James von Moltke an James und Jessie Rose Innes, Berlin, 18. Oktober 1938. – «Freya has been extraordinarily well of late. Considering that the time in England and the days she thereafter spent at the Hague to see Wicka, in Cologne to see her mother, and now the two days in Berlin have been very strenuous with short nights and night-travel in between, she has stood it all marvellously. She seems to have completely overcome her breakdown in the end of 1935, beginning of 1936, and is today just as strong as she has been before.» Helmuth James von Moltke an James und Jessie Rose Innes, Berlin, 11. November 1938. – «Freya is looking after Kreisau, and finding it not a lot to do but also more interesting that she had thought, I believe. Besides she has to maintain a preparedness to take in any of our friends whom events might throw out of their ususal place.» Helmuth James von Moltke an James und Jessie Rose Innes, Berlin, 18. Oktober 1939.
24 «It is inevitable that Freya will have to stick to Kreisau more solidly than was contemplated at first if we want to maintain it as a centre-home for the family, and therefore I was particularly anxious to impress the three visitors with the feeling, that this aim was really worthwhile, and that the sacrifices in mobility which it entails are not in vain. Therefore I am particularly glad that the visit was a success.» Helmuth James von Moltke an James und Jessie Rose Innes, Berlin, [November] 1937.
25 Helmuth James von Moltke an Fanny von Schnitzler, London, 29. September 1939.
26 Freya an Helmuth James, Kreisau, 13. Oktober 1940.
27 «Freya and Caspar are both very well indeed. Freya's new responsibilities have added to her stature and her happiness has added to her resources, which are much needed in this time of general as well as personal difficulties.» Helmuth James von Moltke an James und Jessie Rose Innes, Berlin, 6. Januar 1938. – «Freya und Caspar sind robust wie immer», wird es fortan heißen. Helmuth James von Moltke an Willo von Moltke, Berlin, 24. September 1940.
28 Helmuth James an Freya, London, 3. November 1937.
29 Helmuth James an Freya, Tegel, 1./2. November 1944, Abschiedsbriefe 2011, S. 126.
30 «Hellmut Schlingensiepen im Gespräch mit Freya von Moltke im Mai 2008» ist eine Produktion der forwertz GbR, Düsseldorf/Berlin in Kooperation mit: ‹Geschichte: begreifen› Gesellschaft zur Förderung von didaktischen Medien zur deutschen Geschichte e. V. Schlingensiepen hat bereits einen Film über Helmuth James von Moltke gemacht: http://www.moltke-film.de/, 30. Dez. 2009.
31 «Freya and Caspar are very well indeed. It is always a great pleasure to return to this haven at Kreisau after the week in Berlin which is usually unpleasant and not encouraging. Besides, the necessity to see the great number of people whom I have to see is tyring.» Helmuth James von Moltke an James und Jessie Rose Innes, Berlin, 26. Oktober 1938. Wenn Helmuth ins Ausland ginge, um dort zu arbeiten, dann könne er «das Berghaus weiter als meinen Ruheplatz, so gewiss als Arche Noah benutzen». Helmuth James an Freya, Berlin, 3. August 1938.
32 Helmuth James an Freya, Berlin, 13. Oktober 1937.
33 Freya von Moltke im Interview mit Jonathan Bauerschmidt am 15. Januar 2001.
34 Während eines Besuchs bei Frede-Ilse beklagte sich einer der Gäste, keiner seiner englischen Freunde habe ihm die Treue gehalten. Freya betonte, dass sie auf alle ihre englischen Freunde zählen könne. «Fredchen sagte 1 × ein kluges Wort indem sie

meinte, unsere Grundeinstellung würde uns unsere Freunde erhalten. Das habe ich aber übergangen.» Freya an Helmuth James, Kreisau, 21. Januar 1940.

35 Freya an Helmuth James, Kreisau, 13. Februar 1940.

36 Freya an Helmuth James, Kreisau, 21. Januar 1940.

37 «I had an extremely busy week in Kreisau, [...] On Friday Freya and I went to Breslau for the fair, to look at various machines which might be of interest to Kreisau. We bought several, and enjoyed ourselves very much.» Helmuth James von Moltke an James und Jessie Rose Innes, Berlin, 18. Mai 1939. Ob es sich dabei um «die grosse Anschaffung des Stahllanz und des Bulldogg» handelte, von der Helmuth James von Moltke im August 1940 schrieb, die sich schon in diesem Jahre rentieren solle, ist unklar: Helmuth James an Freya, Berlin, 4. August 1940.

38 Helmuth James an Freya, Berlin, 25. November 1937.

39 «Freya has had a very strenuous winter nursing the sick children of Dickie and she was run down.» Helmuth James von Moltke an Willo von Moltke, Stockholm, 25. März 1943. Archiv Veronica von Moltke.

40 Freya an Helmuth James, Kreisau, 8. September 1940. Asta von Moltke hatte erst eine Haushaltsschule in Pollendorf bei Dachau besucht, war aber dann auf die Gewerbeschule Letterhaus in Berlin gewechselt. Sie wollte anscheinend auch Architektin werden wie ihr Bruder Willo, deshalb hatte sie in den Jahren 1935/36 in einer Tischlerei in München gearbeitet; von 1936 bis 1939 arbeitete sie in Berlin im Antiquitätengeschäft Greiner & Zietz, bevor sie zu Beginn des Krieges nach Kreisau kam. Nach ihrer Flucht in den Westen 1945 und den Jahren in Südafrika, wo sie als Lehrerin tätig war, kehrte sie 1957 nach Berlin zurück. Dort arbeitete sie im Verlag von Karl Heinz Henssel, den sie 1967 heiratete.

41 «Gestern habe ich mit Klingelhoeffer [nicht ermittelt] gesprochen und zu Mittag gegessen. Er war nett wie immer und wird ja heute bei Euch eintreffen. Ich weiss nicht, ob Dir das sehr lästig ist, aber er hat eigentlich Lust, sich vom Pim [Freya] zu verabschieden und da er sehr wahrscheinlich nicht bald wieder nach Europa kommt, und für uns ein Freund mehr in S. A. [Südafrika] ist, so dachte ich könnte ich dem P. das Unternehmen zumuten.» Helmuth James an Freya, Berlin, 13. Oktober 1937.

42 Helmuth James an Freya, Berlin, 23. März 1938.

43 Helmuth James von Moltke an Willo von Moltke, o. O., 20. August 1940. Archiv Veronica von Moltke.

44 Freya an Helmuth James, Kreisau, 18. Februar 1940.

45 Helmuth James von Moltke an Willo von Moltke, Berlin, 10. September 1940. Archiv Veronica von Moltke. Ein Jahr später hatte sich die Situation etwas entspannt: «Dies war in Kreisau ein angenehm friedlicher Sommer. Die Tatsache, dass das Schloss bewohnt war, hat das Berghaus sehr entlastet und jedenfall sind nicht diese grossen Mengen langandauernder Besucher da gewesen wie im vorigen Jahr. Es war wirklich im vorigen Jahr etwas zuviel für Freya. Wir waren Monate lang 14 Personen. Das hat sich nun angenehm auf Schloß und Berghaus verteilt.» Helmuth James von Moltke an Willo von Moltke, Berlin, 21. August 1941. Archiv Veronica von Moltke.

46 Freya an Helmuth James, Kreisau, 28. Oktober 1940.

47 Freya an Helmuth James, Kreisau, 27. August 1940.

48 «Tomorrow she [Granny] is taking us all to a cinema, a lovely alpine film and on Sunday my birthday is to be celebrated, so we are being really gay! Our young girls, Dick und Jack left this morning, nice young things, though some of the habits of modern youth are surpassing [...] Mother and me.» Dorothy von Moltke an James Rose Innes, Creisau, 28. Februar 1930.

49 «Yesterday we had a lovely all-day-excercise out in the mountains [...] and had hot chocolate at the station later. Sophie, Jowo, Frede Ilse, Schönchen und Mother und I made up the party.» Dorothy von Moltke an James Rose Innes, Creisau, 3. April 1930.

50 «Es ist scheußlich bei solchen Anlässen allein zu stehen», schrieb Freya anlässlich der Taufe von Henry von Moltke, an der Helmuth nicht teilnahm. Freya an Helmuth James, Kreisau, 9. November 1940.

51 Helmuth James von Moltke an Willo von Moltke, Berlin, 12. Dezember 1941. Archiv Veronica von Moltke.

52 Helmuth James von Moltke an Willo von Moltke, Berlin, 16. Juli 1941. Archiv Veronica von Moltke.

53 Helmuth James an Freya, Haag, 7. April 1935.

54 «Meine heutige Tageseinteilung gefällt mir bisher am besten. Von 8 bis 9 habe ich gearbeitet; ich hoffe, dass das mit der Zeit 7–9 wird. Um 9.30 habe ich Frühstück gemacht und ein grosses Frühstück gegessen: Corn-Flakes mit Sahne, 2 Käse-Brote, 1 Marmelade-Brot, Kaffee & green gages [Reineclauden]. Dann bin ich zum Temple gegangen und habe bis 4.30 ohne aufzusehen gearbeitet. Um ¾5 war ich zu Hause – mit dem Bus – und habe mir mein Mittagsmahl gekocht: ½ lb Reis, 4 Tomaten gebraten mit Sahnesosse & Parmesan, Tee und Biskuit. Das war mit Briefchen lesen und sonstigen Kleinigkeiten um 6 fertig. Jetzt schreibe ich an meinen Pim. Um 6.30 werde ich wieder arbeiten; noch etwa 2½Stunden und dann ein kleines Supper aber mit Fisch oder Fleisch essen gehen. Ich glaube, dass das spielend geht. Das hat mir heute 10 Stunden gegeben und sollte mir wenn ich um 7 anfange und das Essenkochen weniger kompliziert mache wie heute 12 Stunden Arbeit geben. [...] So jetzt werde ich diese Technik einige Tage probieren.» Helmuth James an Freya, London, 18. August 1938.

55 «Es ist sehr merkwürdig so 14 Tage nur seiner Gesundheit zu leben, zu tun was einen freut und sich nur auszuruhen. Es ist mir doch sehr ungewohnt, und wenn ich nicht wirklich ziemlich herunter gewesen wäre, hätte ich es auch sicher nicht durchgehalten.» Helmuth James von Moltke an Willo von Moltke, Cortina d'Ampezzo, 2. und 26. März 1941. Archiv Veronica von Moltke.

56 «Last week Freya was here and stayed for nearly a whole week. It was like holidays. There has been a great deal of work during this last time and I had been very tired indeed. Therefore I took matters very easy, when Freya arrived and did only the work, which really could not wait.» Helmuth James von Moltke an James und Jessie Rose Innes, Berlin, 14. November 1939.

57 Freya von Moltke im Gespräch mit Jonathan Bauerschmidt am 15. Januar 2001.

58 «We have celebrated Mamsell's 15th anniversary of service with us by a huge coffee-invitation issued to all her friends in the village: Schönchen, Zeumer, Frau Zeumer, Hirsch, Miss Hirsch, Frau Bartsch, Schwester, Frau Blasius, Frau Hamann, Frl. Viebig, Mamsell's niece Frau Böhmer, Erika and Frl. Ruth also attended. The Pastor and Frau Pastor came and he made a little speech. We had 6 huge round cakes, 2 long one's, masses of Streuselkuchen and Schnittchen, and it seems to have been a success. At any rate Mamsell thought so, and that is the main thing.» Helmuth James von Moltke an James und Jessie Rose Innes, Berlin, 2. November 1938.

59 «When I returned from London last week, Freya had sent me a small parcel and therein was a Clematis.» Helmuth James von Moltke an James und Jessie Rose Innes, Berlin, 13. Oktober 1937.

60 Freya an Helmuth James, Kreisau, 11. Dezember 1940.

61 «On last Sunday I was alone in Cambridge and stayed during the day with Alice

Roughton. She is quite nice au fond, but she is absolutely spoilt by forced simplicity and modernity. She was carelessly dressed and ran about Cambridge on Sunday with me without stockings and with too big afternoon shoes, which had formerly been black. He is too much of a specialist to be able to be a human being; he simply has no interests beside the question of how we get rid of the carbondyoxyd in our blood.» Helmuth James von Moltke an James und Jessie Rose Innes, Giersberg, 30. Oktober 1934, und Helmuth James an Freya, Kenilworth, Oktober 1934.

62 Helmuth James von Moltke an Hans Heinrich von Portatius, Tegel, 17. Januar 1945. Deutsches Literaturarchiv Marbach.

63 Freya von Moltke im Interview mit Tanja Cummings, November 2007–April 2008.

64 Helmuth James an Freya, Berlin, 3. August 1938.

65 Helmuth James von Moltke an Willo von Moltke, Berlin, 16. Juli 1941. Archiv Veronica von Moltke.

66 Freya an Helmuth James, Kreisau, 20. Januar 1940.

67 «On Saturday we will have a festival of the Betrieb, starting with the slaughter of a pig and its being eaten in community and ending with a visit to the theatre in Schweidnitz. I am greatly looking forward to this event, which, I suppose it will be very amusing.» Berlin, 1. Dezember 1938. – «I was in Kreisau for a comparatively long weekend which was very busy on the social plane. On Saturday afternoon at 5.30 p. m. the whole Betrieb assembled at the ‹Wiesenthal› where a pig from the Hof had been slaughtered. This pig was duly consumed by a 90 minutes' hard eating. We, namely 58 persons, including Freya, then went of to Schweidnitz to visit the theatre, where a musical show ‹Mrs. Luna› was given. Several of the workpeople had never been in a theatre, as e. g. Frau Rose. From all I could see, they enjoyed it very much. After the theatre, we had some beer in the station-restaurant and left all in a very festive mood at 12.15 a. m. for Kreisau. It was all very amusing.» Helmuth James von Moltke an James und Jessie Rose Innes, Berlin, 8. Dezember 1938.

68 «Did Freya ever tell you that we have now an added interest in our bees? I am simply frantic about them, and when I have got nothing very much to think of, either in a tram, or in the train or in bed, I always quite naturally think of my bees. They give one a lot of trouble, but they are most interesting. I do not know if we will ever have much honey from them, but even if we have not they will have repaid us a hundredfold by the pleasure they have given us and by the good work they did in our fruit-trees.» Helmuth James von Moltke an James und Jessie Rose Innes, Berlin, 1. Juli 1942.

69 «Vor Tisch habe ich die Bienen eingepackt und in den Stöcken einstweilen die Briefe verborgen.» Freya an Helmuth James, Berlin, 24.–26. Oktober 1944, Abschiedsbriefe 2011, S. 103.

70 «Freya and Caspar are both very well indeed. Freya's new responsibilities have added to her stature and her happiness has added to her resources, which are much needed in this time of general as well as personal difficulties.» Helmuth James von Moltke an James und Jessie Rose Innes, Berlin, 6. Januar 1938. «Freya und Caspar sind robust wie immer», wird es fortan heißen. Helmuth James von Moltke an Willo von Moltke, Berlin, 24. September 1940.

71 «Freya is here since Thursday and is going to stay until the coming Thursday, when she will return home with her mother who is coming from the west. She is very well indeed, though dissatisfied, that family life is so intermittent only and never complete. But she is coping well with all the responsibility and work, which has fallen to her lot and is pulling her weight under very difficult, trying and adverse circumstances.» Helmuth James von Moltke an James und Jessie Rose Innes, Berlin, 4. Februar 1940.

72 Freya von Moltke an Eugen Rosenstock-Huessy, San Felice Cicero, 24. Juli 1956.
73 Dorothy von Moltke, Creisau, 10. August 1918, Briefe 1999, S. 55.
74 Freya an Helmuth James, Kreisau, 14. Oktober 1940.
75 Hermann, 1992, S. 50.

5 Im Widerstand

1 Bei den folgenden Ausführungen stütze ich mich auf Michael Balfour, Julian Frisby, Freya von Moltke, Helmuth James Graf von Moltke, 1907–1945, Berlin 1984; Günter Brakelmann, Helmuth James von Moltke, 1907–1945. Eine Biographie, München 2007; Volker Ullrich, Der Kreisauer Kreis, Reinbek bei Hamburg 2008.
2 Freya von Moltke, 1997, S. 41.
3 Helmuth James von Moltke an Willo von Moltke, Berlin, 24. September 1940.
4 Vgl. Krusenstjern, 2009, S. 389.
5 Brakelmann, Biographie, S. 141.
6 Finanzielle Unterstützung organisierte der spätere Reichskanzler und damalige Reichstagsabgeordnete für den Kreis Waldenburg, Heinrich Brüning.
7 Vgl. auch Jürgen von der Trappen, Die schlesische Jungmannschaft in den Jahren von 1922 bis 1932. Ein Beitrag zur Geschichte der deutschen Jugendbewegung, Essen 1996, zugl. Diss. phil. Essen, S. 267.
8 Balfour, Frisby, Freya von Moltke, 1984, S. 36. Vom 14. März bis zum 1. April 1928 nahmen 46 Arbeiter, 39 Studenten, 8 Bauern, 6 Angestellte und 6 Berufspädagogen an diesem Löwenberger Arbeitslager teil. Studenten der Deutschen Freischar veranstalteten Arbeitslager seit 1925. Vgl. Greiff, 1985, S. 21.
9 Zitiert nach Faulenbach, 1982, S. 103.
10 Hermann, 1992, S. 44.
11 Zitiert nach Ullrich, 2008, S. 37 f.
12 So heißt es in der Denkschrift, die Freya von Moltke und Marion Yorck von Wartenburg im Oktober 1945 über die Widerstandsarbeit noch in Kreisau verfasst haben. Sie liegt heute im Deutschen Literaturarchiv in Marbach und ist abgedruckt bei Karl Heinz Roth, Angelika Ebbinghaus, 2004, S. 243–248.
13 Roth/Ebbinghaus, 2004, S. 233.
14 Helmuth James an Freya, Berlin, 15. Mai 1941.
15 Günter Brakelmann an Freya von Moltke, Bochum, o. J. [Sommer 2002].
16 Zu dem Begriff siehe Krusenstjern, 2009, S. 576, Anmerkung 9.
17 «Lack of communication: That is the worst. Can you imagine what it is like if you a) cannot use the telephone, b) cannot use the post, c) cannot send a messenger, because you probably have no one to send, and if you have one you cannot give him a written message as the police sometimes searches people in trains, trams etc. for documents, d) cannot even speak with those with whom you are completely d'accord, because the secret police has methods of questioning where they first break the will but leave the intelligence awake thereby inducing the victim to speak out all he knows; therefore you must limit information to those who absolutely need it; e) cannot even rely on rumour or a whispering-campaign to spread information as there is so effective a ban on communications of all kind that a whispering-campaign started in Munich may never reach Augsburg. There is only one reliable way of communicating news, and that is the London wireless, as that is listened in to by many

people who belong to the opposition proper and by many disaffected party-members.» Vgl. auch Bericht aus Deutschland, S. 28 f.

18 Freya von Moltke im Gespräch mit Jonathan Bauerschmidt am 15. Januar 2001.

19 Die Treffen fanden vom 22. bis 25. Mai 1942, vom 16. bis 18. Oktober 1942 und vom 12. bis 14. Juni 1943 in Kreisau statt.

20 «Ich bitte Dich, die Kreisauer Haupttexte [...] selbst abzuschreiben», schrieb Helmuth am 28. Juli 1943 an Freya, das hieß, sie solle diese Arbeit nicht durch Helmuths Sekretärin Katharina Breslauer erledigen lassen, die sonst auch konspiratives Material tippte. Freya versteckte die Papiere in einer Bodenkammer des Schlosses so lange, bis dort im Mai 1945 die russische Kommandantur eingerichtet wurde. Freya von Moltke, 1997, S. 65. Später hat sie die Papiere dem Bundesarchiv in Berlin übergeben: N 1750. Dort liegen außerdem die Personal- und Prozessakten ihres Mannes.

21 Krusenstjern, 2009, S. 475.

22 Freya von Moltke, 1997, S. 63 f.

23 Groß-Rosen, heute Rogoÿnica in Niederschlesien, gehörte der SS. Die Anlage lag auf den Striegauer Höhen im Kreis Schweidnitz, ca. 60 km westlich von Breslau, nahe der Bahnstrecke, die von Jauer nach Striegau führte. Groß-Rosen wurde im Sommer 1940 als Außenlager von Sachsenhausen gegründet, seit Mai 1941 war es ein selbständiges Konzentrationslager, das erste in Schlesien. Es gilt als ein vergessenes Lager, war aber doch mit insgesamt 120 000 Insassen über die Jahre eines der großen Internierungslager. 40 000 Menschen sind hier umgekommen oder ermordet worden. Einerseits war die Devise: «Vernichtung durch Arbeit» durch die unter unmenschlichen Bedingungen stattfindende Arbeit im Steinbruch. Andererseits wurden schwache oder nicht mehr arbeitsfähige Gefangene gezielt von SS-Ärzten mit Giftspritzen getötet. Durch die Arbeit im Steinbruch sollte Material beschafft werden für die aberwitzigen Pläne von Speer und Hitler, nicht nur in Berlin «Germania» zu bauen, sondern auch in den «Führerstädten» München, Nürnberg, Linz und Hamburg größenwahnsinnige Umgestaltungen vorzunehmen. Schließlich lieferte Groß-Rosen aber nur Material für den Tiefbau. Häftlinge waren überwiegend Polen und Russen, viele von ihnen Zwangsarbeiter, die aus «erzieherischen Gründen» ins Lager eingewiesen wurden. Ihre «Vernichtung durch Arbeit» war zugleich Instrument der aggressiven Lebensraumpolitik der Nationalsozialisten, um den «Lebensraum im Osten», der ja keineswegs unbewohnt war, von seinen ursprünglichen Bewohnern zu befreien und hier die Auslandsdeutschen anzusiedeln, die auf diesem Wege aus dem Baltikum, aus dem Banat usw. «heim ins Reich» geholt wurden. Diese ethnischen Säuberungen haben mehrere Millionen Polen das Leben gekostet. (Vgl. Heinemann/Wagner 2006) Außerdem gab es deutsche Gefangene, die z. B. von der Gestapo Breslau nach Groß-Rosen geschickt wurden, und es waren ca. 60 000 Juden inhaftiert. Vgl. Wolfgang Benz/Barbara Distel, Der Ort des Terrors. Geschichte der nationalsozialistischen Konzentrationslager, Bd. 6: Natzweiler, Groß-Rosen, Stutthof, München 2007.

24 «Nur wenige Kilometer von unserem Gut entfernt gibt es ein Konzentrationslager. Unser Landrat erzählte mir, er habe erst von der Existenz eines KZs in seinem Kreis erfahren, als er ersucht wurde, Maßnahmen anzuordnen, die das Übergreifen einer Typhusepidemie auf ein Nachbardorf verhindern sollten. Zu diesem Zeitpunkt bestand das Lager bereits monatelang. Berechnungen über die Anzahl der KZ-Insassen schwanken zwischen 150 000 und 350 000. Niemand weiß, wieviele täglich umkommen.» Balfour, Frisby, Freya von Moltke, 1984, S. 216.

25 Deichmann, 1996, S. 162. Deichmann, 1999, S. 112.

26 Helmuth James an Freya, Berlin, 21. Oktober 1941.

27 Freya von Moltke, 1997, S. 53.
28 Zitiert nach Ullrich, 2008, S. 67.
29 Zitiert nach Ullrich, 2008, S. 70.
30 Zitiert nach Ullrich, 2008, S. 80.
31 Ullrich, 2008, S. 79.
32 Zitiert nach Ullrich, 2008, S. 79.
33 Zitiert nach Ullrich, 2008, S. 76.
34 Zitiert nach Ullrich, 2008, S. 74.
35 Hermann, 1992, S. 48.
36 Roth/Ebbinghaus, 2004, S. 232.
37 Eine aktuelle Studie, die sich mit der Rolle der Frauen im kommunistischen Widerstand auseinandersetzt: Karen Holtmann, Die Saefkow-Jacob-Bästlein-Gruppe vor dem Volksgerichtshof. Die Hochverratsverfahren gegen die Frauen und Männer der Berliner Widerstandsorganisation 1944–1945, Paderborn 2010.
38 Hermann, 1992, S. 47 f.
39 Lukaschek hielt 1953 die Gedenkrede bei einer Veranstaltung zum 20. Juli 1944. http://www.20-juli-44.de/veranstaltungen.php, 22. Dezember 2009.
40 Hermann, 1992, S. 46.
41 Freya von Moltke, 1997, S. 54.
42 Beuys, 2010, S. 365.
43 Meding, 1992, S. 214.
44 Hermann, 1992, S. 48.
45 Roth/Ebbinghaus, 2004, S. 244.
46 Roth/Ebbinghaus, 2004, S. 239.
47 Hermann, 1992, S. 48.
48 Vgl. Paetel, 1946, S. 19.
49 Zu Elisabeth von Thadden siehe Irmgard von der Lühe, Eine Frau im Widerstand: Elisabeth von Thadden, Hildesheim 1989. Mathias Riemenschneider, Jörg Thierfelder (Hg.), Elisabeth von Thadden: Gestalten, Widerstehen, Erleiden, Karlsruhe 2003.
50 Freya von Moltke, 1997, S. 71.
51 Helmuth James von Moltke an Ada Deichmann, Tegel, 4. November 1944. Deutsches Literaturarchiv Marbach.
52 Yorck von Wartenburg, 1984, S. 71.
53 Reichwein, 1999.
54 Alfred, der Sohn des Verschwörers Cäsar von Hofacker aus dem Kreis um Stauffenberg, äußert sich über seine Erfahrungen in Bad Sachsa und den späteren unerfreulichen Besuch in der Harz-Gemeinde ausführlich in dem Fernsehfilm von Wolfgang Korruhn, «Mein Vater starb als Held», Erstsendung WDR 20. Juli 1981.
55 Kardorff, [1976], 1981, S. 157.
56 Freya traf Helmuth nie in Ravensbrück, sondern in der Polizeischule im benachbarten Drögen. Wenn sie eine Sprecherlaubnis erhalten hatte, wurde Helmuth dorthin gebracht, wo sie im Beisein eines Polizeibeamten ein bis zwei Stunden miteinander sprechen konnten.
57 Freya von Moltke, 1997, S. 73.
58 Freya an Helmuth James, Berlin, 21. November 1944, Abschiedsbriefe 2011, S. 221.
59 Freya an Helmuth James, 8./9. Oktober 1944, Abschiedsbriefe 2011, S. 57.
60 Helmuth James an Freya, 28. Oktober 1944, Abschiedsbriefe 2011, S. 113.
61 Freya an Helmuth James, 12. November 1944, Abschiedsbriefe 2011, S. 175.
62 Freya an Helmuth James, 23. November 1944, Abschiedsbriefe 2011, S. 225.
63 Helmuth James an Freya, 10. Oktober 1944, Abschiedsbriefe 2011, S. 58.

64 Freya an Helmuth James, 17. November 1944, Abschiedsbriefe 2011, S. 207.

65 «Denn er ist immer ein überaus praktischer Mensch gewesen und hat sehr viel praktisch geholfen.» Hermann, 1992, S. 38. – «Dennoch war er ja nie ein Intellektueller, kein Theoretiker. Mein Mann war begabt, soviel zu denken, daß er richtig handelte, nicht mehr und nicht weniger. Er war kein Denker im eigentlichen Sinne, sondern ein Handelnder. Durch die frühe Veröffentlichung seiner letzten Briefe ist da ein einseitiges Bild entstanden.» Meding, 1992, S. 143. – «Adam [von Trott] ist viel, viel, viel intellektueller. [...] Ein Handelnder ist Helmuth, kein Denkender. Wie mach ichs nur daß die Leute in ihm nicht so einen [...] Idealisten sehen [so sehen sie ihn heute alle], der er in allen seinen entscheidenden Lebensäusserungen nicht ist.» Freya von Moltke an Eugen Rosenstock-Huessy, Berlin, 12. Dezember 1958.

66 Helmuth James an Freya, Berlin, 15./16. November 1944, Abschiedsbriefe 2011, S. 202.

67 Helmuth James an Freya, 10. November 1944, Abschiedsbriefe 2011, S. 164.

68 Helmuth James an Freya, 6. November 1944, Abschiedsbriefe 2011, S. 142.

69 Freya an Helmuth James, Kreisau, 19. Februar 1940.

70 Freya an Helmuth James, Berlin, 8./9. Oktober 1944, Abschiedsbriefe 2011, S. 56.

71 Helmuth James an Freya, 26. Oktober 1944, Abschiedsbriefe 2011, S. 106.

72 Helmuth James an Freya, 10. Oktober 1944, Abschiedsbriefe 2011, S. 58.

73 Freya an Helmuth James, 2. November 1944, Abschiedsbriefe 2011, S. 133.

74 Freya an Helmuth James, 9. November 1944, Abschiedsbriefe 2011, S. 159.

75 Freya von Moltke an Eugen Gerstenmaier, Wynberg/Cape, 14. Oktober 1948. ACDP.

76 Helmuth James an Freya, Berlin, 8. Oktober 1944, Abschiedsbriefe 2011, S. 52.

77 Meding, 1992, S. 141.

78 Durch Vermittlung des englischen Freundes Lionel Curtis erschienen sie auf Englisch in der Zeitschrift *The Round Table*. Die deutsche Ausgabe besorgte 1951 der mit den Moltkes befreundete Berliner Verleger Karl Heinz Henssel.

79 Helmuth James an Freya, Berlin, 26. November 1944. Abschiedsbriefe 2011, S. 240.

6 Afrika

1 Titel des letzten Kapitels ihrer «Erinnerungen an Kreisau», die Freya von Moltke 1997 veröffentlichte, S. 77–135. Die «Erinnerungen» wurden im Jahr 1997 geschrieben. Das letzte Kapitel «Letzte Monate» wurde bereits 1961 verfasst und an verschiedenen Stellen veröffentlicht, unter anderem in dem Buch von Balfour, Frisby, Moltke, 1984. Meine Darstellung der letzten Monate stützt sich überwiegend auf Freyas Erinnerungen, die Erinnerungen von Rosemarie Reichwein, ergänzt durch Interviews mit Freya und Rosemarie Reichwein, die Jonathan Bauerschmidt geführt hat, und Freyas Briefe an ihren Schwager Willo in Amerika.

2 Poelchau [1949], 1987, S. 127.

3 Karl Heinz Henssel im Interview mit der Autorin am 13. April 2010.

4 Meding, 1992, S. 142.

5 Roth/Ebbinghaus, 2004, S. 240 f.

6 Freya an Helmuth James, Berlin, den 6. November 1944, Abschiedsbriefe 2011, S. 144.

7 Ebbinghaus, 2004, S. 241.

8 Freya von Moltke, 1997, S. 77.

9 Interview Tanja Cummings, November 2007–April 2008.

10 Freya von Moltke an Harald und Dorothee Poelchau, Kreisau, 1. März [1945]. Archiv Veronica von Moltke.

11 Reichwein, 1999, S. 62.
12 Freya von Moltke, 1997, S. 86.
13 Freya von Moltke, 1997, S. 89.
14 Freya von Moltke, 1997, S. 97.
15 Freya von Moltke im Gespräch mit Jonathan Bauerschmidt am 15. Januar 2001.
16 Freya von Moltke, 1997, S. 121.
17 Freya von Moltke, 1997, S. 129.
18 Freya von Moltke, 1997, S. 133.
19 «Freya, a woman of sunny optimism and utterly without fear (and with a political past that commanded some respect from the Poles who were taking over Silesia), actually thought she might be able to continue at Kreisau forever. Von Gaevernitz, it seems, explained the grim realities of postwar East Germany to her.» Blake, 1993, S. 82.
20 Freya von Moltke an Harald und Dorothee Poelchau, Kreisau, 1. März [1945]. Archiv Veronica von Moltke.
21 Freya von Moltke im Gespräch mit Jonathan Bauerschmidt am 15. Januar 2001.
22 Freya von Moltke an Asta von Moltke, Berlin, 6. November 1945. Archiv Veronica von Moltke
23 Blake, 1993, S. 82.
24 Freya von Moltke im Gespräch mit Jonathan Bauerschmidt am 15. Januar 2001.
25 Freya von Moltke an Asta von Moltke, Berlin, 6. November 1945. Archiv Veronica von Moltke
26 Marion Yorck von Wartenburg, Die Stärke der Stille. Erzählung eines Lebens aus dem deutschen Widerstand, Köln 1985, S. 102.
27 Yorck von Wartenburg, 1985, S. 101–114.
28 Yorck von Wartenburg, 1985, S. 107.
29 National Archives, Ref. FO 371, 55627, C 399017. Den Hinweis auf diese Bestände verdanke ich Olaf Jessen.
30 Freya von Moltke an Asta von Moltke, Berlin, März 1946. Archiv Veronica von Moltke.
31 National Archives, Ref. FO 371, 55627, C 399017.
32 Freya von Moltke an Asta von Moltke, Berlin, März 1946. Archiv Veronica von Moltke.
33 Freya von Moltke an Asta von Moltke, Berlin, 6. November 1945. Archiv Veronica von Moltke.
34 Freya von Moltke an Asta von Moltke, Stuttgart, 27. Mai 1946. Archiv Veronica von Moltke.
35 Vgl. Gerstenmaier, 1981, S. 235–259.
36 Briefe von Dorothee Poelchau an Asta von Moltke, 9. und 25. September 1945. Archiv Veronica von Moltke.
37 Freya von Moltke an Asta von Moltke, Kreisau, 8. März 1945. Archiv Veronica von Moltke.
38 Freya von Moltke an Asta von Moltke, Berlin, März 1946. Archiv Veronica von Moltke.
39 Freya von Moltke an Asta von Moltke, Godesberg, 17. Mai 1946. Archiv Veronica von Moltke.
40 Freya von Moltke an Asta von Moltke, Dornholzhausen, 22. Mai 1946. Archiv Veronica von Moltke.
41 Freya von Moltke an Asta von Moltke, Berlin, März 1946. Archiv Veronica von Moltke.

42 Freya von Moltke an Willo von Moltke, Gstaad, 6. Februar 1946. Archiv Veronica von Moltke.

43 Nan van Heerden war als Pensionärin eine begeisterte Hobby-Archäologin und Historikerin. Sie betrieb genealogische Studien zur Familie van Heerden und schrieb autobiographische Bücher über ihre Kindheit, über ihre Zeit im Ausland und ihre Arbeit als Farmerin. Internationaler biographischer Index, Band Südafrika, Saur Verlag, München 1994–2006.

44 Freya von Moltke an Asta von Moltke, Locarno-Solduno, 27. August 1946. Archiv Veronica von Moltke.

45 Freya von Moltke an Willo von Moltke, Locarno-Solduno, 25. August 1946. Archiv Veronica von Moltke.

46 Freya von Moltke an Eugen Gerstenmaier, Locarno-Solduno, 27. August 1946. ACDP, Bestand Gerstenmaier I-210-035/2.

47 Freya von Moltke an Asta von Moltke, Locarno-Solduno, 9. August 1946. Archiv Veronica von Moltke.

48 National Archives, Ref. FO 371, 55627, C 399017.

49 «The principal indication of his death is that he has not appeared since the German surrender.» National Archives KV 6, 66, CI 99017.

50 National Archives KV 6, 66, CI 99017.

51 Freya von Moltke an Willo von Moltke, Locarno-Solduno, 25. August 1946. Archiv Veronica von Moltke.

52 National Archives, Ref. FO 371, 55627, C 399017.

53 Schreiben vom 25. September 1946, Immigration Branch, Home Office, National Archives KV 6, 66, CI 99017.

54 National Archives KV 6, 66, CI 99017.

55 «The impression gained was that this lady who, of course, comes from ‹Nationalist› circles, is introducing the thin edge of the wedge of propaganda by seeking compassion from Christian movements in this country.» National Archives KV 6, 66, CI 99017.

56 Freya von Moltke an Asta von Moltke, Hales Croft, Kidlington, 20. Oktober 1946. Archiv Veronica von Moltke.

57 Freya von Moltke an Asta von Moltke, London, 1. November 1946. Archiv Veronica von Moltke.

58 Willo von Moltke an Freya von Moltke, Cambridge, Mass., 27. September 1946, Archiv Veronica von Moltke.

59 Freya von Moltke an Asta von Moltke, London, 1. November 1946. Archiv Veronica von Moltke.

60 Freya von Moltke an Asta von Moltke, Chalet Edelweiss, Gstaad, 3. Dezember 1945. Archiv Veronica von Moltke.

61 Vgl. Krusenstjern, 2009, S. 382.

62 Christabel Bielenberg, Als ich Deutsche war, München 1969. Titel der englischen Originalausgabe: The past is myself, London 1968.

63 National Archives KV 6, 66, CI 99017.

64 Freya von Moltke an Eugen Gerstenmaier, Harrismith, O. F. S. South Africa, [Mai 1947]. ACDP, Bestand Gerstenmaier I-210-035/2.

65 Freya von Moltke an Eugen Gerstenmaier, Ivy Dene Cottage off Glebe Road, Rondebosch/Cape, 24. Juli 1947. ACDP, Bestand Gerstenmaier I-210-035/2.

66 Auf internationaler Bühne geriet Südafrika im Laufe der Jahrzehnte in die Isolation. Die Mehrzahl der Angehörigen des Commonwealth sprach sich aufgrund der Apartheidpolitik für einen Ausschluss Südafrikas aus ihrer Gemeinschaft aus. Südafrika trat daraufhin 1961 aus dem Commonwealth aus und wurde eine Republik.

Die europäische Union verhängte 1986 wirtschaftliche Sanktionen. Erst Frederik Willem de Klerk (geboren 1936), Präsident Südafrikas von 1989 bis 1994, hob Schritt für Schritt die Apartheid wieder auf, weil die südafrikanische Wirtschaft nicht nur wegen der Sanktionen, sondern auch durch den Ausschluss eines Großteils ihrer Bevölkerung vor dem Zusammenbruch stand. Er hob die entsprechenden Gesetze auf, die seit den fünfziger Jahren erlassen worden waren; er entließ die politischen Gefangenen, unter ihnen Nelson Mandela, mit dem er den Dialog suchte. 1991 begannen die Versöhnungsgespräche am Runden Tisch. 1994 konnten die ersten freien Wahlen in Südafrika stattfinden und Nelson Mandela (geboren 1918) wurde für die nächsten fünf Jahre südafrikanischer Präsident.

67 Freya von Moltke an Asta von Moltke, Kapstadt, 1947. Archiv Veronica von Moltke.

68 Freya von Moltke an Asta von Moltke, Kapstadt, 1947. Archiv Veronica von Moltke.

69 Freya von Moltke an Asta von Moltke, Kapstadt, 29. Oktober 1947. Archiv Veronica von Moltke.

70 Freya von Moltke an Willo von Moltke, Kapstadt, 6. August 1948. Archiv Veronica von Moltke.

71 Freya von Moltke an Asta von Moltke, Kapstadt, 3. Februar 1948. Archiv Veronica von Moltke.

72 Freya von Moltke an Willo von Moltke, Kapstadt, 14. Oktober 1950. Archiv Veronica von Moltke.

73 Freya von Moltke an Eugen Gerstenmaier, Kapstadt, 24. Juli 1947. ACDP, Bestand Gerstenmaier 1-210-035/2.

74 Freya von Moltke an Eugen Gerstenmaier, Kapstadt, 14. Oktober 1948. ACDP, Bestand Gerstenmaier 1-210-035/2.

75 Freya von Moltke an Eugen Gerstenmaier, Kapstadt, 24. Juli 1947. ACDP, Bestand Gerstenmaier 1-210-035/2.

76 Freya von Moltke an Eugen Gerstenmaier, Kapstadt, 14. Oktober 1948. ACDP, Bestand Gerstenmaier 1-210-035/2.

77 Eugen Gerstenmaier an Freya von Moltke, o. O., 3. November 1948. ACDP, Bestand Gerstenmaier 1-210-035/2.

78 «The Association was established on 25 February 1937 as Cape Cripple Care Association and was the first of its kind in South Africa. Over the years the organisation has undergone several name changes and is today known as Western Cape Association for Persons with Disabilities, fondly shortened to WCAPD.» http://www.apdwc. org. za/aboutus/aboutus. html 12. September 2010.

79 Freya von Moltke an Eugen Gerstenmaier, Kapstadt, 14. Oktober 1948. ACDP, Bestand Gerstenmaier 1-210-035/2.

80 Freya von Moltke an Eugen Gerstenmaier, Kapstadt, 14. Oktober 1948. ACDP, Bestand Gerstenmaier 1-210-035/2.

81 Das Amerikanische Komitee zur Unterstützung der Überlebenden des deutschen Widerstandes hatte seinen Sitz in der 145 East 52d Street, New York 22, New York, Hans Rothfels, The German Opposition to Hitler. An Appraisal, Hinsdale, Illinois, 1948, S. 84.

82 Freya von Moltke an Willo von Moltke, Kapstadt, 24. Oktober 1948. Archiv Veronica von Moltke.

83 Freya von Moltke, Bericht von einer Vortragsreise, Kapstadt, 18. Januar 1950. ACDP, Bestand Gerstenmaier 1-210-035/2.

84 Allen Welsh Dulles, Germany's Underground, New York 1947.

85 Freya von Moltke, Bericht von einer Vortragsreise, Kapstadt, 18. Januar 1950. ACDP, Bestand Gerstenmaier 1-210-035/2.

86 Hermann, 1992, S. 95.
87 Freya von Moltke, Bericht von einer Vortragsreise, Kapstadt, 18. Januar 1950. ACDP, Bestand Gerstenmaier 1-210-035/2.
88 Clarissa Sart, ... tells Story of Opposition to Hitler, Zeitungsausriss vom 28. November 1949, ohne weitere Angaben im Nachlass von Eugen Gerstenmaier, ACDP, Bestand Gerstenmaier 1-210-035/2.
89 Freya von Moltke, Bericht von einer Vortragsreise, Kapstadt, 18. Januar 1950. ACDP, Bestand Gerstenmaier 1-210-035/2.
90 Archiv Veronica von Moltke.
91 National Archives, Ref. FO 371, 55627, C 399017.
92 Freya von Moltke an Willo von Moltke, Kapstadt, 25. Februar 1950. Archiv Veronica von Moltke.
93 Freya von Moltke an Willo von Moltke, Kapstadt, 4. Mai 1950. Archiv Veronica von Moltke.
94 «Wir drei sind hier jetzt ganz überflüssig geworden, die Gesamtkonstellation vollkommen geändert.» Freya von Moltke an Willo von Moltke, Kapstadt, 14. Oktober 1950. Archiv Veronica von Moltke.
95 Der Begriff stammte von Dorothee Poelchau. Briefe von Dorothee Poelchau an Asta von Moltke, 9. und 25. September 1945. Archiv Veronica von Moltke.
96 Freya von Moltke an Willo von Moltke, Kapstadt, 7. Februar 1954. Archiv Veronica von Moltke.
97 Freya von Moltke an Willo von Moltke, Kapstadt, 13. November 1952. Archiv Veronica von Moltke.
98 Freya von Moltke an Willo von Moltke, Kapstadt, 21. Februar 1952. Archiv Veronica von Moltke.
99 Ebbinghaus, 2004, S. 241.
100 Freya von Moltke an Eugen Gerstenmaier, Harrismith, O. F. S. South Africa, [Mai 1947]. ACDP, Bestand Gerstenmaier 1-210-035/2.
101 Freya von Moltke an Eugen Gerstenmaier, Kapstadt, 4. Februar 1949. ACDP, Bestand Gerstenmaier 1-210-035/2.

7 In Adenauers Deutschland

1 Freya von Moltke im Gespräch mit Jonathan Bauerschmidt am 15. Januar 2001.
2 Vgl. Norbert Frei, Karrieren im Zwielicht. Hitlers Eliten nach 1945, Frankfurt a. M. 2001.
3 Konrad Adenauer Stiftung: http://www.kas.de/wf/de/71.7763/, 27. August 2010.
4 Vgl. Joachim Scholtyseck, Stephen Schröder (Hg.), Die Überlebenden des deutschen Widerstandes und ihre Bedeutung für Nachkriegsdeutschland (Tagungsband der XVII. Königswinterer Tagung im Febuar 2004, Bd. 6), Münster u. a. 2006.
5 Siehe hierzu Klaus Alberts, Theodor Steltzer. Eine Biographie, Heide 2009.
6 http://www.spiegel.de/spiegel/print/d-13518653.html, 27. August 2010.
7 Rosemarie Reichwein im Gespräch mit Jonathan Bauerschmidt 2001.
8 Zitiert nach Tuchel, 2005, S. 10 f.
9 Brief von Erika Canaris vom 29. August 1958 an einen Herrn Collmer, Vorstandsmitglied im Hilfswerk, betrifft einen Canaris-Film von der Mainz Film AG. ACDP, Bestand Eugen Gerstenmaier, I-210-050/2. Es ging um den Film: «Canaris», Bundesrepublik Deutschland, 1954, Regie: Alfred Weidenmann, Buch: Erich Ebermayer und Herbert Reinecker, mit O. E. Hasse in der Titelrolle. Es gab Differenzen zwi-

schen Frau Canaris, dem Hilfswerk 20. Juli, das den Film anteilig gefördert hatte, und der Produktionsfirma.

10 Die Reden sind dokumentiert unter: http://www.20-juli-44.de/reden.php, 27. August 2010.

11 Außerdem hatte sie finanziell die seit 1962 von der Fédération Internationale Libre des Déportés et Internés de la Résistance (FILDIR), dem Zentralverband Demokratischer Widerstandskämpfer und Verfolgtenorganisationen e. V. (ZDWV) und dem Bund der Verfolgten des Naziregimes (BVN) in der Bonner Beethovenhalle ausgerichteten Gedenkfeiern unterstützt.

12 Remer wurde von dem Braunschweiger Staatsanwalt Fritz Bauer angeklagt, der ab 1963 auch in den Auschwitz-Prozessen als Ankläger auftrat. Bauer machte aus dem Remer-Prozess ein Verfahren, das «die Geschichte und Problematik des 20. Juli 1944» klären sollte. Fröhlich, 2005, S. 20.

13 Zuvor umfasste der Erlass nur den Neujahrstag, den 1. Mai, den 23. Mai als Jahrestag der Verkündigung des Grundgesetzes, den Tag der deutschen Einheit am 17. Juni sowie den Volkstrauertag.

14 Zitiert nach Tuchel, 2005, S. 9.

15 Freya von Moltke an Eugen Rosenstock-Huessy, Berlin, 27. November 1958.

16 Meding, 1992, S. 284.

17 Heute «Stiftung 20. Juli 1944»: http://www.stiftung-20-juli-1944.de/, 28. August 2010.

18 Akten des Hilfswerks im Nachlass Eugen Gerstenmaier, ACDP, Bestand Eugen Gerstenmaier, I-210-047/1.

19 Hermann, 1992, S. 101.

20 Freya von Moltke an Willo von Moltke, Sutton Courtenay, Manor House [bei David Astor in England], 2. Januar 1947. Archiv Veronica von Moltke.

21 Hermann, 1992, S. 101.

22 Annedore Leber, Den toten immer lebendigen Freunden. Eine Erinnerung zum 20. Juli 1944, Telegraf Druck u. Verlags-Gmbh, Berlin, Juli 1946.

23 Dertinger, 1997, S. 22.

24 Freya von Moltke an Eugen Rosenstock-Huessy, Berlin, 27. September 1956.

25 Hans Rothfels, The German Opposition to Hitler. An Appraisal, Hinsdale, Illinois, 1948. Die deutsche Opposition gegen Hitler. Eine Würdigung, Frankfurt a. M. 1949.

26 Gerhard Ritter, Carl Goerdeler und die deutsche Widerstandsbewegung, Stuttgart 1954.

27 Helmuth James von Moltke, Bericht aus Deutschland im Jahre 1943. Letzte Briefe aus dem Gefängnis Tegel 1945, Berlin [1971], 1981, S. 83.

28 Freya von Moltke an Eugen Rosenstock-Huessy, Berlin, 15. August 1956.

29 Freya von Moltke an Asta von Moltke, Kapstadt, 29. Oktober 1947. Archiv Veronica von Moltke.

30 Clarita von Trott zu Solz im Gespräch mit Jonathan Bauerschmidt 2001.

31 Brief von Erika Canaris vom 29. August 1958 an Herrn Collmer, Vorstandsmitglied im Hilfswerk, betrifft einen Canaris-Film von der Mainz Film AG. ACDP, Bestand Eugen Gerstenmaier, I-210-050/2.

32 Clarita von Trott zu Solz und Barbara von Haeften im Gespräch mit Jonathan Bauerschmidt 2001.

33 Annemarie Cordes im Gespräch mit der Autorin am 16. April 2010. Annemarie Cordes ist Mitarbeiterin im «Haus Kreisau». Harald Poelchau hatte zusammen mit Pfarrer Franz von Hammerstein 1957 die evangelische Berufsschularbeit begründet, um

auf diesem Wege junge Arbeiter zu erreichen und Religionsunterricht an Berufsschulen zu ermöglichen. 1964 wurde das Haus Kreisau als Tagungshaus für diese Arbeit gegründet. «Vor allem das gemeinsame Suchen, Denken und Handeln einer sehr verschiedenen Gruppe von Menschen (Kreisauer Kreis) soll durch diesen Namen unterstrichen werden. Die verschiedenen Bereiche menschlicher Verantwortung – sozial, politisch, christlich – fallen bei ihnen nicht auseinander, sondern bilden eine Einheit.» (Franz von Hammerstein, Begründung zur Namensgebung, 1964) http://www.haus-kreisau.de/geschichte.htm, 30. August 2010. Frau Cordes lud Marion Yorck und die anderen in Berlin ansässigen Witwen ins Haus Kreisau zu einem Gespräch mit Jugendlichen. Daraus entwickelte sich ein «Kreisau-Netzwerk», das 1989 durch die Ereignisse rund um das Neue Kreisau in die Gründung der «Kreisau-Initiative» mündete.

34 Dorothee von Meding, Mit dem Mut des Herzens. Die Frauen des 20. Juli, Berlin 1992.

35 «Wir haben nichts zu bereuen – Augenzeugen über den 20. Juli 1944 und den Kreisauer Kreis», eine Produktion des DDR-Fernsehens vom 18. Juli 1984. – «Die Frauen des 20. Juli», eine Dokumentation von Irmgard von zur Mühlen. BRD, 1985. – «Kreisau lebt!», Regie: Alexander Weisswange-Lehmann, hrsg. von der Freya von Moltke-Stiftung für das Neue Kreisau anlässlich der Gründungsveranstaltung am 16. Juni 2005 in Berlin. Ein Interview mit Freya von Moltke. Regisseur Hellmut Sitó Schlingensiepen, Berlin 2010. Schlingensiepen hat bereits einen Film über Helmuth James von Moltke gemacht: http://www.moltke-film.de/, 30. Dez. 2009.

36 Marion Yorck von Wartenburg, Die Stärke der Stille, aufgeschrieben von Claudia Schmölders, Köln 1984; Marianne Meyer-Krahmer, Carl Goerdeler und sein Weg in den Widerstand. Eine Reise in die Welt meines Vaters, Freiburg/Br. 1989; Freya von Moltke, Erinnerungen an Kreisau 1930–1945, München 1997; Barbara von Haeften, «Nichts Schriftliches von Politik». Hans Bernd von Haeften. Ein Lebensbericht, München 1997; Rosemarie Reichwein, «Die Jahre mit Adolf Reichwein prägten mein Leben». Ein Buch der Erinnerung, hg. von Lothar Kunz u. Sabine Reichwein, München 1999; Emmi Bonhoeffer, Essay, Gespräch, Erinnerung, hg. von Sigrid Grabner u. Hendrik Röder, Berlin 2004. Außerdem gibt es Biographien einzelner Frauen, von denen allerdings auch keine vor den achtziger Jahren erschien: Irmgard von der Lühe, Eine Frau im Widerstand: Elisabeth von Thadden, Hildesheim 1989; Hermann Vinke, Cato Bontjes van Beek, «Ich habe nicht um mein Leben gebettelt.» Ein Porträt, Zürich-Hamburg 2003; Shareen Blair Brysac, Mildred Harnack und «Die Rote Kapelle», Bern 2003; Silke Kettelhake, Erzähl allen, allen von mir! Das schöne kurze Leben der Libertas Schulze-Boysen, 1913–1942, München 2008. Während die Frauen aus dem Umfeld des 20. Juli überwiegend über ihre Männer schreiben und sich selbst in ihren Erinnerungen stark zurücknehmen, gibt es nur wenige autobiographische Schriften von Frauen, die ihre eigene Widerstandsgeschichte in den Mittelpunkt stellen, wie die von Maria Gräfin von Maltzahn, Schlage die Trommel und fürchte Dich nicht. Erinnerungen, Berlin 1988.

37 Meding, 1992, S. 176.

38 Siehe hierzu: Die Kinder des 20. Juli. Erbe und Vermächtnis. Eine Dokumentation von Irmgard von zur Mühlen und Ekkehard Kuhn, BRD 1987. Außerdem die sehr gute Studie von Felicitas von Aretin, Die Enkel des 20. Juli, Leipzig 2004.

39 Helmuth James von Moltke, Bericht aus Deutschland im Jahre 1943. Letzte Briefe aus dem Gefängnis Tegel 1945, Berlin [1971], 1981, S. 72.

40 Korruhn, 1981.

41 Zitiert nach Dertinger, 1997, S. 31 f.
42 Freya an Helmuth James, Berlin, 8. November 1944, Abschiedsbriefe 2011; S. 153.
43 Interview Starost/Grotjahn, 2001.
44 Freya von Moltke an Eugen Rosenstock-Huessy, Berlin, 20. November 1956.
45 «Landfriedensgerichte und Provinzialversammlungen vom 9.–12. Jahrhundert».
46 «Ostfalens Rechtsliteratur unter Friedrich II.».
47 Freya von Moltke an Eugen Rosenstock-Huessy, Bern, 13. Juli 1956.
48 Freya von Moltke an Eugen Rosenstock-Huessy, San Felice Cicero, 26. Juli 1956.
49 http://www.unitednetworker.com/2009/05/06/die-daimler-werkzeitung-von-1919-bis-1920/, 1. September 2010.
50 Zitiert nach Rosenzweig, 2002, S. iv.
51 Rosenzweig, 2002.
52 Rosenzweig, 2002, S. 105.
53 Freya von Moltke an Eugen Rosenstock-Huessy, Berlin, 25. August 1956.
54 1940 bekam Eugen Rosenstock-Huessy die Gelegenheit, seine Ideen zum Arbeitslager, die er in Löwenberg entwickelt hatte, in den USA erneut zu erproben. Während zur gleichen Zeit die Idee in Europa von den Nationalsozialisten durch Gewalt und Zwang ad absurdum geführt wurde, hatte der amerikanische Präsident Franklin D. Roosevelt 1933 im Rahmen seines New Deal-Programms die Civilian Conservation Corps (CCC) gegründet. Drei Millionen arbeitslose junge Männer wurden zwischen 1933 und 1942 vom Staat für Wiederaufforstung, beim Straßenbau und in vergleichbaren Projekten beschäftigt. Rosenstock-Huessy entwickelte mit dem Camp William James ein Ausbildungscamp für Führungskräfte der Naturschutz-Korps. Neben Rosenstocks Ideen flossen Vorstellungen des Namensgebers, William James, ein, der schon um die Jahrhundertwende in den USA eine Art Zivildienst vorgestellt hatte. Mit dem Eintritt der Vereinigten Staaten in den Krieg 1941 musste das Camp allerdings, wie die gesamte CCC-Idee, eingestellt werden. Unter Kennedy wurde die Idee mit den Peace Corps wieder aufgegriffen.
55 Zitiert nach Schreck, 2007, S. 29.
56 «The Egyptian Ka».
57 Freya von Moltke an Eugen Rosenstock-Huessy, o. O., 12./13. Dezember 1949.
58 Bundesarchiv Koblenz, Barch B 122/38.735.
59 «I have survived decades of study and teaching in scholastic and academic sciences. Every one of their venerable scholars mistook me for the intellectual type which he most despised. The atheist wanted me to disappear into Divinity, the theologian into sociology, the sociologists into history, the historians into journalism, the journalists into metaphysics, the philosophers into law, and – need I say it? – the lawyers into hell, which as a member of our present world, I never had left.» http://members.valley.net/~transnat/erh.html, 2. September 2010.
60 Wehler, 2010, S. 169.
61 Eugen Rosenstock-Huessy an Walter Hammer, Norwich, den 23. Dezember 1953, zitiert nach Schreck, 2007, S. 29. Walter Hammer (1888–1966) war derjenige, der Rosenstock als den «Erzvater des Kreisauer Kreises» bezeichnet hatte. Er wurde 1942 wegen «Vorbereitung zum Hochverrat» zu fünf Jahren Zuchthaus in Brandenburg verurteilt. Er baute nach dem Zusammenbruch des Nazi-Regimes Archiv, Bibliothek und ein Museum im Gedenken an die Opfer des Nationalsozialismus auf und floh 1950 in den Westen, als die Einrichtung aufgelöst werden sollte. http://www.literaturport.de/index.php?id=26&no_cache=1&user_autorenlexikonfrontend_pi1[al_aid]=838&user_autorenlexikonfrontend_pi1[al_opt]=1, 13. September 2010.

62 Freya von Moltke an Margrit Huessy, San Felipe Cicero, 20. Juli 1956. Archiv Eugen Rosenstock-Huessy, Norwich, VT.
63 Freya von Moltke an Eugen Rosenstock-Huessy, Bern, 13. Juli 1956.
64 Freya von Moltke an Eugen Rosenstock-Huessy, Roccolo, 2. August 1956.
65 Freya von Moltke an Eugen Rosenstock-Huessy, San Felipe Cicero, 29. Juli 1956.
66 Freya von Moltke an Eugen Rosenstock-Huessy, Berlin, 31. August 1956.
67 Freya von Moltke an Margrit Huessy, San Felipe Cicero, 20. Juli 1956. Archiv Eugen Rosenstock-Huessy, Norwich, VT.
68 Freya von Moltke an Eugen Rosenstock-Huessy, Berlin, 6. November 1956.
69 Freya von Moltke an Eugen Rosenstock-Huessy, Bern, 13. Juli 1956.
70 Margrit Huessy an Eugen Rosenstock-Huessy, Norwich; die Briefe sind teilweise undatiert, sie stammen aus dem Frühjahr und Sommer 1957.
71 Freya von Moltke an Eugen Rosenstock-Huessy, Berlin, 5. November 1958.
72 Freya von Moltke an Eugen Rosenstock-Huessy, Berlin, 15. September 1956.
73 Margrit Huessy an Eugen Rosenstock-Huessy, Norwich, 26. Juni [1957].
74 Freya von Moltke an Eugen Rosenstock-Huessy, Godesberg, 10. August 1956.
75 Freya von Moltke an Eugen Rosenstock-Huessy, San Felice Cicero, 24. Juli 1956.
76 Freya von Moltke an Eugen Rosenstock-Huessy, Berlin, 12. November 1958.
77 Freya von Moltke an Eugen Rosenstock-Huessy, Berlin, 12. November 1956.
78 Freya von Moltke an Eugen Rosenstock-Huessy, Berlin, 15. Oktober 1956.
79 Freya von Moltke an Eugen Rosenstock-Huessy, Godesberg, 17. Oktober 1956.

8 Amerika

1 Hermann, 1992, S. 11 f.
2 Freya von Moltke an Eugen Rosenstock-Huessy, Berlin, 11. September 1959.
3 Freya von Moltke an Willo von Moltke, Four Wells, Norwich, 25. Oktober 1961. Archiv Veronica Jochum von Moltke.
4 Freya von Moltke an Carl Zuckmayer, Four Wells, 20. April 1973. Deutsches Literaturarchiv Marbach, A: Zuckmayer, 95,1.
5 Freya von Moltke an Eugen Rosenstock-Huessy, San Felice Cicero, 24. Juli 1956.
6 Helmuth James von Moltke, Abschiedsbrief an Ada Deichmann, Tegel, 4. November 1944. Deutsches Literaturarchiv Marbach.
7 Freya von Moltke an Eugen Rosenstock-Huessy, Pretoria, 20. März 1959.
8 Karl Heinz Henssel im Gespräch mit der Autorin am 13. April 2010.
9 Hermann, 1992, S. 113.
10 http://www.argobooks.org/about.html, 5. September 2010.
11 http://www.argobooks.org/index.html, 5. September 2010.
12 http://members.valley.net/~transnat/erh.html, 5. September 2010.
13 http://www.rosenstock-huessy.com/, 5. September 2010.
14 «Nun muss ich Dich fragen und es ist eine sehr wichtige Frage für mich: Soll ich die Historiker heranlassen, oder soll ich ihnen den kleinen Finger nicht geben?» Freya von Moltke an Eugen Rosenstock-Huessy, Berlin, 3. Oktober 1958.
15 Freya von Moltke an Eugen Rosenstock-Huessy, Berlin, 7. Oktober 1956.
16 Zitiert nach Meding, 1992, S. 200.
17 Freya von Moltke an Eugen Rosenstock-Huessy, Berlin, 6. November 1956.
18 Freya von Moltke an Eugen Rosenstock-Huessy, Belin, 7. Oktober 1956.
19 «I have also in Germany made up my mind not to go about correcting people's ideas about him. They mostly talk utter nonsense. I am sorry, but I am not the one to go

about and propagate my husband, whom – oh my dear – I go on loving so much! […] Out of all this flows the wish to give away the letters, but not to have them reprinted in bits or framed into stories or done anything much to them, but translate them properly and introduce Helmuth.» Freya von Moltke an Willo von Moltke, Sutton Courtenay, Manor House [bei David Astor in England], 2. Januar 1947.

20 Balfour/ Frisby/ Freya von Moltke, Helmuth von Moltke – A leader against Hitler, London 1972. – Dies., Helmuth von Moltke: Anwalt der Zukunft, Berlin 1975.

21 Meding, 1992, S. 147.

22 «[…] a sensitivity to language and its ambiguities, nuances and subtleties, and an insistence on the primary importance of the individual» http://www.timesonline. co. uk/tol/comment/obituaries/article482566. ece, 5. September 2010.

23 http://www.geschwister-scholl-preis.de/preistraeger_1980–1989/1989/laudatio_dohnanyi.php, 5. September 2010.

24 Die Erinnerungen erschienen auch auf Englisch unter dem Titel: Memories of Kreisau and the German Resistance.

25 Ich danke Prof. Rudolf von Thadden für die Erlaubnis zur Einsichtnahme in die Korrespondenz.

26 Jochen Köhler, Helmuth James von Moltke, Geschichte einer Kindheit und Jugend, Reinbek bei Hamburg 2007.

27 Günter Brakelmann an Freya von Moltke, Bochum, 23. März 2003.

28 Günter Brakelmann an Freya von Moltke, Bochum, 9. Mai 2006.

29 Freya von Moltke an Günter Brakelmann, Norwich, 31. März 2003.

30 Freya von Moltke an Günter Brakelmann, Norwich, 11. März 2008.

31 Clinton C. Gardner im Gespräch mit der Autorin am 11. Februar 2010.

32 «The most uplifting part of the video for me is a piece by Freya von Moltke, who joined the Co-op in the 1960s. In that interview Mrs. von Moltke, who lived through the Nazi dictatorship in Germany in the 1930s, talks of the democratic nature of cooperatives as the most perfect form of democracy. In a co-op, she says, it is possible to cooperatively achieve desired objectives together through the democratic process of involvement and engagement with ideas.» http://www.coopfoodstore.coop/content/understanding-nature-cooperatives, 16. Juli 2010.

33 http://www.tphtrust.org/index. html, 8. September 2010.

34 Hermann, 1992, S. 149.

35 http://www.lwv.org/AM/Template.cfm?Section=About_Us, 9. September 2010.

36 Hermann, 1992, S. 149 f.

37 Helmuth Caspar von Moltke im Gespräch mit der Autorin am 5. Februar 2010.

38 Der Inner Temple ist einer der vier Inns of Court in London: Inner Temple, Middle Temple, Lincoln's Inn und Gray's Inn. Diese Vereinigungen haben das alleinige Recht, Kandidaten zu benennen, die als *barrister*, also als Anwalt vor Gericht, in England und Wales arbeiten dürfen. Das englische System unterscheidet zwischen *solicitor* und *barrister*, wobei nur Letzterer das Recht hat, vor Gericht zu erscheinen.

39 Konrad von Moltke, Siegmund von Dietrichstein: die Anfänge ständischer Institutionen und das Eindringen des Protestantismus in die Steiermark zur Zeit Maximilians I. und Ferdinands I., Göttingen 1970.

40 E-Mail von Ulrike von Moltke an die Autorin vom 15. November 2010.

41 Ausführliche Darstellung der Lebensläufe von Helmuth Caspar und Konrad von Moltke siehe Thies, 2010, S. 326–331.

42 Interview Starost/Grotjahn, 2001.

43 Freya von Moltke an Eugen Rosenstock-Huessy, Berlin, 6. November 1958.

44 Freya von Moltke an Eugen Rosenstock-Huessy, San Felice Cicero, 26. Juli 1956.

45 Ulrich Busch im Gespräch mit der Autorin am 23. Februar 2010.
46 Stiftung Kreisau, 2003, S. 83.
47 Frances Huessy im Gespräch mit der Autorin am 7. Februar 2010.
48 Ulrike von Moltke im Gespräch mit der Autorin am 9. Februar 2010.
49 Keri von Moltke im Gespräch mit der Autorin am 6. Februar 2010.
50 «In einem Vorwort zu den *Letzten Briefen* haben Sie in einer Art strenger Selbstverleugnung [...] das zu Sagende aufs äusserste komprimiert und auf seinen letzten Kern reduziert. Das war richtig, – das heisst dem Thema der Briefe adäquat und es war insofern keine Selbstverleugnung als Sie in dieser Strenge und diesem Ernst überall durchschimmern. Aber in dem, was jetzt zu schreiben ist, müssen Sie sich erlauben zu blühen. Sie gehören zu den Blühenden (das ist sehr selten); auch wenn Sie sprechen, blüht es. Ihre Aufgabe (keine leichte, glaube ich) wird es sein, den Glanz, der zum Kreisauer Tun (dem Wollen und dem Ende) gehört mit der Konzentration, die Sie sich in der ersten Schrift abverlangt haben, zu vereinen.» Abschrift aus einem Brief von Margret Boveri an Freya von Moltke vom 23. November 1956. Eugen Rosenstock-Huessy-Archiv, Norwich.
51 Friedrich von Moltke im Gespräch mit der Autorin am 14. April 2010, Karl Heinz Henssel im Gespräch mit der Autorin am 13. April 2010, Ray Huessy im Gespräch mit der Autorin am 10. Februar 2010.
52 Ulrich Busch im Gespräch mit der Autorin am 23. Februar 2010.
53 Ulrike von Moltke im Gespräch mit der Autorin am 9. Februar 2010.
54 Dorothee Busch im Gespräch mit der Autorin am 23. Februar 2010.
55 Interview Starost/Grotjahn 2001.
56 «Many may find this description of my energetic, practical, vibrant, down-to-earth, unselfconscious and unassuming mother surprising, but it was this sense of life felt through the heart which guided her intelligence and practicality.» Helmuth Caspar von Moltke am 8. Januar 2010 bei der Trauerfeier für seine Mutter in der Norwich Congregational Church.
57 Annemarie Cordes im Gespräch mit der Autorin, Kreisau, 16. April 2010.
58 James von Moltke im Gespräch mit der Autorin am 10. Februar 2010, Ulrich Busch im Gespräch mit der Autorin am 23. Februar 2010, Friedrich von Moltke im Gespräch mit der Autorin am 14. April 2010.
59 Annemarie Cordes im Gespräch mit der Autorin am 16. April 2010.
60 «Ich Annemarie Cordes im Gespräch aus einer kritischen Familie.» Hermann, 1992, S. 135.
61 Maria Lauper im Gespräch mit der Autorin am 8. September 2010.
62 «Eine Fähigkeit zum Freuen ist eigentlich das einzige, was wir drei Geschwister gemeinsam haben, wenn der Akzent auch verschieden liegt.» Freya von Moltke an Eugen Rosenstock-Huessy, Roccolo, 2. August 1956.
63 Freya von Moltke an Eugen Rosenstock-Huessy, Berlin, 21. September 1956.
64 Freya von Moltke an Eugen Rosenstock-Huessy, Berlin, 15. Oktober 1956.

9 Das Neue Kreisau, ein Lebensgeschenk

1 «I want to help in getting the people out too and get them settled somewhere so I feel I must go back and try what may be done.» Freya von Moltke an Willo von Moltke, 10. Januar 1946. Willo hatte für die amerikanische Armee in Asien gekämpft und wartete auf seine Entlassung, um dann eventuell nach Europa zurückzukehren. Daher sind Briefe an und von ihm aus dieser Zeit in Englisch verfasst,

weil sie so von den Zensoren besser gelesen werden konnten und nicht so lange liegen blieben.

2 «In Niederschlesien [Kreisau lag in Niederschlesien] lebten, abgesehen von den Zwangsarbeitern, Kriegsgefangenen und KZ-Häftlingen, fast nur deutschsprachige Menschen. Hier wurde 1945–1947 die gesamte deutsche Bevölkerung ausgesiedelt, soweit sie nicht schon evakuiert oder vor der Roten Armee geflohen war, d. h. ca. 1 750 000 Menschen. Insgesamt hatten damit ca. 3 Millionen Menschen Schlesien verlassen oder waren im Krieg umgekommen. Die Aussiedlungspläne, die während der deutschen Besatzung Polens im politischen Denken der Alliierten als auch der Polen entstanden waren, entsprachen auch der Stimmung im polnischen Volk. Weder in den Kreisen der Londoner Regierung noch des politischen Untergrunds, bei den Kommunisten oder auf der Straße gab es die Bereitschaft, weiterhin mit den Deutschen zusammenzuleben.» Haubold-Stolle, 2008, S. 306 f.

3 Freya von Moltke, 1997, S. 113–121.

4 [Freya von Moltke,] Report of an Eyewitness from Silesia. Proposals for the Evacuation of German Inhabitants in the East, o. O., o. J. [mglw. Januar 1946]. Archiv Veronica von Moltke.

5 «Obwohl Schlesien praktisch gleich nach der Besetzung in polnische Verwaltung übergeben wurde – die Sowjetunion beschloss am 20. Februar, also noch während des Vormarschs der Roten Armee, Schlesien Polen zur Verwaltung zu übergeben –, behandelte die Rote Armee es nicht wie die Region eines alliierten Staates, sondern wie Feindesland.» Haubold-Stolle, 2008, S. 304; s. a. S. 307 ff.

6 Freya von Moltke an Asta von Moltke, Berlin, März 1946. Archiv Veronica von Moltke.

7 Freya von Moltke an Eugen Rosenstock-Huessy, Godesberg, 24. Oktober 1956.

8 Freya von Moltke, 1997, S. 36.

9 Freya von Moltke an Asta von Moltke, Berlin, 24. August 1945. Archiv Veronica von Moltke.

10 «I still hope to hold it: I still want to go [there] to Silesia again, though the Poles are the Masters there and a Polish family in almost every house; the Germans are still there besides, the estate is governed by Poles, but they are not in the Berghaus yet. I want to take a certificate that you are an American Citizen and want to buy and keep it for all of us. I do not want to live there now – that will be quite impossible at present, but I want to [keep] uphold [...] that little house, which is so precious to all of us.» Freya von Moltke an Willo von Moltke, 10. Januar 1946. Archiv Veronica von Moltke.

11 Freya von Moltke an Eugen Rosenstock-Huessy, Boston, beim Abflug aus Amerika im Flugzeug, 24. November 1959.

12 Interview mit Dr. Freya Gräfin von Moltke, durchgeführt von Ekkehard Kuhn im November 2002 im Berghaus, gesendet in 3sat am 7. 11. 2003. http://www.3sat.de/specials/52647/index.html, 29. 10. 2009.

13 Freya von Moltke an Eugen Rosenstock-Huessy, 2. August 1956.

14 Freya von Moltke an Eugen Rosenstock-Huessy, 9. November 1966.

15 Freya von Moltke an Ger van Roon, 21. März 1967, zitiert von Ger van Roon in: 2003, S. 13.

16 Ich stütze mich in der Darstellung der Entstehung des Neuen Kreisau auf Gespräche mit Annemarie Cordes, Wanda und Kazimierz Czapliński, Annemarie Franke, Mark Huessy, Helmuth Caspar von Moltke, Stephan Steinlein und Ewa Unger sowie auf die Darstellung von Ludwig Mehlhorn, Entstehungsgeschichte, Aufbau und Ziele der Stiftung Kreisau für Europäische Verständigung, in: Kreisau – Krzyżowa. Geschichts- und Zukunftswerkstatt für Europa, hg. von der Stiftung Kreisau für

Europäische Verständigung und der Kreisau-Initiative Berlin, München 2010, S. 58–82. Außerdem auf die polnische Darstellung: Towards a New Europe. How the Krzyżowa Foundation for European Understanding originated, hg. von der Society of Krzyżowa's Friends, Wrocław 2000.

17 Siehe dazu Haubold-Stolle, 2008, s. a. S. 314 ff.

18 http://www.poland. gov. pl/Katastrophe«Ende,der,kurzen,Souver%C3 %A4nit%C3%A4t,629. html, 4. Mai 2010.

19 Siehe Heinemann; Wagner, 2006.

20 Zitat, das dem Chef der deutschen Reichswehr, von Seeckt, zugeschrieben wird. http://www.deutsche-und-polen.de/ereignisse/index_jsp/epoche=1918–1945/ start=20. html, 26. April 2010.

21 Artikel 88 des Versailler Vertrages besagt: «In dem Teile Oberschlesiens, der innerhalb der nachstehend beschriebenen Grenzen gelegen ist, werden die Einwohner berufen, im Wege der Abstimmung kundzutun, ob sie mit Deutschland oder Polen vereinigt zu werden wünschen.» http://quellen.herder-institut.de/M01/texte/Abt01/Dok10.doc/TextQuelle_view, 3. Mai 2010.

22 Dorothy von Moltke, Creisau, 3. Juli 1921, Briefe 1999, S. 69. Kursiv im Original.

23 Vgl. zum Problem Oberschlesien auch Haubold-Stolle, 2008.

24 Für die Übertragung der vollen staatlichen Souveränität auf ein wiedervereinigtes Deutschland forderten die Alliierten die deutsche Anerkennung der Oder-Neiße-Grenze. Diese wurde schließlich am 14. November 1990 noch einmal in einem bilateralen Vertrag mit Polen endgültig als deutsche Ost- und polnische Westgrenze festgelegt.

25 Als es nach der Tragödie von Smolensk im April 2010 zu einer russisch-polnischen Umarmung kam, erinnerte man sich in Polen der symbolisch so bedeutsamen Umarmung von Kreisau und hofft seitdem auf eine Verbesserung der Beziehung Russlands zu Polen.

26 Mark Huessy im Gespräch mit der Autorin am 15. April 2010.

27 Ullmann, 2001, S. 300–306; 302.

28 Ullmann, 2001, S. 303.

29 Stephan Steinlein im Gespräch mit der Autorin am 18. April 2010.

30 Society of Krzyżowa's Friends, 2000, S. 26.

31 Wanda Czaplińska im Gespräch mit der Autorin am 19. April 2010.

32 Es waren diese christlichen Laien auf beiden Seiten des Eisernen Vorhangs, die den Dialog vorantrieben. Sie waren es, die in der Bundesrepublik auszusprechen wagten, was weder die Kirchen geschweige denn die Regierung offen zu sagen wagten: dass die Anerkennung der Oder-Neiße-Grenze der einzig gangbare Weg der Verständigung sei. Dies wurde zum ersten Mal im «Tübinger Memorandum» von 1961 formuliert. Prominente Protestanten, unter ihnen Werner Heisenberg, Carl Friedrich von Weizsäcker, Klaus von Bismarck oder Georg Picht, neben Rosenstock-Huessy ein wichtiger Vertreter der Erwachsenenbildung, hatten diesen Aufruf zu Abrüstung und Frieden verfasst. Er bereitete den Boden für die 1965 erschienene Denkschrift der evangelischen Kirche «Die Lage der Vertriebenen und das Verhältnis des deutschen Volkes zu seinen östlichen Nachbarn», die zumindest zu einer offenen Diskussion über das bis dahin tabuisierte Grenzthema aufforderte (http://www.ekd.de/EKD-Texte/45952.html, 7. Mai 2010). Auch auf katholischer Seite waren es die Laien, die die deutlicheren Worte fanden. Am 18. November 1965 hatten die katholischen Bischöfe Polens einen offenen Brief an ihre deutschen Amtsbrüder geschrieben, dessen zentrale Formulierung lautete: «Wir vergeben und bitten um Vergebung.» (Der Text war maßgeblich vorbereitet vom Breslauer Bischof Kominek,

dem man heute in Wrocław dafür ein Denkmal gesetzt hat. Vor der bronzenen Figur des Bischofs ist dieser Satz in den Fußboden eingelassen worden.) Die Antwort des deutschen Episkopats auf diese ausgestreckte Hand der Versöhnung war lau und vage, zur großen Enttäuschung der Polen. Sie waren angesichts der Kühnheit ihres Unterfangens auch im eigenen Land unter Rechtfertigungszwang geraten. Das Kirchenvolk war nicht uneingeschränkt für diesen Schritt, stellte sich allerdings hinter seine Bischöfe, als die kommunistische Regierung den Bischofsbrief für einen antiklerikalen Propagandafeldzug nutzte.

33 Dazu gehörte auch der Bensberger Kreis, eine katholische Laienorganisation, die 1966 von den katholischen Publizisten Eugen Kogon und Walter Dirks begründet worden war. Er sah Handlungsbedarf und veröffentlichte am 2. März 1968 das «Bensberger Memorandum». Neben einer Entschädigung für polnische KZ-Häftlinge (Bis zum Zwei-plus-Vier-Vertrag 1990 ist weder in Ost noch in West jemals ernsthaft über die Entschädigung der KZ-Opfer gesprochen worden; es handelte sich also um eine spektakulär unzeitgemäße Forderung) wurde darin der Verzicht auf die ehemaligen deutschen Ostgebiete klar gefordert. Das Signal wurde in Polen dankbar aufgenommen, vor allem unter engagierten Laien. Es entwickelte sich ein Austausch, der den deutsch-polnischen Dialog auf die persönliche Ebene brachte und hier viel bewirkte. Insbesondere die Dortmunder Arbeitsgruppe der Bensberger entwickelte enge, freundschaftliche Kontakte nach Breslau zu den Czaplińskis und zu Ewa Unger. Dort trafen die Westdeutschen unter anderem auf den ostdeutschen Katholiken Günter Särchen von der ostdeutschen «Aktion Sühnezeichen». Die 1958 gegründete, ursprünglich gesamtdeutsche Organisation veranstaltete dreiwöchige Sommerlager, bei denen Teilnehmer aus verschiedenen Ländern zusammen leben und arbeiten konnten, nach 1972 auch in Polen. Viele der Mitstreiter kommen zu Wort in dem Band: Brücken schlagen. Briefe zum 90. Geburtstag von Freya von Moltke, hg. von der Stiftung Kreisau und der Kreisau-Initiative, München 2003.

34 Society of Krzyżowa's Friends, 2000, S. 29.

35 Siehe dazu Anmerkung 33. Aus Würzburg kam außerdem eine Gruppe Kreisau-Interessierter um den Pädagogikprofessor Andreas Möckel. Sie gründeten später (im März 1994) die «Kreisau-Initiative Würzburg». http://www.kreisau-initiative.de/.

36 Society of Krzyżowa's Friends, 2000, S. 51 f.

37 Unter ihnen Annemarie Cordes und Meike Völker vom «Haus Kreisau» (http://www.haus-kreisau.de/) sowie Jochen Köhler, der damals schon an seiner Biographie über Helmuth James von Moltke schrieb. Kreisau-Initiative siehe: http://www.kreisau.de.

38 Gespräch Annemarie Cordes mit der Autorin am 16. April 2010.

39 Society of Krzyżowa's Friends, 2000, S. 40.

40 Society of Krzyżowa's Friends, 2000, S. 58.

41 In Krzyżowa kam diese Nachricht allerdings erst eine Woche vor dem Ereignis an. Dort, wo heute grüner Rasen leuchtet, im Innenhof des ehemaligen Gutes, befand sich zu diesem Zeitpunkt der Wirtschaftshof eines landwirtschaftlichen Betriebes. Um die angekündigten Regierungschefs und ihre offiziellen Delegationen also nicht durch den Matsch laufen zu lassen, war einiges an Arbeit nötig. Michał Czaplinski mobilisierte alle verfügbaren Kräfte, zuallererst seinen Arbeitgeber, der glücklicherweise ein Bauunternehmer war. Dieser stellte Arbeitskräfte und Material zur Verfügung, um den Hof nutzbar zu machen. Dort mussten der Altar und die Tribünen aufgebaut werden. Das deutsche und das polnische Protokoll machten ebenso Vorgaben wie der Sicherheitsstab. Die verschiedenen Fernsehteams trafen ein und woll-

ten berücksichtigt werden. Aber es gelang tatsächlich, die Vorbereitung innerhalb von sieben Tage abzuschließen. Die Messe konnte stattfinden, nachdem Kohl inzwischen seinen Staatsbesuch unterbrochen hatte, weil er vom Fall der Berliner Mauer überrascht worden war.

42 Mit dem Austausch diplomatischer Noten zwischen den Außenministerien im Sommer 1990 wurde die Gründung einer Internationalen Jugendbegegnungsstätte in Kreisau offiziell bestätigt.

43 Gespräch mit Helmuth Caspar von Moltke am 7. Februar 2010.

44 http://www.kreisau.de/texte-dokumente/das-bessere-leben.html, 10. Mai 2010.

45 Es handelt sich um den sogenannten «Jumbo-Kredit». Siehe hierzu Mehlhorn, in: Stiftung Kreisau, 2010, S. 73.

46 http://www.fvms.de/veranstaltungen.html#c545, 12. Mai 2010.

47 Stiftung Kreisau, 2003, S. 21.

48 Stiftung Kreisau, 2003, S. 88.

49 Filminterview Görner, 1999.

50 Er fährt fort: «Der einzige Weg zum Frieden ist die Realisierung vieler partieller Ziele, deren Summe der Frieden ist. Solche Ziele der geplanten Gemeinschaft könnten sein: gemeinsames Leben und Arbeiten von Menschen aus verschiedenen Ländern, die für die Zukunft arbeiten sowie Begegnungen für andere organisieren. Diese Begegnungen sollen dem Üben von Toleranz, Verstehen und Vertrauen [dienen].» Michał Czaplinski, Aufriß einer Konzeption, [Positionspapier, wahrscheinlich Dezember 1989 oder Januar 1990], Archiv der Stiftung Kreisau/Krzyżowa.

51 http://www.krzyzowa.org.pl//content/view/15/39/lang,de_DE/, 12. Mai 2010.

52 http://www.krzyzowa.org.pl//content/view/12/32/lang,de_DE/, 12. Mai 2010.

53 Frans Meijer, Willie Meijer, Andreas Möckel, Anneliese Möckel, Positionspapier zu Kreisau, Fax vom 14. Juni 1990 an Ewa Unger und Michal Czapliński, Archiv der Stiftung Kreisau/Krzyżowa.

54 Vgl. dazu Kap. 5.

55 Mitarbeiter des Hauses Kreisau (der Jugendbegegnungsstätte der Evangelischen Berufsschularbeit Berlin), samt Handwerksmeistern und Lehrern, planten, mit Lehrlingen in Krzyżowa zu arbeiten. Es kam die Idee auf, die Berliner im Dorf unterzubringen, um erste Kontakte zwischen den Einheimischen und den Deutschen zu ermöglichen. Gabriella Sarges und Paulina Jonczynski reisten mit ihren Kindern an, um diesen Besuch vorzubereiten. Pfarrer Kałuża stellte die Berliner und ihren Plan von der Kanzel herab vor, und tatsächlich fanden sich polnische Gastgeber, wenn auch nicht aus Kreisau, so aus dem Nachbarort Gräditz. Die zwei Frauen wurden freundlich aufgenommen und kamen mit den Leuten ins Gespräch. Als sie aber von ihrem eigenen Projekt berichteten, war die «Haltung der meisten Leute, die wir trafen, [...] eher abwartend als neugierig». Der Plan, die Dorfbevölkerung zur Gründung einer Bürgerinitiative zu bewegen, die die Interessen des Dorfes auf den Konferenzen der Stiftung vertreten sollte, wurde daher fallengelassen.

56 Vgl. Society of Krzyżowa's Friends, 2000, S. 81. Im Sommer 1991 folgen drei weitere mit 51 Teilnehmern aus vier Ländern; im Sommer 1992 wieder drei mit 82 Personen aus sieben Ländern; im Sommer 1993 mit 76 Jugendlichen aus neun Ländern. Weitere genaue Daten fehlen.

57 Filminterview Starost/Grotjahn, 2001.

58 http://www.brueckepreis.de/, 12. September 2010.

59 http://www.fvms.de/start.html, 12. Mai 2010.

60 http://www.fvms.de/de/die-stiftung/stiftungsrat.html, 14. Mai 2010.

61 Ziele und Grundsätze der Stiftung sowie Umfang und Formen ihrer Tätigkeit, § 6:

Zweck der Stiftung ist, Aktivitäten zu initiieren und zu fördern, die auf ein friedliches und von gegenseitiger Toleranz geprägtes Zusammenleben der Völker, Gesellschaftsgruppen und einzelnen Menschen zielen. Dadurch soll das Gedankengut des Kreisauer Kreises tradiert und die europäische Verständigung gefördert werden. http://krzyzowa.org.pl/media/dokumenty/fk/statut_de.pdf, 13. Mai 2010. Vgl. auch http://www.krzyzowa.org.pl//content/view/81/115/1/0/lang,de_DE/, 15. Mai 2010.

62 Gabriella Sarges, Positionspapier, 1990, S. 1, Archiv der Stiftung Kreisau/Krzyżowa.

63 Stiftung Kreisau, 2003, S. 69.

64 «Now, you think this is all past and it is. But the main thrusts of our time you have, too, because what we noticed in Germany at the time how quickly you can lose rights and privileges and results of long human living, how quickly you can lose those. And I won't say that there is a real danger of the United States losing its rights. [Das Gespräch fand mitten in der Ära von George W. Bush statt.] ... What the Germans lost, was their feeling that they were responsible for their own society and you have it and you must keep it. ... But you do not listen to my story because it is an interesting story, but because it is your story. That's the end.» – Interview/Fragestunde in der Hartford Highschool, Hanover, VT im Sommer 2004. Freya von Moltke spricht vor den Schülern und stellt sich ihren Fragen, Aufzeichnung des Lehrers Bob Potter.

Epilog

1 Filminterview Starost/Grotjahn, 2001.

2 Congressional Record of the State of Vermont, 4. Februar 2010.

Bildnachweis

Bildarchiv Preußischer Kulturbesitz, Berlin: Seite 115 | Familie Czapliński: Seite 217 | Familie Deichmann: Seite 12, 21, 42 | Ina Farwick, Reifensteiner Verband: Seite 25 | Engelbert Flügel: Seite 19 | Gedenkstätte Deutscher Widerstand: Seite 37 | Frauke Geyken: Seite 40, 72, 73, 87, 212 | Lucyna Griger, Katowice: Seite 208 | Mariot Huessy: Seite 174, 178, 180, 182, 185 | Veronica Jochum von Moltke: Seite 47, 55, 152, 202 | Bernd Kuhnert, Berlin: Frontispiz | Maria Lauper, Zürich: Seite 36 | Julius und Annedore Leber Archiv, München: Seite 167 | Familie von Moltke: Seite 14, 20, 22, 27, 32, 34, 46, 51, 57, 67, 79, 80, 90, 110, 130, 146, 150, 154, 156, 160, 164, 181, 190, 196, 198, 199, 204, 227 | Nachlass Joachim Wolfgang von Moltke: Seite 49, 56, 75, 78, 83, 85, 89, 142, 147, 148, 219 | Eckhard Müßigbrodt, Sehnde: Seite 96 | Dietrich Graf von Nesselrode: Seite 13 | Niedersächsisches Landesarchiv – Staatsarchiv Bückeburg: Seite 28 | ullstein bild-AP: Seite 224 | ullstein bild-dpa(85): Seite 112 | ullstein bild/Oskar Dahlke: Seite 113

Quellen und Literatur

1. Unveröffentlichte Quellen

Tonaufnahmen:

Interviews der Autorin mit
- Helmuth Caspar von Moltke in Montreal
- Keri von Moltke in Montreal
- James von Moltke in Norwich
- Ulrike von Moltke in Norwich
- Veronica Jochum von Moltke in Boston
- Vera und Friedrich von Moltke in Berlin
- Mariot Huessy in Jericho
- Mark Huessy in Krzyżowa
- Ray Huessy in Norwich
- Frances Huessy in Essex
- Renata Bardzik-Miłoz in Wrocław
- Marie-Luise Bauerschmidt in Berlin
- Günter und Ingrid Brakelmann in Bochum
- Ulrich und Dorothee Busch in Preetz
- Annemarie Cordes in Krzyżowa
- Wanda und Kazimierz Czapliński in Wrocław
- Annemarie Franke in Krzyżowa
- Clinton C. Gardner in Norwich
- Karl Heinz Henssel in Berlin
- Bob Potter in Norwich
- Stephan Steinlein in Krzyżowa
- Ewa Unger in Wrocław

James von Moltke im Gespräch mit seiner Großmutter Freya von Moltke, Norwich 1987, sechs Stunden.

Jonathan Bauerschmidt im Gespräch mit Uta Maaß, Freya von Moltke, Rosemarie Reichwein, Clarita von Trott zu Solz, Berlin 2001.

Filmaufnahmen:

Liebe in den Zeiten des Widerstands, Hans Helmut Grotjahn und Antje Starost im Gespräch mit Freya von Moltke, Antje Starost Filmproduktion, Berlin 2001.

Bob Potter und die Schüler der Hartford Highschool, Hanover, New Hampshire, USA, im Gespräch mit Freya von Moltke als Zeitzeugin, Video, Hanover 2004.

... wir verlangen den ganzen Menschen. Tanja Cummings im Gespräch mit Günter Brakelmann, Adam Krzeminski, Freya von Moltke, Helmuth Caspar von Moltke, Krzysztof Ruchniewicz, Isa Vermehren, tc-storyboards, Berlin 2008.

Briefe und Manuskripte aus privater Hand:

Privatarchiv von Veronica Jochum von Moltke, Boston: Briefe von Freya von Moltke an ihren und von ihrem Schwager Wilhelm Viggo, genannt Willo, sowie an ihre Schwägerin Asta von Moltke.

Eugen-Rosenstock-Huessy-Archiv in Four Wells, Norwich, Vermont, USA: Briefe von Freya von Moltke an Eugen Rosenstock-Huessy; Briefe von Margrit Rosenstock-Huessy an Eugen Rosenstock-Huessy.

Maria Lauper aus Zürich stellte mir freundlicherweise Aufzeichnungen von Ada Deichmann über ihre Großmutter sowie maschinenschriftliche Lebenserinnerungen ihres Onkels Carl Deichmann zur Verfügung.

Günter Brakelmann ließ mich freundlicherweise seine teils elektronische Korrespondenz mit Freya von Moltke aus den Jahren 2001 bis 2009 einsehen.

Rudolf von Thadden gewährte mir freundlicherweise Einsicht in seine Korrespondenz mit Freya von Moltke.

Annemarie Franke gewährte mir freundlicherweise Einsicht in ihre E-Mails von und an Freya von Moltke.

Öffentlich zugängliche Archive:

Archiv für Christlich-Demokratische Politik (ACDP), Sankt Augustin: Briefwechsel zwischen Freya von Moltke und Eugen Gerstenmaier.

Archiv der Stiftung Kreisau für Europäische Verständigung, Krzyżowa, Polen: Materialien zur Geschichte des Neuen Kreisau: Michał Czapliński, Aufriß einer Konzeption, Positionspapier [wahrscheinlich Dezember 1989 oder Januar 1990]; Gabriella Sarges, «Die Leute von Grodziszcze und Krzyżowa, Positionspapier der Kreisau-Initiative Berlin, 4. April 1990; Frans Meijer, Willie Meijer, Andreas Möckel, Anneliese Möckel, Positionspapier zu Kreisau, Fax vom 14. Juni 1990 an Ewa Unger und Michal Czapliński.

Bundesarchiv Koblenz: Barch B 122/38.735. Verleihung des Bundesverdienstkreuzes an Dr. Eugen Rosenstock-Huessy.

Deutsches Literaturarchiv Marbach: Briefe von Helmuth James von Moltke an Freya, an seine Großeltern James und Jessie Rose Innes in Kapstadt und an seinen Bruder Willo; Briefe von Freya an Helmuth James von Moltke aus dem Jahr 1940. Diese Briefe sind in den Anmerkungen nicht extra mit Archivort ausgewiesen.

National Archives London: Akten zu Freya von Moltke: Ref. F0371, 55627, C 399017; KV6, 66, C I 99017.

Staatsarchiv Bückeburg: D 21 Nr. 1037, 1038, 1251, 1252. Materialien zur Wirtschaftlichen Frauenschule in Löbichau.

2. Veröffentlichte Quellen

Filme:

Wolfgang Korruhn, Mein Vater starb als Held, Erstsendung WDR Köln 1981.

Ulrich Teschner (Regie), Hans Bentzien, Hans Sparschuh (Buch), Wir haben nichts zu bereuen. Augenzeugen über den 20. Juli 1944 und den Kreisauer Kreis, Berlin, DDR-Fernsehen, 1984.

Irmgard von zur Mühlen, Die Frauen des 20. Juli, Chronos Film, Berlin 1985/86.

Eberhard Görner, Kreisau – Krzyżowa, Vom Widerstand zum Dialog, Eberhard Görner Filmproduktion, 1996.

Ekkehard Kuhn im Gespräch mit Dr. Freya von Moltke im November 2002: Kreisau – Widerstand und Neubeginn, in: http://www.3sat.de/specials/52647/index.html, 6. Januar 2010.

Alexander Weisswange-Lehmann, Kreisau lebt!, hg. von der Freya von Moltke-Stiftung für das Neue Kreisau anläßlich der Gründungsveranstaltung am 16. Juni 2005 in Berlin.

Hellmut Sitó Schlingensiepen und christian.bimm.coers, ... weil wir zusammen gedacht haben, forwertz GbR, Düsseldorf/Berlin 2007.

Interview mit Freya von Moltke im Rahmen des Schulfernsehens des Bayrischen Rundfunks, 2009: Meine Geschichte – 2. Frauen im Widerstand, http://www.br-online.de/bildung/databrd/mg02.htm/mg02in.htm, 8. Dezember 2009.

Hellmut Sitó Schlingensiepen und christian.bimm.coers, Hellmut Schlingensiepen im Gespräch mit Freya von Moltke, forwertz GbR, Düsseldorf/Berlin 2010.

Gedruckte Interviews:

Eberhard Görner im Gespräch mit Freya von Moltke, in: Sinn und Form 36 (1984), Heft 6, S. 1180–1190.

Ulrich Dietzel im Gespräch mit Rosemarie Reichwein, in: Sinn und Form 36 (1984), Heft 6, S. 1191–1202.

Liz Wieskerstrauch im Gespräch mit Freya von Moltke: Wenn man in wunderbare menschliche Ereignisse verstrickt ist ..., in: Die Neue Gesellschaft, Frankfurter Hefte 5 (1992), S. 462–467.

Hermann, Ingo (Hg.), Freya von Moltke. Die Kreisauerin. Gespräch mit Eva Hoffmann in der Reihe «Zeugen des Jahrhunderts», Göttingen 1992.

Roland Wehl im Gespräch mit Freya von Moltke, in: Junge Freiheit vom 22. August 1994, http://soziale-demokratie.de, 6. Januar 2010.

Freya von Moltke, «Aus dem Widerstand, den wir geleistet haben, da leb' ich auch heute noch.», in: Alison Owings, Eine andere Erinnerung, Frauen erzählen von ihrem Leben im Dritten Reich, Berlin 1999, S. 330–362.

Annette Ramelsberger im Gespräch mit Freya von Moltke: Wenn der Tod auf ewig bindet, in: Süddeutsche Zeitung vom 19. Juli 2004.

Andere gedruckte Quellen:

Balfour, Michael; Julian Frisby; Freya von Moltke: Helmuth von Moltke – A leader against Hitler, London 1972. – Deutsch: Helmuth James Graf von Moltke, 1907–1945, Berlin 1984.

Bielenberg, Christabel: Als ich Deutsche war, München 1969.

Blake, Peter: No Place like Utopia. Modern Architecture and the Company we kept, New York 1993.

Bonhoeffer, Emmi: Essay, Gespräch, Erinnerung, hg. von Sigrid Grabner und Hendrik Röder, Berlin 2004.

Bundeszentrale für Heimatdienst (Hg.): Der 20. Juli 1944, 1. und 2. Auflage bearbeitet von Hans Royce, 3. Auflage neu bearbeitet von Erich Zimmermann und Hans-Adolf Jacobsen, Bonn 1960.

Deichmann, Hans: Leben mit provisorischer Genehmigung. Leben, Werk und Exil von Dr. Eugenie Schwarzwald. Eine Chronik, Berlin u. a. 1988.

–: Auschwitz, in: 1999. Zeitschrift für Sozialgeschichte des 20. und 21. Jahrhunderts 5 (1990), H. 3, S. 110–116.

–: Offener Brief an Gottfried Plumpe, in: 1999. Zeitschrift für Sozialgeschichte des 20. und 21. Jahrhunderts 8 (1993), H. 4, S. 158–161.

–: Gegenstände, München 1996.

Dertinger, Antje: Heldentöchter, Bonn 1997.

Dulles, Allen Welsh: Germany's Underground. The Anti-Nazi Resistance, Cambridge, Mss., [1947] 2000.

Gerstenmaier, Eugen: Streit und Friede hat seine Zeit, Berlin 1981.

Gerstenmaier, Brigitte und Eugen: Zwei können widerstehen. Briefe und Berichte 1939–1969, Bonn 1992.
Guilleaume, Ella von: Rheinische Geschichte – ganz privat, Köln 1968.
Haeften, Barbara von: «Nichts Schriftliches von Politik». Hans Bernd von Haeften. Ein Lebensbericht, München 1997.
Herdan-Zuckmayer, Alice: Genies sind im Lehrplan nicht vorgesehen, Frankfurt 1979.
Hummel, Karl-Joseph (Bearb.): Paulus van Husen, 1891–1971. Erinnerungen eines Juristen vom Kaiserreich bis zur Bundesrepublik Deutschland, Paderborn 2010.
Kardorff, Ursula von: Berliner Aufzeichnungen, 1942–1945, München 1976.
Leber, Annedore: Den toten immer lebendigen Freunden. Eine Erinnerung zum 20. Juli 1944, Berlin Juli 1946.
–: Das Gewissen steht auf. Lebensbilder aus dem deutschen Widerstand von 1933 bis 1945, hg. in Zusammenarbeit mit Willy Brandt und Karl Dietrich Bracher, Berlin 1954.
–: Das Gewissen entscheidet. Bereiche des deutschen Widerstandes von 1933–1945 in Lebensbildern. Herausgegeben in Zusammenarbeit mit Willy Brandt und Karl Dietrich Bracher, Berlin 1957.
–; Freya Gräfin von Moltke: Für und wider. Entscheidungen in Deutschland, 1918–1945, Berlin 1961.
Meding, Dorothee von: Mit dem Mut des Herzens. Die Frauen des 20. Juli, Berlin 1992.
Meyer-Krahmer, Marianne: Carl Goerdeler und sein Weg in den Widerstand. Eine Reise in die Welt meines Vaters, Freiburg i. Br. 1989.
Moltke, Dorothy von: Ein Leben in Deutschland. Briefe aus Kreisau und Berlin, 1907–1934, eingeleitet, übersetzt und herausgegeben von Beate Ruhm von Oppen, München 1999.
Moltke, Freya von: Erinnerungen an Kreisau 1930–1945, München 1997.
–; Marion Yorck von Wartenburg: Erster Bericht über den Kreisauer Kreis aus dem Jahr 1945, abgedruckt in: Karl Heinz Roth, Angelika Ebbinghaus (Hg.), Rote Kapellen – Kreisauer Kreise – Schwarze Kapellen. Neue Sichtweisen auf den Widerstand gegen die NS-Diktatur 1938–1945, Hamburg 2004, S. 243–248.
–: Die Verteidigung europäischer Menschlichkeit, Essay in: Aus Politik und Zeitgeschichte, Beilage zur Wochenzeitung Das Parlament, 28. Juni 2004, S. 3–4.
Moltke, Helmuth James von: Bericht aus Deutschland im Jahre 1943. Letzte Briefe aus dem Gefängnis Tegel 1945, Berlin 1971.
–: Völkerrecht im Dienste der Menschen. Dokumente, hg. und eingeleitet von Ger van Roon, Berlin 1986.
–: Briefe an Freya, hg. und eingeleitet von Beate Ruhm von Oppen, München 1988.
–: Im Land der Gottlosen. Tagebuch und Briefe aus der Haft 1944/45, hg. von Günter Brakelmann, München 2009.
Moltke, Helmuth James und Freya von: Abschiedsbriefe Gefängnis Tegel. September 1944–Januar 1945, hg. von Helmuth Caspar von Moltke und Ulrike von Moltke, München 2011.
Paetel, Karl Otto: Deutsche innere Emigration. Anti-Nationalsozialistische Zeugnisse aus Deutschland (Vierter Band der Dokumente des Anderen Deutschland, hg. von Friedrich Krause), New York 1946.
Poelchau, Harald: Die Ordnung der Bedrängten: Autobiographisches und Zeitgeschichtliches seit den zwanziger Jahren, Belin 1963.
–: Die letzten Stunden. Erinnerungen eines Gefängnispfarrers, Berlin 1949, hier 1987.
Reichwein, Rosemarie; Ursula Schulz (Hg.): Adolf Reichwein. Ein Lebensbild aus Briefen und Dokumenten, ausgewählt von Rosemarie Reichwein unter Mitwirkung von Hans Bohnenkamp, kommentiert von Ursula Schulz, München 1974.

Reichwein, Rosemarie: «Die Jahre mit Adolf Reichwein prägten mein Leben». Ein Buch der Erinnerung, hg. von Lothar Kunz und Sabine Reichwein, München 1999.
Rose Innes, James: Chief Justice of South Africa, 1914–1927. Autobiography, hg. von B. A. Tindall, Oxford 1949.
Rosenstock-Huessy, Eugen: Brief an Margret Boveri über ihr Buch «Der Verrat im 20. Jahrhundert» und Auszüge aus ihrem Antwortschreiben, in: «Die Gegenwart» 11. Jahrgang (Nr. 22), Nr. 272, 3. November 1956, S. 697–700.
Rosenzweig, Franz: Die «Gritli»-Briefe. Briefe an Margret Rosenstock-Huessy, hg. von Reinhold Mayer und Inken Rühle, Tübingen 2002.
Sachs, Harvey: Profiles: Der Ordinäre, über Hans Deichmann, in: The New Yorker, 4. Juni 1990, S. 48–77.
Schulenburg, Tisa von der: Ich hab's gewagt. Bildhauerin und Ordensfrau – ein unkonventionelles Leben, Freiburg 1981.
Teltschick, Horst: 329 Tage. Innenansichten der Einigung, Berlin 1991.
Thompson, Dorothy: Listen, Hans, Boston 1942.
–: Kassandra spricht. Antifaschistische Publizistik, 1932–1942, Wiesbaden 1988.
Yorck von Wartenburg, Marion: Die Stärke der Stille. Erzählung eines Lebens aus dem deutschen Widerstand, Köln 1985.
Zweig, Stefan: Die Welt von gestern, Stockholm 1942, hier Frankfurt a. M. 2009.

3. Literatur

Alberts, Klaus: Theodor Steltzer. Eine Biographie, Heide 2009.
Aretin, Felicitas von: Die Enkel des 20. Juli 1944, Leipzig 2004.
Benz, Wolfgang; Distel, Barbara: Der Ort des Terrors. Geschichte der nationalsozialistischen Konzentrationslager, Bd. 6: Natzweiler, Groß-Rosen, Stutthof, München 2007.
Beuys, Barbara: Vergeßt uns nicht. Menschen im Widerstand 1933–1945, Hamburg 1987.
–: Verteidigung der Republik: Der sozialdemokratische Reformer Theodor Haubach (1896–1945), Hamburg 2000.
–: Sophie Scholl, München 2010.
Bodsch, Ingrid (Hg.): Sibylle Mertens-Schaaffhausen (1797–1857), zum 150. Todestag der Rheingräfin. Begleitbuch zur gleichnamigen Ausstellung des Stadtmuseums Bonn, eingeleitet von Angela Steidele, Bonn 2007.
Brakelmann, Günter: Helmuth James von Moltke, 1907–1945. Eine Biographie, München 2007.
–: Helmuth James von Moltke. Zeitgenosse für ein anderes Deutschland [mit ausführlicher Chronologie] (Schriftenreihe der Forschungsgemeinschaft 20. Juli 1944 e. V., 14), Münster 2009.
–: Helmuth James von Moltke – Briefe und Tagebücher aus den Gefängnissen in Berlin und Ravensbrück (Evangelische Perspektiven. Schriftenreihe des Kirchenkreises Bochum 2), Norderstedt 2009.
Chwalba, Andrzej: Kurze Geschichte der Dritten Republik Polen, 1989–2005 (Veröffentlichungen des Deutschen Polen-Instituts Darmstadt 26), Wiesbaden 2010.
Eyll, Klara van: Kölns Wirtschaftsbürgertum im 19. Jahrhundert (bis 1914), in: Karl Möckl (Hg.), Wirtschaftsbürgertum in den deutschen Staaten im 19. und beginnenden 20. Jahrhundert (Büdinger Forschungen zur Sozialgeschichte 1987 und 1988), München 1996, S. 251–280.

Faulenbach, Bernd: Eugen Rosenstock-Huessy, in: Hans-Ulrich Wehler (Hg.), Deutsche Historiker, Bd. 9, Göttingen 1982, S. 102–125.
Fisch, Jörg: Geschichte Südafrikas, München 1990.
Friedrich, Otto: Blood and Iron, New York 1995.
Fröhlich, Claudia: Widerstand von Frauen, in: Peter Steinbach, Johannes Tuchel (Hg.): Widerstand gegen die nationalsozialistische Diktatur, 1933–1945, Berlin 2004, S. 249–265.
–: Der Braunschweiger Remer-Prozess 1952: Zum Umgang mit dem NS-Staat in der frühen Bundesrepublik, in: Beiträge zur Geschichte der nationalsozialistischen Verfolgung in Norddeutschland 9 (2005), S. 17–28.
Göllner, Renate: «Die Schule aber war das eigentliche Leben». Eugenie Schwarzwald und die Mädchenbildung um 1900, in: Robert Streibel (Hg.), Eugenie Schwarzwald und ihr Kreis, Wien 1996, S. 41–46.
Greiff, Walter: Das Boberhaus in Löwenberg/Schlesien, 1933–1937. Selbstbehauptung einer nonkonformen Gruppe (Quellen und Darstellungen zur schlesischen Geschichte 24), Sigmaringen 1985.
Harpprecht, Klaus: Harald Poelchau. Ein Leben im Widerstand, Reinbek bei Hamburg 2004.
Haubold-Stolle, Juliane: Mythos Oberschlesien. Der Kampf um die Erinnerung in Deutschland und in Polen 1919–1956 (Einzelveröffentlichungen des Deutschen Historischen Instituts Warschau 14), Osnabrück 2008.
Heinemann, Isabel; Patrick Wagner (Hg.): Wissenschaft – Planung – Vertreibung: Neuordnungskonzepte und Umsiedlungspolitik im 20. Jahrhundert, Stuttgart 2006.
Heydekampf, Anna von (Hg.): Ida von Kortzfleisch, ihr Leben und ihr Werk, Gotha 1927.
Hinricher OCD, Gemma: Gemeinsame Sache mit den Betern in unserer Stadt. Das Karmelitinnenkloster Regina Martyrum, in: Jahrbuch für das Erzbistum Berlin 2001, S. 16–20.
Hoffmann, Peter: Claus Graf Schenk von Stauffenberg und seine Brüder, Stuttgart 1992.
Holmes, Deborah: Die neue Pädagogik und die Intellektuellen. Der Beitrag Eugenie Schwarzwalds zur Reformpädagogik in Österreich, in: Helmut Konrad; Wolfgang Maderthaner (Hg.): … der Rest ist Österreich. Das Werden der Ersten Republik, 2 Bde., Wien 2008, S. 233–250.
Holzer, Anton: Die Pressa, Köln 1928. Eine unbekannte Fotoausstellung der Moderne, Fotogeschichte, Heft 112 (2009), S. 31–46.
Huerkamp, Claudia: Bildungsbürgerinnen. Frauen im Studium und in akademischen Berufen 1900–1945, Göttingen 1994.
Jessen, Olaf: Die Moltkes. Biographie einer Familie, München 2010.
Jonca, Karol: Der «Kreisauer Kreis» um Helmuth James von Moltke und der deutsche Widerstand aus polnischer Sicht (1940–1944), in: Huberta Engel (Hg.): Deutscher Widerstand. Demokratie heute. Kirche, Kreisauer Kreis, Ethik, Militär und Gewerkschaften, Bonn 1992, S. 275–293.
Knoll, Reinhold: Rosenstocks Deutschland, in: Tumult: Zeitschrift für Verkehrswissenschaft 20: Eugen Moritz Friedrich Rosenstock-Huessy (1888–1973), S. 115–117.
Köhler, Ingo: Wirtschaftsbürger und Unternehmer – Zum Heiratsverhalten deutscher Privatbankiers im Übergang zum 20. Jahrhundert, in: Dieter Ziegler (Hg.), Großbürger und Unternehmer. Die deutsche Wirtschaftselite im 20. Jahrhundert (Bürgertum. Beiträge zur europäischen Gesellschaftsgeschichte 17), Göttingen 2000, S. 116–143.
Krüger, Alfred: Das Kölner Bankiergewerbe vom Ende des 18. Jahrhunderts bis 1875 (Veröffentlichungen des Archivs für rheinisch-westfälische Wirtschaftsgeschichte 10), Essen 1925.

Krusenstjern, Benigna von: «daß es Sinn hat zu sterben – gelebt zu haben». Adam von Trott zu Solz. 1909–1944. Biographie, Göttingen 2009.

Leichsenring, Jana (Hg.): Frauen und Widerstand (Schriftenreihe der Forschungsgemeinschaft 20. Juli 1944 e. V., Bd. 1), Münster 2003.

Lindner, Stephan H.: Hoechst: ein I. G. Farben Werk im Dritten Reich, München 2005.

Lösch, Anna-Maria von: Der nackte Geist: Die juristische Fakultät der Berliner Universität im Umbruch von 1933 (Beiträge zur Rechtsgeschichte des 20. Jahrhunderts 26), Tübingen 1999.

Martin, Rudolf: Jahrbuch des Vermögens und Einkommens der Millionäre in der Rheinprovinz (Das Jahrbuch der Millionäre Deutschlands 9), Berlin 1913.

Mehringer, Hartmut: Widerstand und Emigration: das NS-Regime und seine Gegner, München 1997.

Mehlhorn, Ludwig (Hg.): Mund der Stummen, Ohr der Kirche. Harald Poelchau, Berlin 2004.

Mehlhorn, Ludwig: Entstehungsgeschichte, Aufbau und Ziele. Die Stiftung Kreisau für Europäische Verständigung, in: Stiftung Kreisau für Euopäische Verständigung und die Kreisau-Initiative Berlin (Hg.): Kreisau-Krzyżowa. Geschichts- und Zukunftswerkstatt für Europa, München 2010, S. 58–82.

Nelius, Annemarie: Pädagogik. Historisch-systematische Untersuchung zum ländlich-hauswirtschaftlichen Fachschulwesen in Deutschland seit dem Ende des 19. Jahrhunderts, Bad Weilbach 1962, zugl. Diss. Bonn 1961.

Oepen-Domschky, Gabriele: Kölner Wirtschaftsbürger im Deutschen Kaiserreich (Schriften zur rheinisch-westfälischen Wirtschaftsgeschichte 43), Köln 2003.

Pohl, Manfred: Hamburger Bankengeschichte, Mainz 1986.

Roberts, Richard: Schroders, Merchants and Bankers, London 1992.

Roon, Ger van: Neuordnung im Widerstand. Der Kreisauer Kreis innerhalb der deutschen Widerstandsbewegung, München 1967.

Roth, Karl Heinz; Ebbinghaus, Angelika (Hg.): Rote Kapellen – Kreisauer Kreise – Schwarze Kapellen. Neue Sichtweisen auf den Widerstand gegen die NS-Diktatur 1938–1945, Hamburg 2004.

Rothfels, Hans: The German Opposition to Hitler. An Appraisal, Hinsdale, Illinois, 1948. – Deutsch: Die deutsche Opposition gegen Hitler. Eine Würdigung, Krefeld 1949.

Sanders, Marion K.: Dorothy Thompson. A Legend in her Time, Boston 1973.

Schreck, Andreas: Eugen Rosenstock-Huessy und Kreisauer Kreis – zur Vorgeschichte der «Erzvaterschaft», in: Stimmstein 12, Die Suche nach einem menschlichen Recht. Helmuth James von Moltke 1907–2007, Mitteilungsblätter der Eugen Rosenstock-Huessy Gesellschaft 2007, S. 27–42.

Society of Krzyżowa's Friends: Towards a new Europe. How the Krzyżowa Foundation for European Understanding originated, Wrocław 2000.

Soénius, Ulrich S.: Neue Impulse in der Kölner Wirtschaft durch protestantische Zuwanderer. Rede auf dem Jahresempfang des Evangelischen Stadtkirchenverbandes Köln am 29. September 2002, http://www.kirche-koeln.de/doc/soenius.pdf, 25. Mai 2010.

Stadie, Babette (Hg.): Die Macht der Wahrheit. Reinhold Schneiders «Gedenkwort zum 20. Juli» in Reaktionen von Hinterbliebenen des Widerstandes, Berlin 2008.

Steinbach, Peter: Der Kreisauer Kreis in seiner historischen Bedeutung, in: Huberta Engel (Hg. im Auftrag der Forschungsgemeinschaft 20. Juli e. V.): Deutscher Widerstand. Demokratie heute. Kirche, Kreisauer Kreis, Ethik, Militär und Gewerkschaften, Bonn 1992, S. 161–178.

–: Widerstand im Widerstreit. Der Widerstand gegen den Nationalsozialismus in der Erinnerung der Deutschen, Paderborn 2001.
Stiftung Kreisau für Europäische Verständigung in Zusammenarbeit mit der Kreisau-Initiative Berlin, e. V. (Hg.), Brücken schlagen. Briefe zum 90. Geburtstag von Freya von Moltke, München 2003.
Stiftung Kreisau für Europäische Verständigung und die Kreisau-Initiative Berlin (Hg.): Kreisau – Krzyżowa. Geschichts- und Zukunftswerkstatt für Europa, München 2010.
Streibel, Robert (Hg.): Eugenie Schwarzwald und ihr Kreis, Wien 1996.
Thies, Jochen: Die Moltkes. Von Königgrätz nach Kreisau. Eine deutsche Familiengeschichte, München, Zürich 2010.
Trappen, Jürgen von der: Die schlesische Jungmannschaft in den Jahren von 1922 bis 1932. Ein Beitrag zur Geschichte der deutschen Jugendbewegung, Essen 1996, zugl. Diss. phil. Essen.
Tuchel, Johannes (Hg.): Der vergessene Widerstand. Zur Realgeschichte und Wahrnehmung des Kampfes gegen die NS-Diktatur (Dachauer Symposien zur Zeitgeschichte 5), Göttingen 2005.
Ueberschär, Gerd R. (Hg.): Der 20. Juli: das «andere Deutschland» in der Vergangenheitspolitik, Berlin 1998.
Ullmann, Wolfgang: Ama quia durissimum – Imperativ der Menschlichkeit inmitten der Gefahr ethnokratischer Regression, in: Tumult: Zeitschrift für Verkehrswissenschaft 20: Eugen Moritz Friedrich Rosenstock-Huessy (1888–1973), S. 76–89.
–: Kreisau – eine gesamteuropäische Perspektive, in: Vorgänge 155. Zeitschrift für Bürgerrechte und Gesellschaftspolitik 40, 3 (2001), S. 300–306.
Ullrich, Volker: Der Kreisauer Kreis, Reinbek bei Hamburg 2008.
Waldschmidt-Nelson, Britta: Christian Science im Lande Luthers. Eine amerikanische Religionsgemeinschaft in Deutschland, 1894–2009 (Transatlantische Historische Studien 37), Stuttgart 2009.
Wehler, Hans-Ulrich: Land ohne Unterschichten? Neue Essays zur deutschen Geschichte, München 2010.
Wickert, Christl: Frauen zwischen Dissens und Widerstand, in: Wolfgang Benz, Walter H. Pehle (Hg.): Lexikon des deutschen Widerstandes, Frankfurt a. M. 1994, S. 141–156.
– (Hg.): Frauen gegen die Diktatur – Widerstand und Verfolgung im nationalsozialistischen Deutschland 1933–1945, Berlin 1995.
Winterhager, Wilhelm Ernst: Der Kreisauer Kreis. Porträt einer Widerstandgruppe. Begleitband zu einer Ausstellung der Stiftung Preußischer Kulturbesitz, Berlin 1985.
Wörner-Heil, Ortrud: Frauenschulen auf dem Lande. Reifensteiner Verband (1897–1997) (Schriftenreihe des Archivs der deutschen Frauenbewegung 11), Kassel 1997.

Personenregister

Adenauer, Konrad 160 f., 180
Asta *siehe* Moltke, Asta Maria von
Astor, David 140 f., 152, 156, 191
Augusta von Sachsen-Weimar-Eisenach 17
Auguste Viktoria von Schleswig-Holstein-Sonderburg-Augustenburg 22

Baillie-Hamilton, Mrs. 67
Balfour, Grizel 139
Balfour, Michael 56, 83, 138–140, 156, 192, 235
Bartoszewski, Władysław 222, 225
Beck, Ludwig 108
Beuys, Barbara 105
Bielenberg, Christabel 141
Bielenberg, Peter 141
Blake, Peter 129–131, 134, 138, 154
Böhm, Hermann 163
Bogusz, Ryszard 222
Bonhoeffer, Dietrich 184
Borngässer, Willy 134
Boveri, Margret 204, 268
Brahms, Johannes 17
Brakelmann, Günter 195
Brandt, Hermann Wilhelm (Bill) 35
Brandt, Rolf 35
Buber, Martin 176
Buchholz, Peter 121
Bürger, Wolfram 215
Burt, Marie *siehe* Moltke, Marie von
Busch, Dorothee 205
Busch, Ulrich 83, 203, 205
Buzek, Jerzy 224

Canaris, Erika 162 f., 169
Canaris, Wilhelm 108, 162 f., 169
Carl *siehe* Deichmann, Carl
Caspar *siehe* Moltke, Helmuth Caspar von
Christiansen-Leber, Katharina 171 f.
Clay, Lucius D. 153
Cordes, Annemarie 170, 205, 219, 264
Curtis, Gladys Edna, genannt «Pat» 83, 139, 141
Curtis, Lionel 83, 99, 102, 125 f., 128, 138 f., 141–143, 155, 234
Curtius, Ada 134 f., 188
Curtius, Christel 134
Curtius, Julius 134
Czaplińska, Wanda 216 f.
Czapliński, Kazimierz 216, 222
Czapliński, Michał 216 f., 222 f.

Daddy *siehe* Rose Innes, Sir James
Deichmann, Ada, genannt «Mütterchen Deichmann», geb. Schnitzler 11, 16 f., 22–25, 28, 35 f., 39, 41, 43, 46, 49 f., 52, 65, 72, 74, 77, 84, 109, 131, 134 f., 138, 147, 155, 159 f., 199, 207, 235
Deichmann, Adolf 16
Deichmann, Carl Theodor 11, 15, 17–19, 21–23, 50, 61, 233
Deichmann, Carl 11 f., 21, 35, 43, 50, 81 f., 125, 131, 138–140, 151, 154, 159, 180, 206–208, 227, 233–235,
Deichmann, Elisabeth, genannt «Lilla» 14 f., 17, 23
Deichmann, Ella *siehe* Guilleaume, Ella von
Deichmann, Emma *siehe* Schröder, Emma von
Deichmann, Hans 10–12, 18 f., 21 f., 35 f., 39, 43, 82, 102, 130 f., 135, 155, 159, 185, 188, 205 f., 234 f.
Deichmann, Nicholas 180
Deichmann, Ruth 29
Deichmann, Senta, genannt «Dickie», geb. Fayan-Vlielander-Hein 34–36, 82, 185
Deichmann, Wilhelm Ludwig 14 f.
Delp, Alfred 98, 114
Dickie *siehe* Deichmann, Senta
Dirks, Walter 271
Dohnanyi, Hans von 194
Dohnanyi, Klaus von 194
Droste-Hülshoff, Annette von 17
Dulles, Allen W. 151

Dulles, John Foster 151
Duncan, Sir Patrick 142

Eddy, Mary Baker 58 f.
Einsiedel, Horst von 95, 97, 103, 129 f.
Einstein, Albert 107
Elli, Haushälterin der Großeltern Rose Innes 142
Emma, Tante *siehe* Schröder, Emma von
Erhard, Ludwig 160
Erna, Hausmädchen in Kreisau 48
Ete *siehe* Trotha, Margarete von

Finch, Mr. 129
Fischbacher, Pierre 82
Förster, Otto 84
Freisler, Roland 108 f., 195
Freyberg zu Eisenberg, Daisy Freiin von (Daisy d'Ora) 34, 36 f.
Frisby, Julian 55, 83, 138 f., 154, 156, 193, 235, 247
Furtwängler, Wilhelm 84

Gablentz, Otto Heinrich von der 97
Gardner, Clinton C. 190 f., 196, 235
Gerstenmaier, Brigitte, geb. von Schmidt 111, 133, 135, 142
Gerstenmaier, Eugen 98 f., 114, 133, 135–138, 141 f., 148 f., 157, 162, 165, 234
Globke, Hans 161
Goerdeler, Carl Friedrich 168, 192
Granny *siehe* Rose Innes, Lady Jessie
Guilleaume, Arnold von 17, 19
Guilleaume, Ella von, geb. Deichmann 17, 21, 243 f.
Günther-Peterson, Bertha 58

Haeften, Barbara von, geb. Curtius 106, 134 f., 164 f., 170, 198, 200, 234
Haeften, Hans Bernd von 98 f., 109, 134, 200
Haeften, Ulrike von *siehe* Moltke, Ulrike von
Haeften, Werner von 109
Hagen, Louis 15
Hammer, Walter 179, 265
Hancock, Mr. 129
Harnack, Ernst von 166
Harpprecht, Renate 225
Haubach, Theodor 98, 110, 166
Heerden, Petronella van, genannt «Nan» 137, 142, 147, 235
Heimpel, Hermann 200
Henssel, Edith 82, 121, 159
Henssel, Karl Heinz 66, 121, 159, 185, 204
Hercher, Wolfgang 114
Herdan-Zuckmayer, Alice 33
Hertzog, Barry 144 f.
Hesse, Hermann 31
Heuss, Theodor 163, 165
Himmler, Heinrich 108, 111
Hirsch, Förster in Kreisau 80
Hirsch, Frl. 80, 123
Hitler, Adolf 98, 100, 108 f., 126, 154, 163, 234, 256
Holzing, Peter von 180
Hübner, Ida 54, 80 f., 156, 224
Hülsen, Leonore von, genannt «Leno», geb. von Moltke 55, 80, 84, 123, 156, 173, 234
Huessy, Frances 203
Huessy, Hans 175, 177, 188, 190, 201, 227
Huessy, Lotti 184 f., 187
Huessy, Margrit 10, 155, 175–178, 181–185, 187 f., 201, 227, 235
Huessy, Mariot 188, 190, 201 f.
Huessy, Mark 203, 217 f.
Huessy, Ray 204
Husen, Paulus van 98

Ibsen, Henrik 33

Jochum, Eugen 201
Jochum von Moltke, Veronica, geb. Jochum 10, 201 f., 229
Joest, August 16
Joest, Carl 17
Joest, Fanny Emilie *siehe* Schnitzler, Fanny Emilie von
Jonca, Karol 211, 216, 218
Jonczynski, Paulina 272
Jowo *siehe* Moltke, Joachim Wolfgang von

Kałuża, Pfarrer in Krzyżowa 207 f., 211, 216, 222
Kiep, Otto Carl 107
Klerk, Frederik Willem de 261
Köhler, Jochen 195, 219
König, Lothar 98
Kogon, Eugen 271

Kohl, Helmut 205, 213 f., 220 f., 224, 236
Kohnstamm 187
Kokoschka, Oskar 33
Konrad *siehe* Moltke, Konrad von
Kortzfleisch, Ida von 25–28, 33

Lauper, Maria, geb. Deichmann 205
Leahy, Patrick 229
Leber, Annedore 105, 111, 166 f., 169, 171, 191, 235
Leber, Julius 98, 105, 110 f., 166, 171
Leenman, Bas 184, 218
Leenman, Wim 184, 218
Leibholz, Gerhard 184, 187
Leibholz, Sabine, geb. Bonhoeffer 184, 187
Leno *siehe* Hülsen, Leonore von
Leuschner, Wilhelm 166
Liszt, Franz 17
Löbe, Paul 166
Loos, Adolf 33
Lukaschek, Hans 98, 105, 161

Maaß, Hermann 166
Maerkert, Ida, genannt «Mamsell» 48, 86
Maertens, Marlene 152
Malan, Daniel François 144
Mami *siehe* Moltke, Dorothy Gräfin von
Mamsell *siehe* Maerkert, Ida
Mandela, Nelson 261
Marinkchen *siehe* Moltke, Asta Maria von
Massow, Major von 81
Mau, Gutsverwalter 38
Maurier, Daphne du 84
Mazowiecki, Tadeusz 214, 218, 220, 236
Meding, Dorothee von 105, 170
Mehlhorn, Ludwig 218, 223
Meijer, Frans 223
Meijer, Willie 223
Merkel, Angela 204, 229
Mertens-Schaaffhausen, Sibylle, die «Rheingräfin» 17 f., 23, 243
Michaelis, Karin 33
Mierendorff, Carlo 98, 166
Möckel, Andreas 223
Möckel, Anneliese 223
Moltke, Anne Marie Gräfin von, genannt «Rentenannie», geb. Altenberg 60 f., 74, 188
Moltke, Asta Maria von, genannt «Marinkchen» 38, 47 f., 55, 68 f., 72, 82, 84 f., 105, 111 f., 122, 131–136, 139 f., 145–147, 151, 155, 169, 234 f., 252
Moltke, Carl Bernhard von 47, 55, 71, 73, 82, 84, 234
Moltke, Carl Viggo von 81, 114, 213
Moltke, Daniel von 200
Moltke, Davida von, geb. Yorck von Wartenburg 233
Moltke, Dorothea von 200
Moltke, Dorothy Gräfin von, genannt «Mami», geb. Rose Innes 23, 38, 41, 43, 46–49, 52–62, 64 f., 67 f., 71 f., 92, 116, 136, 139, 188, 193, 213, 233 f.
Moltke, Leonore von *siehe* Hülsen, Leonore von
Moltke, Ella von, geb. von Bethusy-Huc 56
Moltke, Frede-Ilse von, geb. von Gosslar 81, 101, 252
Moltke, Friedrich von 204 f.
Moltke, Hans-Adolf von 62, 233
Moltke, Helmuth Carl Bernhard von, der Feldmarschall 40, 71, 73, 80, 143, 220
Moltke, Helmuth Caspar von 9 f., 34, 75–79, 82, 101, 112, 115, 119, 122 f., 125–127, 130 f., 136–139, 141–143, 145–149, 151, 153, 157, 159 f., 165 f., 171 f., 180 f., 191, 198–200, 203, 205, 207, 209, 229, 234 f.
Moltke, Helmuth Graf von, genannt «Papi» 48, 53 f., 57–61, 80, 88, 188, 234, 248
Moltke, Helmuth James von 9, 16, 22, 31 f., 34–39, 41 f., 45, 49, 50 f., 54, 56, 59–78, 81–92, 93–95, 97–104, 107–111, 113–119, 121 f., 126, 128, 133, 136, 138 f., 141, 149, 159, 163, 165–169, 171–173, 176 f., 183–185, 187, 189, 191–195, 197, 204, 207, 209 f., 216, 221, 225 f., 233–235
Moltke, Henry von 75, 82, 145
Moltke, Ingeborg von, geb. von Dippe 75, 82 f., 147
Moltke, Jakob von 200
Moltke, James von 22, 25, 35, 38 f., 43, 51 f., 56, 77, 200, 205, 220
Moltke, Joachim Wolfgang von, genannt «Jowo» 34, 55, 75, 82–84, 97, 135 f., 143, 145, 147, 155, 235

Moltke, Johannes von 200
Moltke, Keri von, geb. Oddy 10, 198–200, 203, 235
Moltke, Konrad von 75, 77, 79, 82, 112, 123, 125 f., 128, 130 f., 136–139, 141–142, 145–149, 151, 153, 157, 159 f., 164–166, 171 f., 180 f., 185, 198–201, 207, 209, 222, 225, 227, 234–236
Moltke, Marie von, geb. Burt 40, 71
Moltke, Nicholas von 199 f.
Moltke, Ulrike von, geb. von Haeften 119, 135, 164, 174, 198–201, 203 f., 235
Moltke, Veronica von *siehe* Jochum von Moltke, Veronica
Moltke, Wilhelm Viggo von, genannt «Willo» 48, 52, 55, 61, 67 f., 83, 85, 90, 93, 129, 134–137, 145–147, 152, 154 –156, 166, 188, 192, 201 f., 207–209, 227, 235
Mommsen, Hans 104
Montgomery, Bernard Law 128
Müller, Georg 184
Mütterchen Deichmann *siehe* Deichmann, Ada
Musil, Robert 31
Muto *siehe* Yorck von Wartenburg, Irene

Nan *siehe* Heerden, Petronella van
Ney, Elly 84
Nostiz, Gräfin 92

Olbricht, Friedrich 163
Oldenbourg, Rudolf 56
Oldenbourg, Ulla 56, 59, 84, 247 f.
O'Neill, Con 128
Oppenheimer, Familie 83
Owen, Robert 196

Papi *siehe* Moltke, Helmuth Graf von
Peters, Hans 97 f., 177
Pfeil, Graf 92
Pick, Frau 123
Poel, Jean van der 142
Poelchau, Dorothee 98, 133 f.
Poelchau, Harald 98, 111–114, 118, 121, 129, 133–135, 151, 179, 234
Poelzig, Hans 96
Potter, Bob 273
Power, Eileen 78
Preysing, Konrad Graf von 114, 161

Radermacher, Susi 82
Raschke, Frau aus Kreisau 127
Rath, Adolph vom 14
Reichwein, Adolf 97–99, 109–111, 166
Reichwein, Kathrin 99, 123
Reichwein, Renate 99, 123
Reichwein, Roland 99, 123
Reichwein, Rosemarie, genannt «Romai», geb. Pallat 99, 106, 109–111, 123–125, 127 f., 131, 162, 165, 170 f., 224, 234
Reichwein, Sabine 99, 123
Remer, Otto Ernst 163
Rentenannie *siehe* Moltke, Anna Maria Gräfin von
Reuter, Ernst 163
Riebensahm, Paul 175
Ringelnatz, Joachim 93
Ritter, Gerhard 168, 192
Rösch, Augustin 98
Romai *siehe* Reichwein, Rosemarie
Roon, Ger van 192, 218, 235
Roosevelt, Eleanor 153
Roosevelt, Franklin D. 265
Rose, Frau aus Kreisau 91
Rose Innes, Cecil 142
Rose Innes, Dorothy *siehe* Moltke, Dorothy Gräfin von
Rose Innes, Lady Jessie, genannt «Granny», geb. Pringle 41, 49, 54, 66, 69, 71 f., 77, 88, 91, 136, 142, 145, 148
Rose Innes, Sir James, genannt «Daddy» 41, 49, 54, 66, 69, 88, 91, 136, 142, 145, 148 f.
Rosenstock-Huessy, Eugen 9, 10, 95–97, 154 f., 164, 167, 173–185, 187–191, 194, 199, 200 f., 203–206, 209 f., 215, 223, 225–227, 235
Rosenzweig, Franz 10, 175 f.
Roß, Jan 194
Rothfels, Hans 168
Roughten, Alice 88
Ruhm von Oppen, Beate 193

Särchen, Günter 271
Sarges, Gabriella 225
Schaaffhausen, Elisabeth *siehe* Deichmann, Elisabeth
Schellhase, Anneliese 110
Schlingensiepen, Hellmut Sitó 79